古典文獻研究輯刊

十七編

潘美月・杜潔祥 主編

第 14 冊

明代宋詩總集研究

張 波 著

國家圖書館出版品預行編目資料

明代宋詩總集研究／張波　著 — 初版 — 新北市：花木蘭文化
出版社，2013〔民102〕
目 2+250 面；19x26 公分
（古典文獻研究輯刊 十七編；第 14 冊）
ISBN：978-986-322-439-6（精裝）
1. 宋詩　2. 詩評　3. 明代
011.08　　　　　　　　　　　　　　　　102014876

ISBN-978-986-322-439-6

9 789863 224396

古典文獻研究輯刊
十七編　第十四冊　　　　　　　ISBN：978-986-322-439-6

明代宋詩總集研究

作　　者　張波
主　　編　潘美月　杜潔祥
總 編 輯　杜潔祥
企劃出版　北京大學文化資源研究中心
出　　版　花木蘭文化出版社
發 行 所　花木蘭文化出版社
發 行 人　高小娟
聯絡地址　235 新北市中和區中安街七十二號十三樓
　　　　　電話：02-2923-1455 ／傳眞：02-2923-1452
網　　址　http://www.huamulan.tw 信箱 sut81518@gmail.com
印　　刷　普羅文化出版廣告事業
初　　版　2013 年 9 月
定　　價　十七編 20 冊（精裝）新台幣 31,000 元

明代宋詩總集研究

張　波　著

作者簡介

張波，女，1983 年生，山西太原人。2002 年 9 月至 2006 年 6 月就讀於山西大學文學院，獲學士學位。2006 年 9 月至 2011 年 6 月就讀於中山大學中文系，先後獲文學碩士、博士學位。現為中國國家圖書館博士後科研工作站博士後，主要研究方向為明清詩學批評與詩歌文獻。

提　　要

　　本書對明人編選的宋詩總集進行了系統研究。在梳理明人宋詩觀念和明代宋詩文獻存佚情況的基礎上，重點考察了三部宋詩總集：針對嘉靖年間李攀龍為代表的後七子倡言復古導致的宗唐摒宋之風，李蓘用十三年時間編成《宋藝圃集》，其選詩特徵反映出對宗唐詩學審美的有意背離，是一部詩學傾向鮮明的宋詩總集。產生於萬曆年間的《宋元名家詩集》由新安士子潘是仁輯刻，其選錄風格注重隱逸、閒適、雅韻的情調，透露出明代晚期以新安為代表的富庶地區所具有的世俗文化品格，體現出布衣文士的詩學趣味。曹學佺《石倉歷代詩選》的宋詩部分以大量選錄南北宋之交和南宋末的詩人作品為特色，作為一名身處帝國傾覆之際，意欲有所作為的士大夫，曹學佺對宋代名臣詩與遺民詩的關注，說明宋詩所具有的忠節大義的精神特質成為明清之際詩歌接受的新維度。

　　本書將宋詩總集的編纂這一學術行為置於明代詩學發展歷程中，通過考證編者的生平交遊與論詩傾向解讀其編選宋詩的原因和目的；通過對選錄詩人與入選詩作的量化分析與不同詩選間的比較研究揭示文本細節中蘊含的詩學特質，希望由此呈現宋詩總集的編選與詩歌創作實踐和詩學理論的交互影響，並藉以探究明末清初宋詩觀念的嬗變。

目次

緒 論

　　唐詩與宋詩，由詩歌的時代劃分演化為兩種詩學風格的標記，是中國詩學及批評史上的一個重要事件。由唐宋詩之爭到唐宋詩並峙，宋詩是通過對唐詩不斷的學習與背離，與唐詩反復的分辨與比照，才最終成為獨立於唐詩的審美範式。清代葉燮云：「譬諸地之生木然：《三百篇》，則其根；蘇李詩，則其萌芽由蘖；建安詩，則生長至於拱把；六朝詩，則有枝葉；唐詩，則枝葉垂蔭；宋詩則能開花，而木之能事方畢。自宋以後之詩，不過花開而謝，花謝而復開。」〔註1〕將宋詩看作詩歌型態變遷和詩學發展歷程的終結，這一如地之生木般了然的論斷卻不是朝夕之間得出的，其觀念演進自宋代開始，到清代以降才得以完成。

　　回顧宋詩學的發展歷程，無法脫離唐宋詩並提的語境。整個宋代，無論是從新與奇的角度張揚宋詩的新變，還是從正與變的角度責難宋詩偏離正統，宋詩內涵的不斷豐富都在「辨唐宋詩之異」的框架內完成。宋人詩話對時代詩風不同唐詩之處多有所論斷〔註2〕，直到嚴羽《滄浪詩話》出，針對江西詩病，標舉盛唐氣象，宋詩的奇與變雖被認識，但並不被認可。元明時期，「唐宋詩之爭」日益成為詩家難以規避的語境，此時期之論宋詩者，開始從「求唐宋詩之同」的角度肯定宋詩，而尤以晚明為盛，出於對復古思潮的反思，宋詩之新變得到廣泛的認同。明人已極少從正變的層面，而是多從「勢」的角度來分析宋詩的「變」，認為宋詩之變不是對唐詩的乖背，而是具有深層

〔註1〕　〔清〕葉燮《原詩》，霍松林校注，北京：人民文學出版社，1979，34頁。
〔註2〕　如《庚溪詩話》：「本朝詩人與唐世相亢，其所得各不同，而俱自有妙處，不
　　　　必相蹈襲也。」見丁福保《歷代詩話續編》，北京：中華書局，1983，182頁。

的合理性。至明末許學夷，一方面認爲宋詩之變是勢之使然，另一方面又認爲宋詩在詩體發展已備的情況下是以「極變」而存在，這反映舊有的理論框架已不能容納對宋詩的評價，宋詩作爲獨立的審美範式，正有待於「立」的過程。明末諸子經歷易代亡國之痛，轉而低沉頓挫、提倡宋詩，清初《宋詩鈔》的刊行，首先引發了學宋風氣，此種詩風與學界宋學的興起相爲表裏，最終在學術倡明的清代得以蓬勃。有清三百年，倡宋詩者流衍不絕，道咸時期詩界有「宋詩派」之說，至清末更有「宋詩運動」以繼其響。對宋詩的取法與借鑒，使宋詩眞正具有了審美的獨立性，而經過清人的相繼提倡，宋詩也得以獲得切實本體的研究。

清初宗宋詩學觀的興起，無疑是以明清易代爲歷史契機的，而明清之際正是諸家思想空前活躍，各種理論交鋒碰撞的時期。晚明詩人對復古詩風的反叛，詩論家對唐詩學過度興盛的反駁，乃至公安一派大談性靈與趣味，都爲宋詩的逐漸被重視提供了前提，今天可見的絕大部分明刊宋人詩集以及明人所編選的宋詩選本均出自晚明時期即是宋詩受到重視的一個表徵。顯而易見，清初士人對宋詩的正面認識，與明代中後期對宋詩看法的變化是密切相關的，而這一變化又直接反應在對宋詩文本的熱衷程度上。因此，對宋詩文本在明代的編輯、刊刻與流傳做一番系統的梳理是一件必要的工作。

一、研究範圍與意義

既以明代宋詩總集研究爲題，應先申明總集之義。總集最基本的定義是收錄彙集多人作品，相對於收錄個人作品的別集而言。按編輯體例區分，總集分爲全集和選集；按收錄時代分，又有通代總集和斷代總集；此外還可以按照不同體裁、題材區分。由於流傳文獻的稀缺性和編選者的主觀性，總集從產生之初就具有保存文獻與傳遞文學思想的雙重意義，所以由文本出發探究文學思想的流變痕迹是切實可行的。

明代的宋詩總集，產生於宗唐抑宋的詩學環境中，因此存量並不大，而其編纂又有賴於宋詩別集的流傳、收藏和重刻所提供的文獻資源，因此，這一研究實際上涉及到對明代流傳的宋詩文本進行的全面考察，所以本書的研究範圍包括了明代刊行的宋詩別集和宋詩總集。其中，宋詩別集是由《明代書目叢刊》統計出的明代宋詩文獻存量以及《現存宋人別集版本目錄》著錄的明版宋人詩集作爲文獻基礎；宋詩總集則以李蓘《宋藝圃集》、潘是仁《宋

元名家詩集》、曹學佺《石倉歷代詩選》所選宋詩爲主要研究對象。三部總集雖有斷代與通代之分，規模與數量之別，但從體例來看都屬於宋詩選集，都具有選本的性質，因此在研究思路上，則盡可能突出其作爲詩歌選本的價值。

　　據統計，現存宋人別集有近八百家〔註3〕，173家有明刻本（或抄本）傳世〔註4〕，而今天可以見到的經過明人重新輯刻的宋人詩集則有46家〔註5〕，其中或爲詩選，或爲全帙，且多不止一刻。而明代宋詩選集可考者約有15家〔註6〕，絕大多數已佚，今可見者僅5家。除論文擬重點考察的3家外，尚有符觀《宋詩正體》（據呂祖謙《宋文鑒》、方回《瀛奎律髓》抄掇而成）以及盧世㴑《宋人近體分韻詩鈔》（殘本）。本書意在對明人所刊刻、編選的宋人詩集進行系統的梳理，力圖通過對宋人詩集的編選對象、刊刻方式、流傳分佈等版本細節的考察，研究宋詩在明代的傳播情況；同時也試圖通過對刊刻者以及編選者的身份背景、師承交遊、詩學取向的探求，勾勒出明代尊唐抑宋的詩學背景下宋詩的接受人群和接受狀態。

　　研究各種詩集文本的輯刻及其與詩歌創作實踐乃至詩歌理論的相互影響，可以從多方面呈現明代詩學發展狀況，這正是研究明人輯刻宋詩文本的首要價值。明代復古派詩論影響詩壇曠日持久，在古體尊漢魏、近體尊盛唐的理論背景下，明人對漢魏古詩以及唐詩做了大量的版本整理和詩集編選工作，而宋詩文本則處於相對被忽視的狀態。針對這種長期形成的對宋詩的否定傾向，一些學貫古今、藏書著述皆富的大學者固然能在自己的詩學立場中通達處置，有意識地修正世所累積的偏頗；爲數眾多的明詩話也向人們提供了不少詩論家重新估量宋詩、認可宋詩的材料佐證；而一個更爲普遍的、很少被詳加探究的情形則是一些地方士子鑒於宋詩文獻荒疏，以至難覓全帙，因而遍訪書家，搜集考證，重刊詩集，並在這些詩集中留下了對宋詩的評判、認同或者其他意見。其編纂質量雖有高下之別，而其眼界不囿於一家之論，使文獻得以延續保存，其意志行爲足以令人珍視，其中反映的詩學傾向則值得深入探究。

〔註3〕　祝尚書《宋人別集敍錄》前言，北京：中華書局，1999，第1頁。

〔註4〕　根據劉琳、沈治宏編著《現存宋人著述總錄》別集類統計，成都：巴蜀書社，1995。

〔註5〕　根據四川大學古籍整理研究所編《現存宋人別集版本目錄》統計，成都：巴蜀書社，1990。

〔註6〕　申屠青松《明代宋詩選本論略》，南京師範大學文學院學報，2007，4。

　　另一方面，文學文本是文學思想的載體，不同版本所蘊涵的文學信息不盡相同。對同一詩集各種版本加以對照，可見出豐富的文學細節。明代刊刻的宋人詩集中保存的大量明人序跋，不僅是研究版本源流，也是研究詩學理論的重要資料。晚明時期一定規模和數量的宋人詩集和宋詩選本的出現無疑是晚明各種思潮作用下的產物，而這些詩集的刊行又對宋詩的傳播起到了推動作用，反過來影響了士人的詩學觀念，也為更多人接受宋詩提供了很好的基礎與前提，將如此種種交相比照，這才有可能給清初那種向宋詩學習的新局面以合理的解釋，也才能使詩學理論的延續發展具有更清晰、更豐富、更準確的表述。

二、相關研究綜述

　　在宋詩理論、宋詩文本以及明代詩學理論方面，歷來已有不少有價值的研究成果，以下簡要說明。

（一）宋詩理論研究

　　清末同光諸子對宋詩的整理品評開啓了近代宋詩研究之路。民國以降，受「一代有一代之文學」觀念影響，宋詩研究未成體系。倡新文學者以雅俗標準權衡舊文學，更重視俗文學的價值，在這一背景下評價宋詩，則失之片面。如胡適從「作詩如說話」的角度看宋詩，認為北宋諸家一無可取。陳獨秀更斥江西詩派為虛偽鋪張的文學。20 世紀 30 年代產生了一些宋詩研究專著，如胡雲翼《宋詩研究》。朱自清在西南聯大任教時曾開設專門的宋詩課程，並為此輯選了梅堯臣、歐陽修、王安石、蘇軾、黃庭堅五家的詩歌，親為箋注，手自謄抄（後彙為《宋五家詩鈔》由上海古籍出版社於 1981 年出版），頗具選本意義。40 至 50 年代，繆鉞、錢鍾書二家的宋詩研究具有珍貴的理論價值。繆鉞作於 1940 年的《論宋詩》從用事、對偶、句法、用韻、聲調諸端論證宋詩比唐詩的進步所在，更以大篇幅感受性語言論述了唐宋詩的區別，如「唐詩如芍藥海棠，穠華繁採；宋詩如寒梅秋菊，幽韻冷香。唐詩如啖荔枝，一顆入口，則甘芳盈頰；宋詩如食橄欖，初覺生澀，而回味雋永。」不僅成為膾炙人口的名言，更展現出宋詩的美學價值。錢鍾書的宋詩研究以《宋詩選注》、《談藝錄》等論著為代表。《宋詩選注》雖是在 50 年代的政治高壓下編選的，但還是最大限度保存了錢氏的藝術主張，其中對所選詩人的創作

風格以及後世的接受情況所做的提綱挈領的評價，具有很高的理論價值。《談藝錄》中對唐宋詩之別的精闢見解，對宋詩特徵形成的條分縷析，以及旁徵博引的明清兩代論宋詩者的材料，爲後來者創造了宋詩研究的絕好視角。近來關於錢鍾書的研究也有專著〔註7〕，提供了錢氏宋詩研究的新材料。

　　20世紀60至70年代，有關宋詩的研究論文大多闡述宋詩如何違反詩歌規律，較爲程式化，原因大約乃是毛澤東在1965年致陳毅信中提到「宋人作詩，味同嚼蠟」，以致很少有研究者表示欣賞宋詩。80年代以來的宋詩研究開始擺脫價值判斷與意義論爭，從風格論、技巧論、體派論、詩論以及詩史各個方面深化對宋詩的認識，出現了不少拓荒性的著作。如以體派研究爲例，程千帆提出考證與批評相結合的研究方法，在他主持的唐宋詩歌流派研究的課題下，莫礪鋒《江西詩派研究》和張宏生《江湖詩派研究》先後完成。陳友冰《20世紀大陸的宋詩總論研究回顧》〔註8〕中詳盡總結了宋詩研究取得的成果，此外莫礪鋒、程杰、陶文鵬《關於20世紀宋詩研究的對話》〔註9〕等多種綜述也都有論及，不多贅述。

　　近年來學術研究趨向細化，更多的材料被重視和利用，也爲宋詩研究營造了多層次的拓展空間。需要指出的則是，隨著宋詩史論及接受史研究的廣泛和深入，宋詩在元明清各時期的評價問題有了更多的研究空間，這部分成果（如吳錦龍《元代對宋詩評價之研究》〔註10〕、黃培青《宋元時期嚴羽詩論接受史研究》〔註11〕、廖淑慧《清初唐宋詩之爭研究》〔註12〕、張仲謀《清代宋詩師承論》〔註13〕）中體現的研究方法值得借鑒，其留待詳盡之處也給研究者提供了闡釋空間。

（二）有關宋詩文本的研究

　　宋代出版業發達，宋版書籍最是後世藏書家看重的珍品，而宋人編輯的本朝詩集向爲文獻學家所倚賴，而各種選本也已進入研究者的視野。宋人自選

〔註7〕季品鋒《錢鍾書與宋詩研究》，以《容安館札記》、《宋詩選注》、《談藝錄》爲研究中心，王水照教授指導，復旦大學博士學位論文，2006。
〔註8〕陳友冰《20世紀大陸的宋詩總論研究回顧》，《漢學研究通訊》，民國94年，24。
〔註9〕見《宋代文學研究年鑒》，武漢：武漢出版社，2001。
〔註10〕香港大學博士學位論文，2008。
〔註11〕黃慶萱教授指導，臺灣師範大學博士學位論文，2008。
〔註12〕謝海平教授指導，臺灣中正大學學位論文，2003。
〔註13〕嚴迪昌教授指導，蘇州大學博士學位論文，1997。

詩，據《宋史·藝文志》和《直齋書錄解題》等書統計有近 50 種，流傳至今的有十多種，主要包括一些唱和詩集與江湖派的詩集。詩歌選本往往直接反映詩學主張與派別差異，有不少學者關注宋詩選本與詩學研究之關係，如南京大學張智華《南宋的詩文選本研究》及卞東波的《南宋詩歌選本考論》〔註 14〕，即是這種類型的研究。

元代的宋詩總集，著名的有杜本《谷音》，收錄宋末遺民詩人 30 家，詩 101 首，產生於宋亡元初，有存史之意，學界針對此書的成果有陳冠梅的專著《杜本及〈谷音〉研究》〔註 15〕。此外，方回的《瀛奎律髓》雖是唐宋詩合選，但對宋詩的發展認識有重要意義，學界研究也較為充分，專著有張哲願《方回〈瀛奎律髓〉及其評點研究》〔註 16〕。明代的宋詩總集主要產生於明代晚期，約有 15 種，但存世者僅 5 種，申屠青松《明代宋詩選本論略》一文進行了探索性研究。由於明人的宋詩文本構成了清初《宋詩鈔》等選本的材料來源，而明末宋詩觀念的轉向對清初崇宋詩論的興起也有直接影響，因此進一步從明代詩話、明人文集、筆記、傳記雜著類材料中鉤沉明人編選過的宋詩總集，對認識這一時期的宋詩接受情況十分有必要。

清代的宋詩譜系已有學者做過比較系統的研究，茲不贅述，清代宋詩選本有 59 種之多，這方面的論文有《清代知見宋詩選本敘錄》〔註 17〕等。至於民國以來較有價值的宋詩選本，如陳衍《宋詩精華錄》，在對同光體派的研究中已經有所涉及〔註 18〕，再如錢鍾書《宋詩選注》，也已有專門研究。

宋人別集研究方面，有賴於《全宋詩》、《全宋文》的編纂，帶來了現存宋集版本目錄的整理和出版，也產生了一批很有參考性的文獻學著作。如祝尚書在考察全部宋人別集版本源流的基礎上所著成的《宋人別集敘錄》，對 541 家宋人別集的流傳作了提綱式的說明，也使這些作家作品在明代的傳播概況得到了描述（但此書只錄全帙，不錄明清人輯錄之小集、宋以後選本及宋以

〔註 14〕前者為南京大學 1998 年博士學位論文，周勛初、莫礪鋒教授指導；後者為南京大學 2006 年博士學位論文，亦屬 2005 年江蘇省研究生創新項目「詩歌選本與南宋詩學研究」。

〔註 15〕陳冠梅《杜本及〈谷音〉研究》，北京：東方出版社，2007。

〔註 16〕張哲願《方回〈瀛奎律髓〉及其評點研究》，臺北：花木蘭文化出版社，2008。

〔註 17〕高磊《清代知見宋詩選本敘錄》，《西華大學學報》2009 年 28 卷 1 期，作者另有《從宋詩選本看唐宋詩之爭》一文，見《山西大學學報》2008 年 31 卷 5 期。

〔註 18〕如涂小馬《同光體研究》，蘇州大學博士學位論文，1997。

後人之宋詩注本）。又如王嵐《宋人文集編刻流傳叢考》，對 28 家宋人文集的
編刻流傳情況（與本書密切相關者 7 家，分別爲：林逋、黃庭堅、文同、秦
觀、陳師道、唐庚、戴復古）進行了考述。這些著作雖以文獻研究爲主，但
是辨析了各版本間的淵源傳承關係，對認識明刊宋人詩集各種版本之間的關
聯有很大幫助。此外，一些單篇論文也具有這方面的價值〔註 19〕。

（三）明代詩歌與詩學理論研究

本書的宋詩選本諸章節，涉及到對李蓘、潘是仁、曹學佺三位選者的生
平交遊、詩學取向、詩歌創作以及其他著作的考察，其他章節中也涉及到對
明代宗宋詩論的全面觀照，這些內容屬於明代詩歌及詩學理論的研究範圍，
在這一領域，以下專著及論文值得學習。

在作家研究方面，李聖華《晚明詩歌研究》對曹學佺所屬的閩派詩風、
潘是仁所處的新安地區的詩人群體均有較爲詳細的論述，這對考索作家交遊
很有助益。關於新安詩人群體，較早的研究還有韓結根《明代新安地區的文
學》〔註 20〕。周慶賀的《明代詩人李蓘及其詩歌創作簡論》〔註 21〕一文，論
及了李氏生平及其詩歌，此文雖略顯簡單，但卻是較早注意李蓘的研究專文。
陳超的博士論文《曹學佺研究》是目前針對曹學佺最爲全面的史學個案研究，
其中對曹學佺的文學交遊、佛學思想等問題有深入探討。

明代詩學理論中的宗唐抑宋問題已爲不少學者所關注。如陳國球《明代
復古派唐詩論研究》專章分析了明代復古派反對宋詩的原因。孫立《明末清
初詩論研究》中論錢謙益的一章分析了錢氏與清初宗宋派的關係以及《宋詩
鈔》與明末宋詩選本的關聯；同時也較早注意到許學夷宋詩理論的價值，在
附錄中有專文論述。關於明代詩壇的宗宋脈絡，也有不少論文涉及，如查清
華《明代詩壇宗宋說》、鄭禮炬《明代成化、弘治年間翰林院作家追隨宋代
詩歌略論》〔註 22〕、饒迎《從袁宏道到錢謙益——性靈說的變遷與崇宋詩風》
〔註 23〕、丘美瓊《胡應麟對黃庭堅詩歌的接受與明末宗宋詩風》〔註 24〕等。

〔註 19〕如王友勝《簡論明代的蘇詩選評》，惠州學院學報，2002，22（1）；夏漢寧《林
　　　逋著作考述》，江西財經大學學報，2006，3。
〔註 20〕章培恒教授指導，復旦大學博士學位論文，1996。
〔註 21〕周慶賀《明代詩人李蓘及其詩歌創作簡論》，南陽師範學院學報，2002，1（1）。
〔註 22〕鄭禮炬《明代成化、弘治年間翰林院作家追隨宋代詩歌略論》，廣西社會科學，
　　　2008，4。
〔註 23〕饒迎《從袁宏道到錢謙益——性靈說的變遷與崇宋詩風》，湖南城市學院學
　　　報，2008，29（1）。

而饒龍隼《明代隆慶、萬曆間文學思想轉變研究：詩文部分》〔註25〕是對明代詩論轉向問題作出探討的專論之一。此外，本書涉及許學夷的宋詩理論，關於許學夷的論文有汪群紅《許學夷〈詩源辯體〉研究》〔註26〕，出版的專著有方錫球《許學夷詩學思想研究》。

綜上所述，鑒於已有的研究成果，本書力圖避免對宋人詩集在明代的流傳做橫切面式的、斷代的文獻學剖析，因爲這絕不如傳統的追索歷代版本淵源流變的文獻研究有意義，而是試圖在充分瞭解和肯定其編輯意義的基礎上，對其編輯取捨的藝術環節進行考察，從文學層面觀照文本以及文本背後起決定因素的人的態度觀念，從而進一步認識明代詩學取向的複雜性，同時爲認識宋詩理論由明入清的轉向尋找合理的切入點。

三、章節設置及主要觀點

本書的總體思路是，將宋詩總集的編纂這一學術行爲放在明代詩學發展、轉變的背景中去考察，呈現其在詩學史、文學史上的意義。第一章重點分析明代宋詩地位的升降變化，包括詩學觀念中的宋詩定位以及詩學體系中的宋詩定性兩個層面。第二章討論宋詩輯刻行爲中的詩學表達，重點是別集刊刻的目的與詩學觀念的離合關係，以及刊刻過程及版本體例受詩學觀念的影響痕迹。第三、四、五章是明代現存宋詩總集研究。產生於嘉靖年間的《宋藝圃集》、萬曆年間的《宋元名家詩集》以及崇禎年間的《石倉宋詩選》，因不同的時代背景反映出各自鮮明的特色：《宋藝圃集》表現出對復古派宗唐詩學觀的叛離；《宋元名家詩集》是文藝思潮作用下詩派間理論調合的產物；《石倉宋詩選》則是明末知識分子忠節大義觀念的詩化表達。第六章探討明清之際宋詩觀念的轉變問題，是在全書研究的基礎上做出的歸納總結。

在理論研究層面，本書有以下主要觀點：

第一，明人對宋詩的認識和定性是在「唐宋詩之爭」的語境中完成的。認識層面，由「宋無詩」到「宋有詩」，由「宋詩信不及唐」再到「視唐眞無愧色」，明人雖然完成了唐宋詩的並舉並稱，但是對宋詩的認識始終沒有超出

〔註24〕丘美瓊《胡應麟對黃庭堅詩歌的接受與明末宗宋詩風》，南昌大學學報，2007，38（3）。

〔註25〕羅宗強教授指導，南開大學博士學位論文，1994。

〔註26〕王運熙教授指導，復旦大學博士學位論文，2002。

以唐詩爲軌範的審美標準，唐宋詩並稱時，宋詩一般是作爲反襯，還不能成爲獨立的審美範式。而經過「宋人主理不主調」到「宋主變不主正」，對宋詩的定性逐漸清晰。因爲晚明社會思潮的變遷，詩體的正變說已不具有嚴格的高下之分，詩學觀念的交互影響又削弱了復古派根植於明人論詩方式中的抑宋成分，也將公安派有意偏激的尊宋語境加以調和，從而形成了較爲合理的詩學觀念，至明末許學夷再提宋詩主變，明確指出復古派以「調」爲理由排擊宋詩的思路是所謂「以論唐詩者論宋」，點明了有明一代對宋詩認知的長期錯位，也爲清人宋詩觀念的建立廓清了理論的屏障。

第二，明代的宋詩總集與宋詩觀念的發展不僅是詩學觀念內部變遷的結果，也受到不同文體乃至文化形態的發展、繁茂以及相互包容的影響。從對李維楨、焦竑、袁中道三人爲《宋元名家詩集》所作序文的分析中我們可以看到，「一代有一代之詩」是萬曆時期的詩論家們共有的接受理由，而這一思路自產生而初就伴隨著對新生藝術型態和時代新風格的肯定，如虞集所稱：「一代之興，必有一代之絕藝足稱於後世者。漢之文章、唐之律詩、宋之道學、國朝之今樂府，亦開於氣數音律之盛。」〔註27〕萬曆時，這種以呈現時代風格爲目的的言說方式被許多論者加以發揮。陶望齡在公安派「代有升降，法不相沿，各極其變，各窮其趣」的理論基礎上提出「古之爲文者，各極其才而儘其變，故人有一家之業，代有一代之制」〔註28〕的觀點，其中蘊含的對時代風格以及個人風格的肯定與他們對宋詩的積極態度有密切關聯。曹學佺也曾說「蓋有一代，必有一代之才具而能爲言；有一時，必有一時之政俗而可以言。」〔註29〕可見這一觀念在宋詩輯刻者當中非常普及，其所帶來的結果就是，唐詩不再成爲詩學審美的唯一取向，歷代詩歌都有充足的理由進入詩家的視野。

另一方面，雖然「復古」是籠罩在明代藝術領域的總體傾向，但因其具體指涉有所不同，所以給各藝術門類間理論的互相影響留出了空隙。如在詩學領域，復古派所言的「古法」是七子所持的宗唐論，但於畫家而言，所依

〔註27〕〔元〕孔齊《至正直記》卷三「虞邵庵論」條，上海：上海古籍出版社，1987，96頁。

〔註28〕〔明〕陶望齡《徐文長三集序》，《歇庵集》卷四，《續修四庫全書》1365冊，239頁。

〔註29〕〔明〕曹學佺《秋旻集序》，《國立中央圖書館善本序跋集錄》（五），臺北：中央圖書館，民國83年，56頁。

據的古人卻是宋元之人。以《宋元名家詩集》與編者身份爲考察目標得出的結論是，明代文人畫作者在畫法上步隨宋元的普遍風氣籍由畫家的詩人身份與詩學領域內的復古觀念產生交疊，爲詩論家留心宋元詩提供了全新的理由。同時，明代文人畫的題材所指涉的畫家身份主導下的詩意選擇對模糊唐宋詩的詩學界限起到了不可低估的作用。明代文人畫在技法和選材兩個層面所呈現出的詩學因素及其與復古派詩學理論之間的差異性，使其成爲萬曆年間宗唐抑宋的詩學格局得以改變的外因之一。也就是說，倘若沒有畫家的取法宋元，就不會有潘是仁所謂的「韻學家留心宋元」，因爲文人只有處在畫家的身份立場下，才會將宋元的時代風格置於觀照的中心，才有理由充分地欣賞宋元詩，才有可能產生這樣的契機，摒棄詩論家抑宋宗唐的恒論，走向與之不同的詩學路徑。

第三，清人對明代宋詩選本「以唐範宋」的概括並不足以反映其眞實面貌。吳之振《宋詩鈔序》稱「萬曆間，李蓘選宋詩，取其離遠於宋而近附乎唐者。」四庫館臣稱《宋藝圃集》「所選宋詩近乎才調者多」，「才調」指《才調集》，推崇晚唐詩風。這兩種說法，前者是就選詩標準而言，後者則就選詩情況加以判定，但意見一致，都說「近唐詩」。李蓘萬曆五年（公元 1577 年）重訂《宋藝圃集》，所作後記稱「昔人選詩，取於欲離欲近，故余於是編亦旁斯義。離者離遠於宋，近者近附於唐。執斯二義，以向是編，則庶幾無謫於宋哉！」這顯然是吳之振說法的來源。但是，《宋藝圃集》的編選長達 13 年，萬曆五年距《宋藝圃集》成書又過了十年，前後 23 年，李蓘的身份已由自負才情的青年進士變成放懷山林的著述家，詩學觀念有所更新不難理解。然而，一部只是經過重新校錄，有增益而無刪減的《宋藝圃集》，究竟能在多大程度上反映出遠宋近唐的選詩標準，是很值得商榷的。通過李蓘隆慶元年所作《宋藝圃集原序》及針對選詩情況的總體分析，可以看出李蓘在編訂此書時，對使宋詩擺脫宗唐範式所作的嘗試以及呈現宋詩有別於唐詩的特色所作的努力。雖然由於李蓘自身詩學源自李夢陽、何景明，未出復古派門戶，在後七子逐步衰歇陷入反省之後，公安諸君尚未推崇宋詩之前，李蓘晚年詩論向宗唐詩學回歸，《宋藝圃集》具有的反復古特色也被他有意抹滅，使之最終沒有脫離復古派宗唐視野的拘囿，但是其產生之初作爲復古派的對立面，《宋藝圃集》的編選體現出與時代風氣相抗衡的理論性更值得我們重視。

再如吳之振《宋詩鈔》中引述的曹學佺論宋詩語，一是「選始萊公，以

其近唐調也」；二是宋詩「取材廣而命意新，不剿襲前人一字。」由此推斷曹學佺以唐範宋的選詩思路其實也不符合曹氏選宋詩的事實。據引文來看，曹學佺顯然重視宋詩在題材方面的開拓和表達手法上的創新，這種意見必然會反映在選詩中。而所謂「以近唐調」只不過是交代以寇準開篇的原因，將之作爲宋初晚唐體的代表。如果結合全書中曹學佺對名臣與事功的重視程度，就更好理解爲什麼晚唐體以寇準開端而不是以僧人或隱士冠首。《石倉宋詩選》最鮮明的特色是關注生活在南北宋之交和南宋末的詩人群體。因爲身處帝國傾覆之際，曹學佺對這類宋代詩人的遭遇顯然能夠感同身受，而他們通過詩歌作品所傳達出的情緒也更能引起曹學佺的共鳴。明代宋詩選本的特徵，實際上更多反映著群體接受的角度，而非詩學觀念的傳達。由於宋詩在明代一直是一個風格有待被認識和挖掘，整體性質有待確定的審美類型，因此從接受過程來看，詩人群體觀念的產生先於詩歌流派觀念。詩人群體的聚焦與轉移先行發生，其次才是詩歌特質的考量與定型。在這種情況之下，以唐宋爲畛域概括明代宋詩選本的特徵就難免顯得有些捨本逐末。

第一章　明人的宋詩觀念

　　宋詩總集的輯刻與選本的發展在宋代是伴隨著宋詩各體派的發展而產生的，如《西崑酬唱集》之於西崑體，《禮部唱和詩集》之於元祐體，《江湖小集》之於江湖派等等。由於後世對這些體派的不同評價，導致了它們在流傳過程中的消長態勢。有些在當時聲名甚隆的詩派，到明代已經銷聲匿迹，如盛極一時的《西崑酬唱集》「自明代以來，世罕流佈。」〔註1〕有些詩作囿於時地，當時吉光片羽未成氣候，卻得以名垂後世，如宋孔延之編《會稽掇英總集》，在明代有手抄本流傳，被視為「在宋人總集之中最為珍笈，其精博在嚴陵諸集上也。」〔註2〕而宋人別集一般由作者後人或門生編訂，其傳播過程既伴隨著詩名的彰顯與詩學風氣的趨向，也往往帶有家族的延續性，後者也是許多名不甚著的詩人詩集保存完好的原因。由此可見，明人對宋詩總集與宋人別集的重新輯刻，既包含著對宋詩的選擇與接受，也富有文獻整理與傳承的主體意識。明人對宋詩所抱持的觀念與態度影響著宋詩輯刻行為，而輯刻行為的延續又潛移默化地對詩學觀念起到重塑的功效。

　　明人論詩，總體是宗唐抑宋，他們對宋詩的看法受兩方面的影響。一方面是基於已有的對宋詩的評論，如宋人對本朝詩的議論，金、元以來的詩論家對宋詩的看法等。其中最有影響力的是嚴羽、朱熹、方回、劉克莊，他們基於各自所處的時代詩風，都對宋詩取貶抑的態度，認為宋詩不是學詩者的正宗，明人對這些自成體系的理論加以承襲，是宋詩在明代不受重視的一個

〔註1〕〔清〕永瑢等，《四庫全書總目》卷一八六，北京：中華書局，1965，1693頁。

〔註2〕同上。

原因。另一方面則歸結於明代詩壇主流觀念的引導，復古派「不讀唐以後詩」的主張，公安派「代有升降，法不相沿」的觀念，均在相當長的時間內影響著一般士子的詩學觀念。當然，這些論調開始往往是針對主流而發的異響，士流聞風所向，使之成爲新的主導，如復古派中的前七子「詩必盛唐」是針對臺閣詩風，公安派則是針對復古派的後繼者。正是由於晚明公安派的追隨者增多，才使宗唐詩學觀念發生較爲顯著的改變。籍由科舉門派、地域淵源而結成的文學團體形成了明代詩壇參差多態的群體風貌，也使詩學觀念的傳承在相當程度上帶有一種頑固性，這也是宗宋一脈在明代詩壇最終沒有形成氣候的原因。

　　縱觀明人對宋詩形形色色的評論，最重要的歷程是完成了「宋無詩」到「宋有詩」的語境轉變，使宋詩成爲可以與唐詩並峙的詩歌型態。但是，明人對宋詩的認識沒有超出以唐詩爲軌範的審美標準，唐宋詩雖時常並舉並稱，但宋詩一般是作爲反襯，最多作爲比附，還不能成爲獨立的審美範式。

第一節　「宋無詩」與「宋有詩」

　　明初有西江、閩中、江右諸詩派，皆主唐音，這一時期出現的詩歌選集，也以唐詩爲主。由《水東日記》中記載的幾條明初文學名士的序文可見一斑：

> 永樂初，嘗見朱中書季寧先生手抄五百家唐詩〔註3〕。（正統二年《和唐詩正音序》張洪）

> 近代言詩者，率喜唐律五七言。……宋氏徒以學識而聲律之，元人徒以意氣而韻調之。（永樂十三年《律詩類編序》林誌）

　　明初詩家奉唐詩爲典範，手自抄錄，刊行不輟，就體裁而言，律詩是他們主要的學習對象，就風格而言，宋人以學識爲詩，元人詩重意氣，皆在被摒棄之列。明初士人編行的詩歌選本中最有影響的是閩中詩派的高棅的《唐詩品彙》與《唐詩正聲》，其書「終明之世，館閣宗之」〔註4〕，是弘、正年間七子宗唐詩學觀的濫觴。明初是詩學觀念與詩學宗尚的積疊、形成時期，對唐詩的宗尚雖然較爲一致，但無論對唐詩內部不同時期與風格的體認，還是對唐詩與其他各朝代詩歌的優劣，都有人提出意見與論爭，如葉盛所言：

〔註3〕〔明〕葉盛《水東日記》卷二十六，北京：中華書局，1980，255 頁。
〔註4〕〔清〕張廷玉等，《明史‧文苑傳》，北京：中華書局，1974，7336 頁。

我朝詩道之昌，追復古昔，而閩、浙、吳中尤爲極盛。若孫西庵，
嶺南才子，國初著大名，而林尚默、張宗海，皆近時名士，已上序
文三首，亦不可謂爲無見。他如蘇平仲以《唐音》編選未精，王止
仲以元遺山《鼓吹》偏駁之甚，而尤罪趙子昂，若劉子高不取宋詩，
而浦陽黃容極非之，容又並楊廉夫、高季迪而疵議之。又有錢塘瞿
宗吉則爲《鼓吹續音》，蓋以宋、金、元律詩並稱，至云舉世宗唐，
恐未公爲言。〔註5〕

總體來看，唐詩作爲詩學典範的確認過程，也是其他各代詩歌旁落的過
程。作爲唐詩的上游，雖有風雅傳統的認同，但在律詩成爲一般修習目標的
明代社會，漢魏古詩並不能獲得足夠的關注；而作爲唐詩的下游，宋、金、
元三代詩被認爲是無足可觀的，所謂「宋無詩」的看法就是在這一語境中產
生的。《水東日記》中所載的黃容對劉崧「宋無詩」的批駁如下：

至宋蘇文忠公與先文節公，獨宗少陵、謫仙二家之妙，雖不拘拘其
似，而其意遠義該，是以有蘇、黃並李、杜之稱，當時如臨川、後
山諸公，皆傑然而無讓古作者。至朱子則洞然諸家之短長，其《感
興》等作，日光玉潔，未易論也。何者？一本於理爾。……近世有
劉崧者，以一言斷絕宋代，曰宋絕無詩。……人不短則己不長，言
不大則人不駭。欲眩區區之才，無忌憚若是，詬天吠日，固不足與
辯。〔註6〕

對於劉崧是否說過「宋絕無詩」，研究者已進行過考證〔註7〕。劉崧在爲
林鴻《鳴盛集》作序時，有過「唐興……於是氣韻、聲律粲然大備，及列而
爲大曆，降而爲晚唐，愈變而愈下。迨乎宋，則不足徵矣。」〔註8〕的說法，
這種觀點本無新意，宋人自己也說過不少，引起黃容不滿的並非詩學取向上
傳達出的對宋詩的輕視，而在於詩學觀念中理學道統的缺席。當然，黃容與
劉崧在詩壇的活躍時間前後相差 30 餘年，黃容的看法不可能是針對劉崧本

〔註5〕　〔明〕葉盛《水東日記》卷二十六，北京：中華書局，1980，256頁。

〔註6〕　〔明〕黃容《江雨軒詩序》，《水東日記》卷二十六，北京：中華書局，1980，
　　　　257頁。

〔註7〕　馮小祿《劉崧「宋絕無詩」說考論》，《中國韻文學刊》2006年3月第20卷第
　　　　1期。

〔註8〕　〔明〕劉崧《鳴盛集原序》，見林鴻《鳴盛集》，《景印文淵閣四庫全書》1231
　　　　冊，3頁。

人，只能是針對他所接觸的詩壇現狀而發的。他在列數宋詩大家時提到了蘇軾、黃庭堅、王安石與陳師道，但緊要的論述還是集中在朱熹身上。他明顯將朱熹的《感興詩》凌駕宋代諸家之上，原因是因為朱熹所作「本於理」，符合理學家的詩學標準。

　　明初，由於儒家正統文學觀念的回歸，詩歌創作與理學道統之間的關係得到了強化。如明初大儒宋濂就認為：「詩文本出於一，……沿及後世，其道愈降，至有儒者、詩人之分。自此說一行，仁義道德之辭遂為詩家大禁，而風花煙鳥之章流連於海內矣，不亦悲夫！」〔註9〕期待詩人重新承擔起儒家的傳統道德使命。宋濂的學生方孝孺也說「後世之詩……病於道德不足而辭有餘」〔註10〕，認為「世之言詩者而不知道，……雖工且美奚以哉！」〔註11〕他們所針對的，是明初詩人承襲元末而來的傲視前人、猖狂無倫，師心而不師古的風氣〔註12〕，所體現的則是統一王朝所需求的文治教化。延伸到詩歌審美觀念上的唐宋之爭，作為宋代理學傳統的繼承者，秉持儒家正統思想的詩論家們明顯站在尊宋的一方。方孝孺就認為在道德會通的層面「宋為上，漢次之，唐為下。」〔註13〕並作詩「前宋文章配兩周，盛時詩律亦無儔。今人未識崑崙派，卻笑黃河是濁流。」〔註14〕譏諷當時的宗唐論者。在方孝孺眼中，詩歌應該與道德教化緊密相連，脫離這一層面的對詩歌的任何體認都是單薄可笑的。他說：「《三百篇》後無詩矣，非無詩也，有之而不得詩之道，雖未之無亦可也。……若朱子《感興》二十篇之作斯可謂詩也矣。其於性命之理昭矣，其於天地之道著矣，其於世教民彝有功者大矣。」〔註15〕這一說

〔註9〕　〔明〕宋濂《題許先生古詩後》，《文憲集》卷十二，《景印文淵閣四庫全書》1223 冊，612 頁。

〔註10〕　〔明〕方孝孺《義門詩序》，《遜志齋集》卷十三，《景印文淵閣四庫全書》1235 冊，397 頁。

〔註11〕　〔明〕方孝孺《時習齋詩集序》，《遜志齋集》卷十二，《景印文淵閣四庫全書》1235 冊，376 頁。

〔註12〕　〔明〕宋濂《答章秀才論詩書》：「近來學者類多自高，操觚未能成章，輒閣視前古為無物，且揚言曹、劉、李、杜、蘇、黃諸作雖佳不必師，吾即師，師吾心耳。故其所作往往猖狂無倫，以揚沙走石為豪，而不知有純和沖粹之音。」見《宋學士全集》卷二十八，《叢書集成初編》2124 冊，1050 頁。

〔註13〕　〔明〕方孝孺《與趙伯欽三首》，《遜志齋集》卷十一，《景印文淵閣四庫全書》1235 冊，323 頁。

〔註14〕　〔明〕方孝孺《談詩五首》其二，《遜志齋集》卷二十四，《景印文淵閣四庫全書》1235 冊，722 頁。

〔註15〕　〔明〕方孝孺《讀朱子感興詩》，《遜志齋集》卷四，《景印文淵閣四庫全書》

法獲得了不少認同，如張寧就說：「先輩謂刪後無詩，蓋自有見，或者遂洞視近古，至謂宋儒之詩爲無物，幾欲一掃而空焉者，棄本逐末，弊一至此夫。文章固各有體，聲韻亦自不同，然未有外理趣捨經典而可以言詩者。」〔註16〕與正統儒家眼中的《三百篇》後無詩相比，「宋無詩」顯然算不上驚世駭俗的論調。然而，宗經師古、以辭達道的文學觀畢竟是理學家的文學觀，不可能爲操觚談藝之士砥礪奉行，文學內部各層面的考察還是本著實用的精神展開了。方孝孺所批評的，其實正是明初詩壇普遍的風氣：

> 近時之詩大異於古，工興趣者超乎形器之外，其弊至於華而不實；務奇巧者窘乎聲律之中，其弊至於拘而無味。或以簡淡爲高，或以繁艷爲美，要之皆非也。〔註17〕

形器不爲所重，道德政教無人問津，興趣聲律被反復揣摩，從這一角度來看，標榜唐音伴隨的是明代詩學審美範式的確立；張揚宋調則是由於統一思想的形勢需求下重塑儒家價值觀的需要。這一方面使宋詩從「無」到「有」被提取至詩學論爭的語境中，並看似占據了關乎教化的至高點，另一方面也使人們對宋詩的風格與類型的體認錯位地集中在宋代理學家的身上，導致了宋詩作爲一個藝術修習的範例與唐詩相比不具有任何可競爭性。永樂十五年，明政府頒行四書、五經、《性理大全》於兩京、六都、國子監及府州縣學，理學已經成爲官方統治思想。此後，一部分人學習宋代理學家詩作甚至形成了「性氣詩派」相互標榜，但宋詩在與唐詩的論證中卻依然處於絕對劣勢。永樂年間的詩人互相寫序時依然會將不及宋元詩作爲讚美：「其論五七言長歌、律絕句，則一欲追唐開元、天寶、大曆諸君子，而五言、五選則時或祖漢魏六朝諸作者而爲之，宋、元而下不論也。」〔註18〕

在這樣的背景當中，不難看出黃容對劉崧的批駁，「宋無詩」與「宋有詩」的對立實際上體現出的是一種焦點不一致的現象。黃容的宋詩立場和對朱子詩歌的認同不過是對前輩觀點的伸張，但他能如此盛氣凌人指責對方「詬天吠日」無疑說明儒家正統觀念的重新確立與鞏固。但劉崧及其同時代人言下

1235 冊，139 頁。

〔註16〕〔明〕張寧《學詩齋卷跋》，《方洲集》卷二十一，《景印文淵閣四庫全書》1247冊，481 頁。

〔註17〕〔明〕方孝孺《劉氏詩序》，《遜志齋集》卷十二，《景印文淵閣四庫全書》1235冊，375 頁。

〔註18〕〔明〕林環《白雲樵唱集原序》，見王恭《白雲樵唱集》，《景印文淵閣四庫全書》1231 冊，84 頁。

的「宋詩不足徵」卻並不受這種指責的效力約束，他們探求的僅僅是詩歌的藝術範式本身的優劣，同時，由於代表宋詩的範例是由理學家們按照藝術範式之外的範式，即官方的思想意識形態推舉出來的，因此宋詩在學詩者眼中就更不具有「文獻之征」的必要。

弘、正以後，明代理學家所作的性理詩漸漸失去追隨者，甚至連理學本身都受到了質疑與厭棄，因此針對「宋無詩」的反駁，其內涵也發生了微妙的變化：

> 宋詩不及於唐固也，或者矮觀聲吠並謂不及元，是可笑歟。……近又見胡纘宗氏作《重刻杜詩後序》乃直謂唐有詩，宋元無詩。無之一字是何視蘇黃公之小也，知量者將謂之何。〔註19〕

反對者的身份和立場有所轉變，不再具有理學道統的價值觀，宋詩已經是詩歌審美鏈條中的一環，而非高高在上的道德評判工具，雖然尚且被認為不及唐詩是理所當然，但其特質獲得了被全面認識的機會。這一轉變的契機則是前七子文學復古主張的普及。

李夢陽直言「漢無騷，唐無賦，宋無詩」〔註20〕，何景明也說「經亡而騷作，騷亡而賦作，賦亡而詩作。秦無經，漢無騷，唐無賦，宋無詩」〔註21〕，口徑一致。而所謂「無」，不僅是「無詩」，而是擴大為文體的新陳代謝論，任何文體都經過興盛與衰歇的階段。在這一基礎上，前七子們為「文必秦漢，詩必盛唐」找到了足夠的理由，對於某一特定文體，只需要去學習它定型後的鼎盛階段，正是取法乎上，入門須正的意思。具體到詩歌來看，這也反映著唐詩範式被確立後所表現出的排他性。李夢陽對「宋無詩」給出的理由是「格古，調逸，氣舒，句渾，音圓，思沖，情以發之，七者備而後詩昌也，然非色弗神，宋人遺茲矣，故曰無詩。」〔註22〕正是將宋詩排斥在一套具體的審美標準之外，與明初認為宋詩不值一讀的論者相比，理論色彩已經十分鮮明了。由此而來，前七子的反對者們提出的宋詩有無之辨，也自然集中在

〔註19〕〔明〕游潛《夢樵詩話》卷上，《叢書集成初編》2577冊，25頁。

〔註20〕〔明〕李夢陽《潛虬山人記》，《空同集》卷四十八，《景印文淵閣四庫全書》1262冊，446頁。

〔註21〕〔明〕何景明《雜言十首》其五，《大復集》卷三十八，《景印文淵閣四庫全書》1267冊，351頁。

〔註22〕〔明〕李夢陽《潛虬山人記》，《空同集》卷四十八，《景印文淵閣四庫全書》1262冊，446頁。

宋詩是否見容於宗唐論者的標準之內。楊慎的《升菴詩話》就曾記載他本人挑出許多宋人詩給何景明觀看，問他是何人所作，何答曰唐詩。楊慎告之爲宋詩，何景明沉吟許久，固執地說：「細看亦不佳。」這則軼聞正好說明理論層面上宗唐範式的排他性以及宗唐抑宋語境下宋詩得以被體認的途徑。事實上，許多認識到「宋有詩」的論者，都是首先認識到宋詩有唐詩風致，從不能辨唐與宋的立場去反駁「宋無詩」，如以下一例：

> 自北地言宋無詩，今始操筆者以宋爲詬矣，而未能辯其爲唐爲宋也，余頗厭之，試舉宋詩佳者示之曰，此當代名卿之作，視古何如。皆以爲不減唐音，遠過宋調也。余笑曰：此宋詩也，聊以相試耳。自是不敢言宋無詩。學詩者斷自開元以上，毋使格下，此確論也，大曆以下，非所取法，而未可遽詆爲無也。〔註23〕

這是明確針對前七子宗唐詩學觀所作的反駁。萬曆以後，公安派的崛起使「宋無詩」的觀念完全被摒棄，宋詩的閱讀經驗成爲文人竟相交流的賞心樂事：

> 弟初讀蘇詩，以爲少陵之後一人而已，再讀更謂過之。初言之亦覺駭人，及見子由已先有此論，兄言又暗合，益知非謬。永叔詩雖好，終不如子瞻。蓋子瞻如海，永叔如三山，雖仙靈所都，終是大海中物。南宋有陸放翁者，山陰人，其詩在高、岑之間，雖不及蘇、歐，自餘宋人舉無其敵。平生作萬首詩，今所傳《渭南集》不過十一，隽永道拔，七言尤爲勝絕，蕞爾之地，前有務觀，後有文長，亦云盛矣。然今人尚不知有陸，況於徐耶？宋集，弟略有數家，唯陳無己已，張文潛、蘇子美集不可得，京中書坊或偶值，求爲買之。時賢未曾讀書，讀亦不識，乃大言宋無詩，何異夢語。〔註24〕

相比起明代前期黃容對劉崧「宋無詩」的反駁中單薄的二十首朱熹《感興詩》，公安文人在書信中洋洋灑灑，大談宋人詩集的閱讀與採購，可以看出在「宋有詩」的語境之下，明人對宋詩的認識經過了一個由寡至豐，由偏至全的過程。

〔註23〕〔明〕方弘靜《千一錄》卷十七，《續修四庫全書》1126 冊，359 頁。
〔註24〕〔明〕陶望齡《與袁六休書》之二，《歇庵集》卷十一，《續修四庫全書》1365 冊，408 頁。

第二節 「宋詩信不及唐」與「視唐眞無愧色」

在承認「宋有詩」之後，唐宋詩之爭的合理性才得以展開。當然，整個明代宗唐抑宋都是主流詩學觀，所謂的「唐宋詩之爭」實質上只是唐宋詩並舉：

> 或問予唐宋人詩之別，余答之曰：唐人詩純，宋人詩駁。唐人詩活，宋人詩滯。唐詩自在，宋詩費力。唐詩渾成，宋詩餖飣。唐詩縝密，宋詩漏逗。唐詩溫潤，宋詩枯燥。唐詩鏗鏘，宋詩散緩。唐人詩如貴介公子，舉止風流；宋人詩如三家村乍富人勝服揖賓，辭容鄙俗。〔註25〕

在諸如此類的並舉中，宋詩得到的概括幾乎都是否定的，但唐詩與宋詩不同的時代風格在此種對舉中得到了初步的區分，對宋詩特質的客觀認識也在此種論說方式中實現。比如：

> 宋人詩學與唐不倫。唐人流暢情景；宋人鋪陳時事。唐人有風雅之遺音，不盡意趣，每見言外；宋人研切根理，罄盡底蘊。故唐詩圓，宋詩方。雖王介甫、歐陽永叔、蘇子瞻、黃魯直諸公，號稱名家，不免此病。蓋宋人崇尚理學，不免以議論為詩，故少委宛清亮。不知學詩，理何可盡廢，若拘文牽義，豈詩家上乘。風人之義，各有攸當，故善說詩者，不以文害詞，不以詞害義，不言理而理存此，詩之妙境也。〔註26〕

論宋詩與唐詩風格不同，一方一圓。指出宋詩鋪陳時事的特點，說明此種特點的形成是由於宋人崇尚理學對詩文風格產生的影響，並進一步引申到風人之義，各有所宜，理趣是詩文不可或缺的要素，富含理致哲思的詩乃是詩之妙境，在明人對宋詩基本特徵的論說中，這算是非常公允的評價了。

明人對宋詩特質的認識，首先是通過詩句列舉的方式，將有限的宋人詩句挑選出來，以證明它們與唐詩風格的無差異性，正如楊慎所言「宋詩信不及唐，然其中豈無可匹體者，在選者之眼力耳。」〔註27〕選者以唐詩的風味觀賞宋詩，培育著閱讀宋詩的喜好，也由此感受到宋詩與唐詩的差異：

〔註25〕〔明〕劉績《霏雪錄》，《景印文淵閣四庫全書》866冊，689頁。

〔註26〕〔明〕陳師《禪寄筆談》卷五，《四庫全書存目叢書》子部103冊，659頁。

〔註27〕〔明〕楊慎《升菴詩話》卷四，《歷代詩話續編》（中），北京：中華書局，1983，717頁。

予於宋詩獨喜晏相國，其「梨花院落溶溶月」等作，紆徐婉麗，有盛唐之風，蓋宋之拔萃者，其見諸編集者乃至萬，則又唐人所無也。〔註28〕

然而，對宋詩的認知過程完全在尊唐的框架內進行，則顯然是前七子復古派文學觀念占據詩壇主流後的結果。不過，復古派尊唐詩學觀本身也不斷經歷著反叛與質疑：

人言唐詩典麗，而宋詩迂腐殊惡。不知唐詩惡者亦不少，殆未深考也。如杜荀鶴云……盧同云……李紳云……孟郊云……賈島云……此等篇句若出今人，誰不掩口捧腹，而其他卑俗萎弱者，尚可指摘之。數子亦在名家乃爾，況其他乎？然則人不可概以代論詩，不可概以人許也。〔註29〕

昔人謂，詩盛於唐，壞於宋，近亦有謂元詩過宋詩者，陋見也。劉後村云：「宋詩豈惟不愧於唐，蓋過之矣。」予觀歐、梅、蘇、黃、二陳，至石湖、放翁諸公，其詩視唐未可便謂之過，然真無愧色者也。元詩稱大家必曰虞、楊、范、揭，以四子而視宋，特太山之卷石耳。〔註30〕

前者由明人習以為常的尊唐貶宋之語進行反向舉證，指摘唐代名家詩中也不盡是渾成典麗之句，從而申發不以時代斷絕唐宋詩的觀點。後者則從實際閱讀經驗出發，認為宋代諸大家之作與唐人相比絕無愧色。宋詩在辯證的審視中從「信不及唐」走向了與唐詩相比而「無愧色」，由唐宋詩並舉開始真正形成唐宋詩並峙。至晚明公安派出，復古派思想受到了極大的衝擊，對宋詩不近情理的貶抑成為復古派理論的最大口實，袁宏道在《敘小修詩》中描述了當時詩壇的極端狀態：

蓋詩文至近代而卑極矣！文則必欲準於秦漢，詩則必欲準於盛唐，剿襲模擬，影響步趨，見人有一語不相肖者，則共指為野狐外道。〔註31〕

〔註28〕〔明〕唐錦《龍江夢餘錄》卷三，《續修四庫全書》1122冊，342頁。
〔註29〕〔明〕陳師《禪寄筆談》卷五，《四庫全書存目叢書》子部103冊，662頁。
〔註30〕〔明〕都穆《南濠詩話》，《歷代詩話續編》（下），北京：中華書局，1983，1344頁。
〔註31〕〔明〕袁宏道《敘小修詩》，《袁宏道集箋校》，上海：上海古籍出版社，2008，187頁。

　　袁宏道對復古派影響下的時代文風進行了不遺餘力的批叛，提出「獨抒性靈、不拘格套」的主張，以求打破復古派所樹立的詩文定法，具體的言說路徑則是從復古派所不屑的宋詩切入：

> 陳、歐、蘇、黃諸人有一字襲唐者乎？又有一字相襲者乎？……今之君子，乃欲概天下而唐之，又且以不唐病宋。……夫詩之氣，一代減一代，故古也厚，今也薄。詩之奇之妙之工之無所不極，一代盛一代，故古有不盡之情，今無不寫之景。然則古何必高，今何必卑哉！〔註32〕

　　針對復古派的貴古賤今，袁宏道提出今未必不如古，今不必摹古，理由是古有不盡之情，今人有自己的發揮餘地和創造空間，在這一基礎上，他肯定宋詩相對於唐詩的變化與創造，將不相襲與不相同作爲宋詩的優勝處，宋詩在唐宋並峙的局面中首次獲得了張揚。然而，公安派對宋詩的讚美是不吝筆墨的，卻也是充滿矛盾的：

> 有宋歐、蘇輩出，大變晚習，於物無所不收，於法無所不有，於情無所不暢，於境無所不取，滔滔莽莽，有若江河。今之人徒見宋之不唐法，而不知宋因唐而有法者也。……近代文人，始爲復古之說以勝之。夫復古是已，然至以剿襲爲復古，句比字擬，務爲牽合，棄目前之景，摭腐濫之辭，有才者詘於法，而不敢自伸其才，無之者，拾一二浮泛之語，幫湊成詩……詩至此，抑可羞哉！〔註33〕

　　前文說宋詩無一字相襲，這裏又說宋詩「因唐而有法」，有點自相矛盾。但從批判時代文風的角度，大贊宋詩的獨創性是針對復古派的厚古薄今，與追摹古人相比，創新是立足於「今」的，而創新不是憑空獨造，而是於古有所變化。宋詩「大變晚習」從表面上看是不法唐，進一步講則是變化於唐，這與明代復古論在實踐層面上以剿襲幫湊，比擬字句爲成法相比，顯然高出一籌。可見袁宏道從批判復古派的詩學觀念到批判其詩歌創作實踐兩個方面都以宋詩爲參照，這就將宋詩擺在了正向的審美坐標當中。不僅如此，他甚至故意說：

〔註32〕〔明〕袁宏道《與丘長孺尺牘》，《袁宏道集箋校》，上海：上海古籍出版社，2008，284 頁。

〔註33〕〔明〕袁宏道《雪濤閣集序》，《袁宏道集箋校》，上海：上海古籍出版社，2008，710 頁。

世人喜唐，僕則曰唐無詩；世人喜秦、漢，僕則曰秦、漢無文；世

人卑宋黜元，僕則曰詩文在宋、元諸大家。〔註34〕

　　袁宏道自己也承認這樣說有矯枉過正的傾向。這樣的說法與復古派的「宋人詩不必觀」一樣偏激，但是作爲詩學觀念的表述，卻有效地改善了宋詩的接受現狀。如當時屠隆就曾記載一同鄉友人的詩學觀點是「自三百篇下，逮唐人若李杜，若高岑王孟，以及我朝李獻吉、李于鱗、王元美諸公率置喙焉，而獨推宋人詩若蘇長公輩，及我朝楊用修及一不知名某孝廉。」〔註35〕這樣的言論能引發屠隆與之論詩的興趣，足以說明屠隆所遵從的復古派觀念已在公安派挾持下成爲強弩之末。同時，袁宏道的意見在選本輯刻層面的影響也是不可估量的，正如復古派詩學觀催生了李攀龍的《古今詩刪》，棄宋元而唐後直錄當下，「詩文在宋元諸大家」之語一出，也使晚明宋元詩的輯刻獲得了繁茂的因由。

第三節　詩論以外的衝突與影響

　　古典詩歌作爲文學門類的一支一脈，其理論從來都與其他文類思想以及社會思潮產生天然的聯繫。明人宋詩觀念的消長當然不可能只是詩學體系自身的更迭，而是反映著明代不同時期的文化衝突。前文已論及明初宋詩被標舉的文化背景是統一王朝教化需求下儒家正統思想的回歸，程朱理學被官方大力提倡的同時，宋人之道德文章是被視爲正脈的。而在這種情形下，宋儒所作的性理詩獲得認同並成爲明代理學家反駁宗唐詩學觀的現成資源。論者舉邵雍、朱熹之詩，是以居高臨下的姿態俯察詩學這一微末領域的，在他們的視野中，道統至高無上，文學應該承擔教化的使命，所謂的風格、技藝之差別實不在討論之列。理學家眼中的宋詩不是詩學意義上而是道統脈絡上的。前七子的興起直接指向明代性理詩派與臺閣諸公，二者所承接自宋人的文統被視爲反動，理學的道統觀念在指稱文學型態時也不再具有言說層面上的優勢。

　　在科舉考試的制約下，明代士子其實一直暗承的是「文必唐宋」的理路。

〔註34〕〔明〕袁宏道《與張幼于尺牘》，《袁宏道集箋校》，上海：上海古籍出版社，2008，501 頁。
〔註35〕〔明〕屠隆《與友人論詩文》，《由拳集》卷二三，《續修四庫全書》1360 冊，295 頁。

《明史・選舉志》稱：「科目者沿唐宋之舊，而稍變其取士之法，專取四子書及《易》、《書》、《詩》、《春秋》、《禮記》五經命題試士。蓋太祖與劉基所定。其文略效宋經義，然代古人語氣爲之，體用排偶，謂之八股，通謂之制義。」可見這一影響士子前途命運的制度從科目內容到行文風氣與宋代經義直接相關，黃宗羲所謂「三百年人士之精神，專注於場屋之業，割其餘以爲古文，其不能盡如前代之盛者，無足怪也。」〔註36〕科舉考試所規定的以宋人經義爲仿傚對象的文字程序在有明一代具有無可動搖的地位，而明代文人精神氣質的變化與文學觀念的演進也無不與之息息相關。前七子所提出的「文必秦漢，詩必盛唐」的主張實際上正是對「文必唐宋」這一由科舉考試滲透到日常文學創作的觀念的反叛。楊慎對這種滲透有直接的論述：

> 文之古者《左氏》、《國語》，宋人以爲衰世之文，今之科舉以爲禁約；詩之高者漢魏六朝，而宋人謂詩至《選》爲一厄，而學詩者但知李杜而已。高棅不知詩者，反謂由漢魏而入盛唐，是由周孔而入顏孟也。如此，皆宋人之說誤之也。〔註37〕

可見，當時由科舉制度決定的宋人言說的權威性對明人的文學觀念產生著深刻的影響。而隨著弘治以後社會政治環境的惡化，各種矛盾的加劇，科舉考試對文人思想的束縛也不斷積纍著逆反因素。李夢陽首倡復古之時，明代文壇的狀況是：「宋人曰是，今人亦曰是；宋人曰非，今人亦曰非。高者談性命，祖宋人之語錄；卑者習舉業，抄宋人之策論。」〔註38〕在這種形勢下誕生的復古派，致力掃除的文壇卑弱現狀的癥結正是科舉制度影響下的文學風氣。由此來看，何景明那句影響宋詩接受命運的「宋人書不必收，宋人詩不必觀」〔註39〕所說宋人書絕不限於詩文集，而是由對宋人的反叛延及詩歌層面。從這一角度來審視復古派詩學觀念中那種對宋詩的擯棄與厭惡，就知道宋人在他們眼中不足觀、不足論的原因恰恰是所觀太多，所論太似而不得不抽身以離反。

復古派「文必秦漢，詩必盛唐」這一文學觀念的輸出採用的是不加迴旋

〔註36〕〔清〕黃宗羲《明文案序》，《黃梨洲文集》，北京：中華書局，1959，388 頁。
〔註37〕〔明〕楊慎《文字之衰》，《升菴文集》卷五十二，《景印文淵閣四庫全書》1270 冊，447 頁。
〔註38〕同上。
〔註39〕〔明〕楊慎《升菴詩話》卷十二，《歷代詩話續編》（中），北京：中華書局，1983，873 頁。

的直率論調，所引發的檢討必然與其影響力的持續相伴隨。作為與科舉考試聯繫最為緊密的文章學，引發的討論更多，觀念的波動性更強，而作為日常抒情載體的詩歌，審美範式一經定型，認同者轉變的餘地則較少。也就是說，復古派所奠定的詩學思想要獲得觀念的更新，依賴於文章學思想的交鋒與變革。率先對前七子文論進行責難的是唐宋派。歸有光《項思堯文集序》稱：「文章至於宋元諸名家，其力足以追數千載之上而與之頡頏；而世直以蚍蜉撼之，可悲也。」〔註40〕唐宋派的文論憑藉著在科舉應試策略上的有效性，在士子中產生了較大影響，對變革復古派觀念產生了作用。就連後期復古派領袖王世貞也承認：「當吾之少壯時，與于鱗習為古文辭，其於四家殊不能相入，晚而稍安之。毋論蘇公文，即其詩最號為雅變雜糅者，雖不能為吾式，而亦足為我用。」〔註41〕王氏對宋人文章晚而安習的態度轉變，以及由文辭風格的接受帶來的對宋詩不為楷式但足以用之的「用宋」觀，正反應了唐宋派漸得人心的文學風氣。

唐宋派從文章學層面糾正復古派引發的對唐宋文學傳統的背反，通過文章觀念向詩歌觀念的流衍浸潤，客觀上使宋詩的地位得以回升。同時，文章學層面的唐宋合論也營造了唐宋詩調和的語言環境，為宋詩的接受和再認識提供了契機。如隆慶時進士沈懋孝作有一篇《與塾中士論四六駢體》談駢體文創作：

> 至宋，王介甫、蘇子瞻始厭薄穠詞，為真淡寫意之體，其後汪浮溪、周益公、楊誠齋之徒嗣之，故宋表傳至今，今之士林皆式之，蓋純乎議論矣。余常衷而衡之，如陳謝，如辭職，如諫事，如進規，用論議行文，情志始暢。若夫國之大慶大典，必待鋪張，賜物之一衣一馬尤須描寫，若斯之類，豈可無掞藻摛菁之筆。……句有句格，字有字目，大都與詩相通。故盛唐之冠冕，初唐之秀發，晚唐之雕刻，宋詩之發論，合而鑄之，又表家之捷戰法也。〔註42〕

這段文字明確表示駢體文的創造與詩相通，表家之法是要熔初唐、盛唐、

〔註40〕〔明〕歸有光《項思堯文集序》，《震川先生集》卷二，上海：上海古籍出版社，1981，21頁。

〔註41〕〔明〕王世貞《蘇長公外紀序》，《弇州續稿》卷四十二，《景印文淵閣四庫全書》1282冊，558頁。

〔註42〕〔明〕沈懋孝《與塾中士論四六駢體》，《長水先生文鈔》，《四庫禁燬書叢刊》160冊，116～117頁。

晚唐以及宋詩的不同風格爲一爐，這與宋表「純乎議論」的體式已經判爲兩途，顯然是復古派主導文壇後不規規於宋人的觀念在科舉文體訓練中產生的影響所致。然而在文章家眼中，宋人的「純乎議論」畢竟曾經是正體，因此宋詩發論的特點對他們來說是正面的，這是融合唐宋詩的提法率先出現在文論中的原因。

在詩學領域內部，明人似乎總是力圖與宋人劃清界限，而事實上，由於宋代的文化資源在各個層面都對明人有根深蒂固的影響，所以當宋儒的處事哲學與明人發生價值背離，心學的狂潮使晚明士風陷入浮靡混亂，宋人的生活趣味和藝術品質也依然是明人的理想標準。他們總是一邊不斷地否定，另一邊不斷地吸納和繼承：

> 余有宋刻《陳簡齋集》，是公自書上木者，醇古豐圓，出自黃庭，余寶之，時以爲玩。因熟公詩，即明知以宋詩爲余戒，如不聞也。以證文先生停雲館收者，眞行各擅，而情思如一，詩則又集中最合作者。余因以稔，寄木之可以長久，遂與入石者等壽。其實宋詩亦未爲惡道，即如此「雲間落日淡，山下東風寒」；又「生身後聖哲，隨俗了悲歡」；又「微陰拱泉木，靜夜聞孤泉」；又「殘輝度平野，列岫圖青春」，已膾炙藝林，況於集之大全，恨不及請益，以竟公蘊也。
> 〔註43〕

這篇作於天啓年間的跋語左衝右突，一方面以宋刻爲珍玩，一方面又以宋詩爲惡道。作者自謂熟稔宋詩，又時以宋詩爲戒，默認宋詩爲惡道，又不由得折服其中警句，這反映出明人詩學觀念中對宋詩的排斥與詩論之外對宋代文化的承接之間的矛盾與衝突，而這種矛盾又恰恰促成了對宋詩接受態度的轉變。僅以明人對宋人書法藝術的熱衷引發詩學觀念的轉變爲例：

> 宋人之詩高者固多有，如蘇長公發妙趣於橫逸謔浪，蓋不拘拘爲漢魏晉唐而卒與之合。乃曰「此直宋詩耳，詩何以議論爲此」，與兒童之見何異？予喜字畫，多寫唐宋人詩文以應來索者，蓋數以此語告之。（《草書東坡五七言各一首因題其後》）〔註44〕
> 文穆公手迹，余曾見，蓋得米意多。今人率嗤宋詩，然宋人眞率處卻有風致能感動人，今人徒雕琢，宋詩如生野花，今詩如畫牡

〔註43〕 〔明〕安世鳳《墨林快事》卷七，《四庫全書存目叢書》子部118冊，348頁。
〔註44〕 〔明〕婁堅《學古緒言》卷二十三，《景印文淵閣四庫全書》1295冊，271頁。

丹。(《范文穆吳中田園雜興卷》)〔註45〕

可以看出，在詩歌審美體系中受到貶抑的宋詩，由於其與相關藝術門類的緊密聯繫，必然會隨這些藝術門類的發展獲得重新被人認識與評價的機會。當然，文學藝術各門類的發展既不平衡也不同步，既會彼此影響也會互相衝突。但就宋詩而言，生成於詩歌體制定型之後，而能從一代之詩進而造就一代詩風，並能從尊唐抑宋的長久觀念中逐漸逆轉形勢，是有其深刻背景的，正如陳寅恪所謂「華夏民族之文化，歷數千載之演進，造極於趙宋之世。」〔註46〕宋詩在詩學價值譜系中的地位升降，與宋代思想、制度、文化、藝術等各方面在後世的影響難以分割。

第四節　宋調之名、變體之實：明人對宋詩的定性

我們知道在詩學話語中，宋詩並不等同於宋人所作之詩，它是一種詩學風格的指稱。前文分析了明人觀念當中宋詩地位的升降變化，即詩學觀念層面的宋詩定位問題。那麼在明人構建的詩學體系中，宋詩是如何通過不斷的被定性來完成其定位的，討論這個問題，要先考察明人論詩時習慣的話語模式。詩學理論發展自明代，話語體系已十分完備，言說方式精細而複雜，明末王煒在《惲叔子詩序》中曾概括明人論詩的幾個基本特徵：

> 論詩於今日蓋難言之矣。昔虞廷之訓曰詩言志，夫人孰不有志，率志而為言，聲言而為詩，詩亦人所固有，有何難言者。今日之詩，不必出於志而有其體與格，體自謠諺、風雅、樂府、古選以迄於律、絕、歌行，格自漢魏、六朝、唐、宋、元以屆於明，其間斬然畫境，苟析而精之，功力既非一日，且有終身不知者，誰更溯源於虞廷之言。〔註47〕

可見當時傳統的「詩言志」說已不足以涵蓋詩學理論的發展，被廣泛採納的是「體」與「格」兩個基本範疇。「體」是指體裁，詩歌體裁至唐代已經發展完備，後代學詩者必須從體裁入手，區分古謠諺、古樂府、律詩、絕句、

〔註45〕〔明〕孫鑛《墨迹》，《書畫跋跋》卷一，《景印文淵閣四庫全書》816冊，27頁。
〔註46〕陳寅恪《鄧廣銘宋史職官志考證序》，《金明館叢稿二編》，北京：三聯書店，2001，277頁。
〔註47〕〔明〕王煒《惲叔子詩序》，《鴻逸堂稿》卷四，《四庫全書存目叢書》集部233冊，359頁。

歌行等體裁的不同特徵，然後才談得上詩歌創作。「格」是指風格，一般而言又特指時代風格，詩歌各體裁由於成熟年代有先後之別，因此其風格也具有時代特徵。明人學詩，體裁與風格有明確的對應關係，如古詩學漢魏，律詩學盛唐之類，因此論詩之時，格就有高下之別，這是王煒所言「其間斬然畫境」的原因。與「體」、「格」相關的詩學術語還有「調」，明人普遍認為聲調所體現出的韻律或韻味在傳達不同體裁及風格的詩歌時有明顯的差異，換言之，學詩者應該理解、掌握並表現這種差異。因此也可以說，「調」是「體」的一種表現形式，是聯繫「體」與「格」的途徑，風格與體裁的對應之所以能劃分出高下之別，就是通過「調」的判定來完成的。明代早期，李東陽就曾指出：

> 今之歌詩者其聲調有輕重、清濁、長短、高下、緩急之異，聽之不問而知其為吳、為越也。漢以上古詩弗論，所謂律者非獨字數之同，而凡聲之平仄亦無不同也。然其調之為唐、為宋、為元者亦較然明甚，此何故耶？大匠能與人以規矩，不能使人巧。律者規矩之謂，而其為調則有巧存焉。〔註48〕

可見，「調」之所以能區分格，是通過聲音的表現力，如輕重、清濁、長短、高下、緩急來完成的，這是詩歌產生之初可以歌詠的特性決定的，而唐代律詩定型後，詩歌的這一特質漸漸磨滅，而主要遵循平仄、韻律等規則進行創作。李東陽認為縱使在律詩字數、平仄無差別的情況下，律詩也依然能體現出「調」的差異。他以調區分唐、宋、元，認為它們之間的差異可以通過「調」傳達出來，使聽者一聞而知。由此可見，在李東陽那裏，宋之為調，是作為時代風格的一種而存在。而之後以七子為代表的復古派，則從「調」的層面排擊宋詩，如李夢陽在《缶音序》中稱：

> 詩至唐，古調亡矣，然自有唐調可歌詠，高者猶足被管絃。宋人主理不主調，於是唐調亦亡。黃、陳師法杜甫，號大家，今其詞艱澀，不色香流動，如入朝廟，坐土木骸，即冠服與人等，謂之人可乎？夫詩比興雜錯，假物以神變者也，雖言不測之妙，感物突發，流動情思，故其氣柔厚，其聲悠揚，其言切而不迫，故歌之心暢，而聞之者動也。宋人主理，作理語，於是薄風雲月露，一切鏟去不為。

〔註48〕〔明〕李東陽《麓堂詩話》，《歷代詩話續編》（下），北京：中華書局，1983，1379頁。

又作詩話教人，人不復知詩矣。詩何嘗無理，若專作理語，何不作

文，而爲詩耶？〔註49〕

他認爲，「調」作爲詩歌的特徵，在唐以後就不存在了，這固然是符合詩歌發展的說法，但他進一步提出「宋人主理不主調」，從宋詩使調亡的層面否定宋詩，則用意在針對當時的性理詩，因此過分強調了宋詩主理的一面。說宋人不爲一切風雲月露、專作理語，顯然是偏激的，但他指出詩歌要用比興手法，假物傳情，使情思流動，有柔厚悠揚之美，則是基於唐詩做出的審美要求，在這一理論預設下，李夢陽認爲宋人「不主調」，實際上是將宋詩排除在他「調」的定義之外。與七子同時期的楊愼也曾說：「唐人詩主情，宋人詩主理」；「宋人詩則強作老成態度，而綺艷清新，概之未有」；「宋人不知比興。」〔註50〕觀點近似。後七子也繼承了這一思路，如謝榛認爲：「詩有辭前意，辭後意，唐人兼之，婉而有味，渾而無迹。宋人必先命意，涉於理路，殊無思致。」〔註51〕同時，後七子也發展了「調」的觀念，如謝榛所言：

唐人歌詩，如唱曲子，可以協絲簧，諧音節。晚唐格卑，聲調猶在。

及宋柳耆卿、周美成輩出，能爲一代新聲，詩與詞爲二物，是以宋

詩不入絃歌也。〔註52〕

這裏已直接認爲宋代的「一代新聲」是宋詞，聲調的傳承體裁已經由詩蔓及詞。同時期的胡應麟提出「體以代變，格以代降」，也是說體因時代而變，他在《詩藪》中指出「詩至於唐而格備，至於絕而體窮。故宋人不得不變而之詞，元人不得不變而之曲。」〔註53〕就是說詩歌這一體裁發展至唐朝已經格備體窮，宋詩已經不可能見容於詩體了，因此體裁發展的新趨勢是詞，正是「一代有一代之文學」的意思。

由此，復古派傳達出這樣的思路：聲調的存在是體與格正宗的標誌；宋

〔註49〕〔明〕李夢陽《缶音序》，《空同集》卷五十二，《景印文淵閣四庫全書》1262
　　　　冊，477 頁。

〔註50〕〔明〕楊愼《升菴詩話》卷八、卷九、卷二，《歷代詩話續編》（中），北京：
　　　　中華書局，1983，799、815、673 頁。

〔註51〕〔明〕謝榛《四溟詩話》卷一，《歷代詩話續編》（下），北京：中華書局，1983，
　　　　1149 頁。

〔註52〕〔明〕謝榛《四溟詩話》卷一，《歷代詩話續編》（下），北京：中華書局，1983，
　　　　1147 頁。

〔註53〕〔明〕胡應麟《詩藪》內篇卷一，上海：上海古籍出版社，1979，1 頁。

詩既無聲調可言，則體與格皆是卑下的。但在復古派產生之前，宋詩在體與格的層面並不受太多貶抑。如成化時進士林俊認爲學詩應該「古詩祖漢晉，律詩祖盛唐，而參以趙宋諸家之體。」〔註54〕又說：「陳思之風骨、少陵之體裁，出入韋柳蘇黃，宋筋唐響，通其正變。」〔註55〕此論對宋詩之體有所肯定，雖與唐詩相比有祖與參的差別，但所謂「宋筋唐響」實際上是較爲通達的唐宋調和之論。李東陽也反對界劃唐宋，他提出的的方法是「軼宋窺唐」：

> 今之爲詩者能軼宋窺唐已爲極致，兩漢之體已不復講，而或者又曰
> 必爲唐、必爲宋，規規焉俯首縮步，至不敢易一辭，出一語。縱使
> 似之，亦不足貴矣。〔註56〕

李東陽不屑時人俯首縮步、徒事模擬的學詩方法，認爲詩歌創作的最高標準是超越宋人，以求與唐人比肩，但實際上他心目中的詩歌正宗是「兩漢之體」，只不過他較爲理性，認識到隨著詩歌發展復歸兩漢已經不可能實現，在另一篇文章中有更爲詳細的說明：

> 漢魏以前詩格簡古，世間一切細事長語皆著不得，其勢必久而漸窮。
> 賴杜詩一出，得稍爲開闊，庶幾可盡天下之情勢。韓一衍之，蘇再
> 衍之，於是情事無不可盡，而其爲格亦漸粗矣。〔註57〕

從詩歌發展之「勢」的角度，李東陽得出漢魏之詩「久而漸窮」的原因是詩歌形式與內容表達之間的衝突。簡古的詩格不能容納世間細事長語，即早期詩歌形式無法適應詩歌表現力發展的要求。由詩歌題材拓展的角度，李東陽認識到詩歌發展中的關鍵人物是杜甫、韓愈以及蘇東坡爲代表的宋人，即中唐以後詩學的發展與宋詩一脈相承，這一認識是十分有價值的，清代以後的宗宋者無不從這一理路來追踪宋詩的譜系。但在明人眼中，這一脈絡是值得警惕的，如萬曆時祝世祿稱：

> 門下以希白名軒，試取《長慶集》一覽之，足亦以破幻而醒迷，其
> 爲宋詩濫觴，蓋詩人所不齒。不佞以爲不當以詩觀之，當以偈觀之

<hr>

〔註54〕〔明〕林俊《白齋詩集序》，《見素集》卷五，《景印文淵閣四庫全書》1257冊，45頁。

〔註55〕〔明〕林俊《王南郭詩集序》，《見素集》卷七，《景印文淵閣四庫全書》1257冊，68頁。

〔註56〕〔明〕李東陽《鏡川先生詩集序》，《懷麓堂集》卷二十八，《景印文淵閣四庫全書》1250冊，299頁。

〔註57〕〔明〕李東陽《麓堂詩話》，《歷代詩話續編》（下），北京：中華書局，1983，1386頁。

也。〔註58〕

　　否定白居易集中與宋詩的相承之處，認爲這部分作品不是詩，而是警醒詩人的「偈」。而在李東陽的表述中也是否定因素居多，因爲詩歌題材的擴大伴隨的是格之漸粗，即格調的下降。李東陽的這一說法成爲後來復古派從體與格的層面抑制宋詩的理由，王世貞《宋詩選序》稱「余所以抑宋者爲惜格也」〔註59〕正是此意。

　　當然，復古派抑宋的原因是由明人詩歌創作實踐出發的，他們區分體與格正宗與否是爲了尋找最理想的方法。胡應麟稱「文章自有體裁，凡爲某體，務須尋其本色，庶幾當行。」〔註60〕又稱「明不致工於作，而致工於述，不求多於專門，而求多於具體，所以度越元、宋，苞綜漢、唐也。」〔註61〕正是表明，明人作詩，特點不在創新，而在祖述，故要取法正宗，以至於抑宋而宗唐。

　　在公安派的眼中，宋詩在上文提到的體、格、調等術語的衡量下，面目是全然不同的。袁宏道云：「宋人詩，長于格而短于韻，而其爲文，密于持論而疏于用裁。然其中實有超秦、漢而絕盛唐者。」〔註62〕復古派稱抑宋爲惜格，袁宏道則稱宋詩長于格，是全然打破復古派論詩的規矩；「短于韻」似乎是對「宋人不主調」的承認，而後文說有絕盛唐之處，依然是在肯定的立場上言說。而中唐與宋詩的脈絡，在公安派眼中也是正面的：

　　　韓、柳、元、白、歐，詩之聖也；蘇，詩之神也。彼謂宋不如唐者，
　　　觀場之見耳，豈直眞知詩何物哉？〔註63〕

　　公安派對宋詩的肯定，是基於「獨抒性靈」的詩學主張，意在弘揚獨創精神，在他們眼中，宋人的創新是一種時代精神，表現在宋代文化的各方面，如袁宏道《小陶論書》所稱：「公看蘇、黃諸君，何曾一筆效古人，然精神躍

〔註58〕〔明〕祝世祿《復王別駕》，《環碧齋尺牘》卷四，《四庫全書存目叢書》集部94 冊，334 頁。

〔註59〕〔明〕王世貞《宋詩選序》，《弇州續稿》卷四十一，《景印文淵閣四庫全書》1282 冊，549 頁。

〔註60〕〔明〕胡應麟《詩藪》內編卷一，上海：上海古籍出版社，1979，21 頁。

〔註61〕〔明〕胡應麟《詩藪》內編卷一，上海：上海古籍出版社，1979，1 頁。

〔註62〕〔明〕袁宏道《答陶石簣》，《袁宏道集箋校》，上海：上海古籍出版社，2008，743 頁。

〔註63〕〔明〕袁宏道《與李龍湖》，《袁宏道集箋校》，上海：上海古籍出版社，2008，750 頁。

出，與二王並可不朽。昔人有向魯直道子瞻書但無古法者，魯直曰：『古人復何法哉？』此言得詩文三昧，不獨字學。」〔註64〕宋人這種不事依傍的精神氣質正是公安諸君所希冀於明代詩壇的。

由於公安派對宋詩不遺餘力的拔高，使後來者不得不從詩體內部重新審視宋詩的位置。如果說胡應麟的「體以代變」不是單純討論詩體之變，而是一個時代所擅之體的流變，「體」的定義在文學各體裁間流動；那麼許學夷對詩體正變的深入闡釋則是專注於詩歌發展本身的。許學夷也將元和諸公與宋人同等論之，如稱「元和諸公之詩，其美處即其病處」〔註65〕，又稱「凡歐蘇之詩，美而知其病，病而知其美，方是法眼。」〔註66〕以美與病並舉，正是公安派興起之後，復古派的正變之說已經不能左右詩歌審美標準的體現。許學夷認爲袁宏道「以韓、白、歐爲聖，蘇爲神，則得變體之實」〔註67〕，明確提出宋詩是對中唐詩的繼承以及對盛唐詩風的刻意變革，並且對這種「變」持肯定意見，認爲「宋人七言律雖著意變唐，然亦有自得之趣。」〔註68〕由此，許學夷得出宋詩「主變」的結論：

> 宋主變，不主正，古詩、歌行，滑稽議論，是其所長，其變幻無窮，凌跨一代，正在於此。或欲以論唐詩者論宋，正猶求中庸之言於釋、老，未可與語釋、老也。〔註69〕

由「宋人主理不主調」到「宋主變不主正」，宋詩的特徵得到了客觀的認識和清晰的定性。許學夷所謂「以論唐詩者論宋」所指的正是復古派以「調」爲理由排擊宋詩的思路，由此點明了有明一代對宋詩認知的長期錯位。同時，由於晚明社會思潮的變遷，詩體的正變說已不具有嚴格的高下之分，如焦竑就認爲「必於變風變雅歸焉，則詩道可知也」〔註70〕與以前論詩者伸正黜變的觀點相反，將變風、變雅所代表的諷喻因素看作詩歌的主流。晚明眾多詩學觀念的交互影響，削弱了復古派根植於明人論詩方式中的抑宋成分，也將

〔註64〕〔明〕袁宏道《小陶論書》，《袁宏道集箋校》，上海：上海古籍出版社，2008，473頁。
〔註65〕〔明〕許學夷《詩源辯體》，北京：人民文學出版社，1987，250頁。
〔註66〕〔明〕許學夷《詩源辯體》，北京：人民文學出版社，1987，384頁。
〔註67〕〔明〕許學夷《詩源辯體》，北京：人民文學出版社，1987，381頁。
〔註68〕〔明〕許學夷《詩源辯體》，北京：人民文學出版社，1987，385頁。
〔註69〕〔明〕許學夷《詩源辯體》，北京：人民文學出版社，1987，377頁。
〔註70〕〔明〕焦竑《雅娛閣集序》，《焦氏澹園集》卷十五，《續修四庫全書》1364冊，143頁。

公安派有意偏激的尊宋語境加以調和，從而形成了較爲合理的詩學觀念，爲宋詩在清代的復興奠定了基礎。如王煒所言：

> 間有知宗盛唐者，則以唐音爲極則，上或搜及樂府、古選，下不能窮於宋、元、明，僅能作唐調而止。夫宋之論理，權輿於康樂，取則於少陵，有康樂之生割而無少陵之陶冶，故不免拙腐之歸。元人鑒宋弊，捄以輕倩，尚才而不知取格。故群趨蕪稚之習，明知宗漢魏、盛唐矣，其失也過。選體欲其潔，潔過則情太矜，其於漢魏意多與寡，不溺則離。近體欲其高，高過則神太遠，其於盛唐若或過之而實不及。宋、元、明之詩如此，彼僅作唐調者，不知別有鑄樂府、古選而爲唐，劑唐、宋、元、明而自闢於唐之外之旨，見其骨堅調峻，理加於辭，不知所本則妄訾之曰：此宋詩也，宋詩其果如是哉？予以此論詩，三十年無可與語。〔註71〕

王煒清楚地認識到復古派宗唐之論導致的明人詩學觀念的偏頗狹隘，詩學趣味以唐音爲最高標準，使人不能窮歷代之詩，尤其是宋元詩，而不去追究歷代詩的優劣得失，自然導致不明宋詩，妄加詆毀。但是王煒並沒有局限在唐宋詩之爭的層面，而是客觀地論述了宋、元詩不同特質的因由，以及明人宗法漢魏、盛唐形成的弊端。他所推崇的是鎔鑄歷代而自闢一家，因此並不刻意強調某一時代或某一體裁。如此論點，也只有在晚明包宗萬象的文學思潮中才會產生。

明末復古派、公安派之外的其他詩論家，由於沒有針鋒相對的理論對手，故而有一種包融諸法，泯除古今的傾向。他們更喜好以「氣」與「勢」等範疇通論文學的發展歷程，對宋詩並沒有貶義或標舉的理論意圖。例如：

> 文之不能不今也，非才降也，氣降也。何代無才，才何必不逮古。讀古樂府，何不如三百篇也；讀《史》、《漢》何不如典誥也。唐之文，寧無一字追漢，終唐文也；宋之詩，寧無一字入唐，必宋詩也。……今學士所亟稱者，無如唐昌黎，宋廬陵，夫以元和之餽飼也，勢必爲廣大征，昌黎將不變乎？以至和之北軋也，勢必爲平夷微，廬陵將不更乎？特彼所謂豪杰之士也，其受氣靈，其服早，故人以功誦二公，假令其時，舊習未熟，新機苞乎未開，雖噶矣，誰

〔註71〕〔明〕王煒《惲叔子詩序》，《鴻逸堂稿》卷四，《四庫全書存目叢書》集部233冊，359頁。

其應之。〔註72〕

這是萬曆時沈守正所作序文，此人詩文俊爽，喜蘇白體，應該是受公安派一定影響，但這段文論則又是唐宋派口吻，可見其並無一定的宗派歸屬。他將唐之文、宋之詩都看作氣之變化的結果，這裏的「氣」有時代風氣的意思，即一個時代的文學風氣塑造文學形式與特徵。而能得風氣之先或是能開一代風氣的人，則是受「勢」的影響，即處於舊習與新機之間，不得不然。這種詩文合論，唐宋詩不分畛域的言說方式，從側面反映出宋詩見容於明代詩學批評的端緒，也表示明末的詩論家們，已能拋開門戶之見，客觀地談論歷代詩歌的得失。

唐詩與宋詩，唐音與宋調，兩組不同的概念，在明人的詩論中是交互出現的。宋詩中也有唐音，唐詩中也有宋調，這在今天固然不是稀奇之論，而明人對宋詩的態度卻藏匿在這詩與調的差別之中。總體而言，他們推崇的是唐音，排斥的是宋調。在拒絕宋詩者的語境中，宋詩等同於宋調，在接受宋詩者的審視下，他們從宋詩中找到了唐音，並以此與時俗對抗。其實排斥者也好，接受者也罷，他們的審美觀是趨同的，而宋詩本身，卻在唐音盛行的明代，因為自身時與調的變奏，在流傳中經歷了迂迴曲折。

相對於清代葉燮對詩歌發展的論述：「譬諸地之生木然：《三百篇》，則其根；蘇李詩，則其萌芽由蘗；建安詩，則生長至於拱把；六朝詩，則有枝葉；唐詩，則枝葉垂蔭；宋詩則能開花，而木之能事方畢。自宋以後之詩，不過花開而謝，花謝而復開。」〔註73〕明代的胡應麟其實更早以木為譬喻：「詩之肋骨，猶木之根幹也；肌肉，猶枝葉也；色澤神韻，猶花蕊也。肋骨立於中，肌肉榮於外，色澤神韻充溢其間，而後詩之美善備。猶木之根幹蒼然，枝葉蔚然，花蕊爛然，而後木之生意完。斯義也，盛唐諸子庶幾近之。宋人專用意而廢詞，若枯枿槁梧，雖根幹屈盤，而絕無暢茂之象。元人專務華而離實，若落花墜蕊，雖紅紫嫣燜，而大都衰謝之風。」〔註74〕同是論詩，清人重視詩歌發展，明人的焦點則在詩體本身。當對詩體的探討還沒有窮盡的時候，詩歌的時代風格是不可能確立的，從這一角度來講，明人是在對宋詩體制的批評中，逐漸顯現了宋詩的特質。

〔註72〕〔明〕沈守正《對山集序》，《雪堂集》卷五，《四庫禁燬書叢刊》集部 70 冊，635 頁。

〔註73〕〔清〕葉燮《原詩》，霍松林校注，北京：人民文學出版社，1979，34 頁。

〔註74〕〔明〕胡應麟《詩藪》，上海：上海古籍出版社，1979，206 頁。

第二章　明代的宋詩輯錄

　　宋詩輯刻，首先是學術史和文化史行爲，因此，它與詩學觀念的發展並不同步，甚至有時並不相關。但顯然，詩學觀念的變遷會影響到輯刻行爲的選擇傾向與存在特徵，因此從輯刻行爲這一角度考察詩學觀念的嬗變是可行的。從現存材料來看，明人注意編刻重輯宋詩，肇始於正統、天順年間，如《林和靖先生詩集》、《蘇詩摘律》，但尚屬於零星無序的個體行爲。成化、弘治時期，上層文士開始有意識地收藏、刊行宋詩，如《忠愍公詩集》爲弘治時錄藏，嘉靖時刊刻。正德以後，亦即通常所認爲的晚明時期，輯刻行爲成爲一種普遍的時代風氣。這一過程大體與明代出版業繁盛的時間相吻合，而出版業的發展，除社會、經濟因素之外，也有賴於明代各文學派別的興起與文學論爭的持續。本章統計了明代書目中著錄的宋詩、明人刊刻編選的宋詩別集、宋詩選集，以及包含宋詩的詩歌總集，從宋詩輯刻的角度闡述其與明代詩學觀念的離合關係，藉以呈現明刊宋詩的總體狀況、特徵以及影響。

第一節　明代書目中著錄的宋人詩集

　　明代各書目著錄的宋人詩集反映明代宋詩的文獻規模，明代流傳的宋人詩集約有 500 家。如《國史・經籍志》中著錄 498 家宋人詩集，《內閣藏書目錄》著錄 80 家，《秘閣書目》著錄 80 家，《文淵閣書目》著錄 75 家。這一數字與明代的唐詩書目相比是非常單薄的。尤其是一些政府機構的藏書目明顯反映出士大夫宗唐抑宋的詩學愛好，如《明太學經籍志》宋人集只有《臨川集》一種；《行人司重刻書目》僅有列於經部的《擊壤集》、《朱子詩集》、《大

同集》、《文山先生集》以及列於文部的《黃詩內篇》、《梅聖俞詩》、《趙清獻詩》。私家藏書是明刊宋人詩集的主要文獻來源，從私家書目中可以看出宋詩輯刻的基本形態，鈎沉已經失傳的宋詩選本。明刊宋詩中較有特色的，如《宋林和靖先生詩集》，屬於明代社會文化樂於接受的宋詩代表。謝翱等宋末詩人群詩集作為明初的文化遺產一直穩定地流傳，也反映出宋詩在明代傳播過程中的最初面貌。而蘇軾、黃庭堅詩歌的著錄、重刻增多，則反映出宋詩開始被重視以及明人選擇和趣味的轉變。

與宋詩相關的文獻，包括單行的宋人詩集，宋人詩合集、選集，宋人別集中的詩歌部分，歷代詩選中的宋詩以及其他各類詩選中的宋詩。為了較細緻地考察明代書目中著錄的與宋詩相關的文獻，各書目統計標準不盡一致。宋人詩集著錄豐富的書目，僅統計宋人詩集，其中包括宋元明三代刊行的宋人詩集與歷代詩選中著錄宋詩者。在著錄不明確是詩集的情況下，排除直接標明文集者。如《文淵閣書目》、《晁氏寶文堂書目》單有詩詞一類，則統計該類的宋代部分。宋人詩話不在統計之列。以下按照皇家藏書、官方藏書、私人藏書加以分類說明，以見宋人詩集在明代的保存和流傳情況。

一、皇家藏書目

明自立朝之初就很重視前代典籍的繼承與保藏。《續文獻通考》云：「洪武元年八月，大將軍徐達入元都收圖籍。」〔註1〕這是直承元代宮廷所藏。《容齋隨筆》稱宣和殿太清樓龍圖閣所儲書籍，靖康蕩析之餘盡歸於燕；《續通考》載，元之平金，楊惟中於軍前收集伊洛諸書載送燕都〔註2〕，可見元宮廷所藏包括宋、金王室藏書。朱國楨《皇明大政紀》載明太祖下詔訪求遺書〔註3〕，則是搜集民間典籍。自上而下的網羅使明王室在開國之初就具有豐富的文化資源，這也使明王朝很快具備了設立專門藏書機構的物質條件。明朝定都南京之後已設文淵閣藏書，《明史》載：「明太祖定元都，大將軍收圖籍致之南京，復詔求四方遺書，設秘書監丞，尋改翰林典籍以掌之。」〔註4〕而隨著成祖遷都北京，又下令訪求遺書以及轉運南京藏書。史載「永樂四年，帝御便

〔註1〕《續文獻通考》卷一百四十一，杭州：浙江古籍出版社，1988，4057頁。
〔註2〕《續文獻通考》卷一百四十一，杭州：浙江古籍出版社，1988，4058頁。
〔註3〕〔明〕朱國楨《皇明大政紀》卷一，《續修四庫全書》428冊，526頁。
〔註4〕〔清〕張廷玉等，《明史》卷九十六，北京：中華書局，1974，2343頁。

殿閱書史，問文淵閣藏書，解縉對以尚多闕略。帝曰：『士庶家稍有餘資，尚欲積書，況朝廷乎？』遂命禮部尚書鄭賜遣使訪購。」〔註5〕永樂四年是永樂大典成書前一年，《永樂大典》一書，已有二萬二千九百三十七卷。永樂十七年（1419）成祖已在北京，又遣人取文淵閣所貯古今書籍各一部北上。姚福《青溪暇筆》云：「前代藏書之富無逾本朝。永樂辛丑，北京大內新成，敕翰林院：凡南內文淵閣所貯古今一切書籍，自有一部至有百部，各取一部送至北京，餘悉封識收貯如故。時修撰陳循，如數取進，得一百櫃，督舟十艘，載以赴京。」〔註6〕這也意味著宋、金、元以來的皇家舊藏，群集於北京文淵閣。到英宗正統六年，楊士奇等編《文淵閣書目》，所載四萬三千二百餘冊，是明代皇家藏書極盛時代的標誌。

（一）文淵閣書目

見載於《四庫全書總目》卷八十五‧史部四十一‧目錄類一。

明代最早的官修目錄，楊士奇等人編纂。文淵閣本是翰林院內署，後稱內閣，是明代官方主要藏書機構。明自永樂十九年（1421）取南京藏書運至北京，書籍收貯於左順門北廊。明正統六年（1441），楊士奇等奉旨將這批藏書移貯文淵閣東閣，遂逐一打點清切，編置字號，纂成此目。明自成祖以來，經仁、宣兩朝的積纍，宮廷藏書得到很大擴充。宣宗宣德八年（1433），楊榮、楊士奇奉旨入文淵閣點查藏書，當時文淵閣藏書約兩萬餘部。該書目本是用於文淵閣存記藏書的冊籍，故體例簡略，其中收記的書目，以《千字文》爲序排次，其中「日」字三櫥爲文集，「月」字兩櫥爲詩詞。文淵閣藏書至明末已散失。世無傳本者，往往見於此目。

（二）秘閣書目

見載於《四庫全書總目》卷八十七‧史部四十三‧目錄類存目。

明成化間大學士錢溥致仕歸里後作，稱自選入東閣爲史官，日閱中秘書凡五十餘大櫥，因錄其目，藏以待考。其子自京授職回，又錄未收書目，並爲一集。所載書只有冊數而無卷數，大抵多與文淵閣書目相出入。

錢溥是正統四年（1439 年）進士，故其所見中秘之書，正與《文淵閣書目》所記載的相符。下表對兩書目的宋詩文獻進行了比較統計：

〔註5〕　〔清〕張廷玉等，《明史》卷九十六，北京：中華書局，1974，2343 頁。
〔註6〕　〔明〕姚福《青溪暇筆》，《叢書集成初編》3959 冊，16 頁。

文 淵 閣 書 目	存佚	附 注	秘 閣 書 目	卷冊數
宋朝詩選一部十冊	闕		宋朝詩選	十
宋蓮社詩盟一部一冊	闕		宋蓮社詩盟	四
宋麗澤詩集一部七冊	闕		宋麗澤詩集	七
蘇東坡詩集一部六十冊	殘缺	蘇軾	宋蘇東坡詩集	六十
蘇東坡詩集一部二十四冊	殘缺			
蘇東坡詩集一部二十四冊	殘缺			
蘇東坡詩集一部六冊	闕			
東坡詩一部十冊	殘缺			
東坡詩一部十冊	闕			
東坡詩一部二冊	完全			
東坡詩一部一冊	闕			
東坡詩一部二冊	完全			
東坡詩一部二冊	闕			
東坡古詩一部一冊	闕			
東坡和陶詩一部二冊	闕		東坡和陶詩話	二
東坡詩須齋批點一部二冊	闕		東坡詩須齋批點	二
東坡詩王狀元分類一部八冊	闕		東坡詩王狀元分類	
蘇潁濱詩集一部五冊	闕	蘇洵	蘇潁濱詩集	五
蘇潁濱詩集一部五冊	闕			
王荊公詩集一部十冊	完全	王安石	王荊公詩集	十
王荊公詩集一部二十八冊	殘缺			
王荊公詩集一部十九冊	闕			
黃山谷詩集一部十冊	殘缺	黃庭堅	黃山谷詩	十
黃山谷編年詩集一部十二冊	闕		黃山谷編年詩	十二
黃山谷詩一部十冊	殘缺			
黃山谷外集一部八冊	完全		山谷外傳	八
梅宛陵詩一部十冊	闕	梅堯臣	梅宛陵詩	十
梅宛陵群英集一部五冊	闕		梅宛陵群英集	五
梅直講詩集一部一冊	闕		梅直講詩集	十
陳後山詩一部三冊	完全	陳師道	陳後山詩	三
劉頤庵詩一部一冊	闕	劉良佐	劉頤庵詩	一

劉後村詩一部五十冊	殘缺	劉克莊	劉後村詩	五十
劉後村詩一部五十冊	殘缺			
伊川擊壤集一部三冊	闕	邵雍	伊邵擊壤集	三
伊川擊壤集一部五冊	完全			
朱韋齋集一部三冊	完全	朱松	朱韋齋集	三
朱晦庵先生集一部一冊	闕	朱熹	朱晦庵先生集	一
朱文公感興詩一部一冊	闕			
朱文公感興詩一部一冊	完全			
朱文公感興詩一部一冊	完全			
朱文公詩集一部二冊	闕			
蔡九峰詩集一部三冊	完全	蔡沈	蔡九峰集	三
呂東萊詩集一部六冊	闕	呂祖謙	呂東萊集	六
許涉齋詩集一部七冊	殘缺	許及之	許涉齋詩集	七
章簡公詩集一部二冊	完全	張綱	章簡公集	二
章泉趙先生詩一部十二冊	殘缺	趙蕃	章泉趙先生集	十二
元公玉堂集集一部二冊	完全	元絳	元公玉堂集	二
蘇洞冷然詩集一部六冊	完全	蘇洞	蘇澗冷然齋詩	六
曾文清詩集一部五冊	殘缺	曾幾	曾文清集	五
洪炎西渡集一部三冊	殘缺	洪炎	洪炎西渡集	三
張紫微集一部三冊	完全	張嵲	張紫微集	三
寇忠愍公巴東集一部一冊	闕	寇準	寇忠愍巴東集	一
寇忠愍公集一部一冊	完全			
李照西漢史詠一部二冊	闕	李照	李昭西漢史詠	二
李宣子月溪詩一部一冊	完全	李宣子	李宣子月溪詩	一
李崧庵詩集一部三冊	闕	李處權	李松庵詩	三
潘逍遙詩一部一冊	闕	潘閬	潘逍遙詩	一
高似孫烟雨詩一部一冊	闕	高似孫	高似孫烟雨詩	一
陳蒙隱詩集一部三冊	殘缺	陳棣	陳蒙隱詩	三
姜特立梅山稿一部五冊	闕	姜特立	姜特立梅山稿	五
沈虞卿野堂集一部二冊	完全	沈揆	沈虞卿野堂集	二
章甫自鳴集一部三冊	闕	章甫	章甫自鳴集	三
陳簡齋詩集一部三冊	完全	陳與義	陳簡齋詩	三

陳簡齋詩集一部六冊	闕			
黃山先生集一部一冊	闕		黃山先生集	一
戴石屏詩一部二冊	闕	戴復古	戴石屏詩	二
吳藏海居士集一部一冊	完全	吳可	吳藏海居士詩	二
張約齋南湖集一部五冊	闕	張鎡	張約齋南湖集	五
楊雲鵬陶然集一部一冊	完全	楊雲鵬	楊雲鵬陶然集	五
蒲心泉詩稿一部一冊	闕	蒲壽宬	莆心泉稿	
王同祖學詩稿一部一冊	闕	王同祖	王同祖學詩稿	一
楊信祖詩稿一部一冊	完全	楊信祖	楊信祖詩稿	一
姚孳桃花源記一部二冊	闕	姚孳	桃孳桃花源記	二
洪適天台石橋詩選一部一冊	完全	洪適	洪適天台石橋詩選	一
潘紫岩蘇臺稿一部一冊	完全	潘牥	潘紫岩蘇基臺稿	一
謝溪堂詩集一部一冊	完全	謝逸	謝溪堂集	一
陳晏窩梅花集句一部三冊	闕	陳畢萬	陳晏窩梅花集句	三
張敬齋言志錄一部一冊	闕	張敬齋	張敬齋言志錄	一
謝德興集釣臺詩一部一冊	闕	謝德興	謝德興集釣臺詩	一
王耔新集釣臺詩一部二冊	完全	王耔	王新集釣臺詩	二
項平甫悔稿一部三冊	殘缺	項平甫	項平甫悔稿	三
項安世悔稿一部六冊	闕	項安世	項安世悔稿	六
趙常庵古括篇一部一冊	完全		趙常庵古括篇	一
趙宋英氣侯推蒙詩一部一冊	闕		趙宋英氣候詩蒙	一
謝幼槃竹友詩一部一冊	完全	謝薖	謝幼槃竹友詩	
劉克莊南嶽稿一部一冊	闕		劉克莊南嶽稿	一
洪芻老圃集一部一冊	闕	洪芻	洪芻老甫集	一
洪芻老圃集一部一冊	闕			
蔚蘿雜稿一部一冊	完全		蔚蘿襟稿	一
李希聲詩集一部一冊	闕	李希聲	李希聲集	一
慶湖賀遺老集一部四冊	闕	賀鑄	慶湖賀遺老詩	一
沈栀林集一部一冊	闕	沈繼祖	沈栀林集	三
晁次膺集一部一冊	闕	晁端禮	晁茨膺集	一
徐月臺玉雪詩一部二冊	完全		徐月臺玉雪詩	二
方泉先生詩一部一冊	闕	周文璞	方泉先生詩	二

阮戶部詩一部一冊	完全	阮閱	阮戶部詩	一
益齋讀易詩一部一冊	闕		益齋讀易續	一
楊慈湖甲稿一部二冊	完全	楊簡	楊慈湖甲稿	
方是閒居士集一部一冊	闕	劉學箕	方是閒居士集	一
蔡宗伯少陵詩正異一部一冊			蔡宗伯少陵詩正異	
劉莘老聲畫集一部二冊	闕	劉摯	劉莘老聲畫集	二
具茨先生詩集一部一冊	闕	晁沖之	具茨先生集	一
李商老日涉園詩一部三冊	闕	李彭	李商老園詩	一
李商老日涉園詩一部一冊	完全			
林無思居士集一部一冊	完全		林無思居士詩	一
易幼學松菊寓言一部一冊	闕		易幼學松菊寓言	一
陸放翁詩一部二冊	完全	陸游		
陸放翁詩一部一冊	闕		陸放翁詩	一
陸放翁詩一部二十二冊	完全			
陸放翁劍南稿一部二十四冊	殘缺			
陸放翁劍南稿一部四冊	完全			
陸放翁劍南續稿一部十九冊	闕			
陸放翁劍南續稿一部二十冊	殘缺			
張子野集一部二冊	闕	張先	張子野集	二
武夷詩集一部一冊	完全	楊億	武夷詩集	一
會稽掇英集一部十冊	完全		會稽掇英集	十
會稽掇英集一部三冊	完全			
廬山雜著一部一冊	闕		廬山雜著	一
西崑酬唱一部三冊	闕		西崑酬唱	一
卓山詩一部一冊	闕		卓山詩	一
郡齋酬唱一部三冊	完全		邵齋酬唱	三
京口詩集一部三冊	闕		京口詩集	二
麗澤詩集一部四冊	闕		麗澤詩集	四
葛東山集一部二冊	闕		葛東山集	二
詩人玉屑一部六冊	完全		詩人玉屑	六
詩淵一部一冊	闕		詩淵	二十
四靈詩一部一冊	闕		四靈詩	一

皇宋百家詩選一部二十九冊	闕		皇宋百家詩	二十九
宋諸賢絕句詩一部二冊	闕		宋諸賢絕句詩	二
宋中興吟鑒一部一冊	闕		宋中興吟鑒	一
宋中州元氣集一部十二冊	殘缺		宋中州元氣集	十一
宋中興江湖集一部十冊	殘缺		宋中興江湖集	十
宋中興江湖集一部十五冊	闕			
宋中興江湖集一部五十二冊	闕			
宋岳忠武王廟詩一部一冊	闕	岳飛	宋岳忠武王廟詩	一
宋季忠臣事實一部一冊	闕			
宋文天祥詩一部一冊	闕	文天祥	宋文天祥集	一
文山吟嘯集一部一冊	闕		文山吟嘯集	一

（三）內閣藏書目錄

萬曆三十三年（1605）年，孫能傳、張萱。該書目所載書籍後大都有注釋，說明作者、卷數、大致內容與存佚情況等。而有單行詩集載錄的宋人只有以下 21 家：

詩人名	詩　集　名	存佚	附　　注
寇準	忠愍公詩一冊	全	
黃希旦	支離子詩一冊	全	
蘇軾	東坡詩集三十四冊	不全	
周敦頤	元公玉堂詩二冊	全	
王安石	荊公詩集二十五冊	不全	凡五十卷
	又九冊	不全	
	王文公集彙選二冊	全	即王安石集明游李勳選刻凡七卷
	王荊公詩一冊	不全	李璧箋注劉辰翁批點
黃庭堅	山谷外集詩注三冊	不全	
	山谷詩集二冊年譜四冊	不全	
朱松	詩集三冊	全	
楊萬里	退休集二冊	全	楊萬里詩
	西歸集一冊	全	淳熙間楊萬里毗陵罷守時歸途詩也
劉克莊	劉後村詩集四十五冊	不全	
	又四十四冊	不全	

蔡沈	九峰先生蔡永公詩集三冊	全	
許及之	陟齋詩集	不全	
李宣子	李月溪詩一冊	全	
趙蕃	章泉先生淳熙詩稿十冊		
元絳	章簡公玉堂詩二冊	全	
王銍	雪溪集二冊	全	王銍詩文
謝薖	竹友居士詩一冊		
姜特立	梅山續集五冊	全	括蒼姜特立詩
李彭	日涉園詩集三冊		
蕭泰來	小山大全集五冊	全	蕭泰來詩
陳杰	自堂存稿一冊	不全	陳杰詩莫詳卷數
林敏修	無思居士詩集一冊	全	

　　可見由成化至萬曆的 160 餘年中，內閣所藏宋人詩集大量減少，尤其是前兩種書目可見的宋末元初遺民詩人的詩集，其由存到佚，以至完全泯滅的過程使人看到宋詩文獻的荒疏。

（四）國史經籍志

　　萬曆間焦竑所作，四庫館臣譏此書「叢抄舊目，無所考覈。不論存亡，率爾濫載。古來目錄，惟是書最不足憑。」但此書所載宋人詩集的規模與《內閣藏書目錄》接近，可見萬曆年間內閣的宋人詩集存量確實處於極度匱乏的狀況中。

國 史 經 籍 志	總 集 類
楊備金陵覽古詩三卷	李昉唱和詩一卷 （李昉等從駕至鎮陽過舊居作）
林逋集四卷	西崑酬唱集二卷
杜默詩一卷	翰林唱和集一卷（宋溥與李昉徐鉉等）
盧載詩集一卷	應制賞花集十卷
蘇軾和陶集十卷	瑞花詩賦一卷（宋館閣應製作）
毛滂 詩四卷	嘉祐禮闈唱和集三卷
陸游詩稿續稿八十七卷	明良集五百卷（真宗御製及群臣進和歌）
袁陟金陵訪古詩一卷 廬山四游詩十卷	賀監歸鄉詩集一卷

林敏修詩四卷	送白監歸東都詩一卷
洪明清非詩集一卷	贈朱少卿詩三卷
李彭日涉園詩集十卷	蘇明允哀挽二卷
陳景仁愛山詩三卷	榮觀集五卷
賀鑄慶湖遺老詩集九卷	九老詩一卷
李宣子月溪詩集七卷	潼川唱和集一卷（張逸楊諤）
韓淲澗泉詩集八卷	李定西行唱和集三卷
曾文清詩集十五卷	續九華山歌詩一卷
沈繼祖梔林詩集三卷	南捷唱和詩三卷
徐恢玉雪詩六卷	西湖蓮社集一卷
許右府涉齋詩集三十卷	續西湖蓮社集一卷
謝翱晞髮集一卷	潼川集三卷
楊符詩集二卷	杭越寄和詩一卷
	中山唱和集五卷
	咸平唱和詩一卷
	潁陰聯唱集二卷
	王官穀圖集四卷
	秘閣雅會一卷
	瀛奎律髓四十九卷
	蘇黃詩髓一卷
	宛陵六一詩選□卷
	宋詩選二卷

二、官方藏書目

今天可見的官方藏書目中，《明太學經籍志》僅著錄《臨川集》與《淮海文集》兩種宋人集。劉若愚《內板經書紀略》有序言內府讀書喜好，完全沒有提到宋集。《行人司重刻書目》是徐圖萬曆三十年（1602 年）所作，但這一號稱明代官署藏書之最富者，對宋集的著錄也僅有列於經部的《擊壤集》、《朱子詩集》、《大同集》、《文山先生集》以及列於文部的《黃詩內篇》、《梅聖俞詩》、《趙清獻詩》。不但前者宋人詩集歸類的失當反映出官方意識中理學家詩集的非詩學內涵，宋詩採錄的稀少也是其不受關注的直接體現。

此外，《古今書刻》也給出了各直省刊刻過的宋人集。該書目的作者周弘

祖是嘉靖三十八年（1559）進士，此書上編載各直省所刊書籍，下編錄各直
省所存石刻。從上編統計出的宋集刊刻如表中所示：

部　　門	書　　名		
都察院	千家注蘇詩		
淮安府	東坡律詩		
廣東布政司	東坡詩		
國子監	淮海集		
山東布政司	淮海集		
南京國子監	戴石屛詩集		
台州府	戴石屛詩		
蘇州府	鳳山八詠（毛維瞻蘇轍等詠）	晦庵詩鈔	和靖語錄
松江府	浯溪集（宋僧顯萬）		
饒州府	浯溪集		
九江府	浯溪集		
揚州府	晞髮集		
杭州府	林和靖詩		
衢州府	趙清獻公集		
溫州府	梅溪先生集		
處州府	梅溪集		
贛州府	王狀元詩集		
吉安府	歐詩全集	蘇文忠公集	
福建書坊	朱文公詩	黃山谷詩	寇準詩　陳摶詩
荊州府	後山詩集		
河南府	擊壤集		
韶州府	武溪集		
金華府	王文獻公集		
廣州府	陳剛中詩		
山西布政司	嘉祐集		
彰德府	絕句博選		
湖廣按察司	文信公集		

　　可見官方名義的宋詩刊刻，其顯著特徵是以作家籍貫、宦迹爲中心的地

域性刊刻，基本上是地方文化繼承意識的體現。而涉及到的宋人僅限於林逋、
歐陽修、蘇軾、黃庭堅、陳師道、王十朋、朱熹、戴復古等幾家，輯刻範圍
的有限和數量的稀少顯現出明代官方對宋詩的冷漠。聯繫到宗唐詩學觀念本
身自上而下的傳播途徑，也就不難想像此種情形的出現。

三、私家藏書目

　　與宮廷藏書、官府藏書中宋人詩集的冷落狀況相比，私人藏書目中的材
料較為豐富。這類藏書目絕大多數出現在嘉靖朝以後，這一方面與私人藏書
的風氣形成、興盛的時間段吻合，另一方面也顯示出對宋詩的重視乃至於宗
尚是由個別零星的私人行為積聚而成的。

　　明初貴族藏書就很普遍，明宗室，如寧獻王朱權等皆有所藏。貴臣如宋
濂也積書甚富，《澹生堂藏書約》載：「勝國兵火之後，宋文憲公讀書青蘿山
中，便已聚書萬卷。」〔註7〕成化弘治間，楊循吉藏書至十餘萬卷。嘉靖中，
權相嚴嵩亦多藏書，王世貞《朝野異聞錄》謂有六千五百八十三部。明中葉
以後，隨著市民經濟的繁榮，藏書成為文化階層自上而下的普遍嗜好。邵寶
《偶聞書香》詩云：「少愛新書楮墨香，不辭書價借錢償。坐來精舍還懷舊，
海鶴詩中萬卷堂。」文徵明《飲唐寅小樓》云：「何以掩市聲，充樓古今書。」
皆是當時藏書風氣的生動寫照。晚明時，士子甚至為買書藏書毀其家產，如
王世貞《二酉山房記》載胡應麟藏書故事：

> 余友人胡元瑞，性嗜古籍，少從其父憲使君京師。君故宦薄，而元
> 瑞以嗜書故，有所購訪，時時乞月俸不給，則脫婦簪珥以酬之。又
> 不給，則解衣以繼之。元瑞之橐無所不傾，而獨其載書，陸則惠子，
> 水則米生，蓋十餘載，而盡毀其家以為書，錄其餘資，以治屋而藏
> 焉。……僅十餘年而至四萬二千三百八十四卷。

　　在王世貞所作《石羊生傳》中也記載胡應麟「身先後所購經史子集四萬餘
卷，手鈔集錄幾十之三，分別部類，大都如劉氏《七略》而加詳密。」〔註8〕
可見文人以藏書為癖，則不免對著述思想乃至文學觀念產生影響。藏書家以博
古通今為基本學識素養，因此，對博雅之風的追求也會延伸到文學審美的層

〔註7〕〔明〕祁承爜《澹生堂藏書約》，《叢書集成初編》58 冊，15 頁。
〔註8〕〔明〕王世貞《石羊生傳》，見《詩藪》，上海：上海古籍出版社，1979 年，
　　　第 5 頁。

面，如胡應麟就認爲復古派興起之後，詩文宗漢唐外掃除一切，使博雅之風衰謝。這種批判立場與其藏書家的身份是有關係的。後人普遍認爲明代的藏書風氣與明人著述成就相關。明末姜紹書《韻石齋筆談》論名賢著述云：

> 昭代藏書之家，亦時聚時散，不能悉考。就其著述之富者，可以類推。時則有若宋文憲濂，劉誠意基，楊文貞士奇，李文正東陽，王文恪鏊，吳文定寬，史明古鑑，陸文裕深，程篁墩敏政，丘文莊濬，邵文莊寶，楊文襄一清，林見素俊，王文成守仁，楊升菴愼，李空同夢陽，顧東橋璘，文衡山徵明，楊南峰循吉，鄭澹泉曉，雷司空禮，王鳳洲世貞，王麟洲世懋，唐荊川順之，先少保鳳阿，薛方山應旂，李滄溟攀龍，馮北海琦，黃葵陽洪憲，胡元瑞應麟，何元朗良俊，茅鹿門坤，焦澹園竑，顧鄰初起元，袁中郎宏道，王損庵肯堂，屠赤水隆，湯若士顯祖，李溫陵贄，董文敏其昌，何士抑三畏，陳眉公繼儒，馮元成時可，李本寧維楨，馮具區夢禎，黃貞父汝亨，朱平涵國楨，李君實日華，謝在杭肇淛，鍾伯敬惺，陳明卿仁錫，文湛持震孟，俞容自彥，張天如溥。以上諸公，皆當世名儒，翱翔藝苑，含英咀華，尚論千古，其所收典籍，縱未必有張茂先之三十乘，金樓子之八萬卷，然學海詞源，博綜有自，亦可見其插架之多矣。〔註9〕

所論雖是由著述之富者反推藏書規模，但多數能得到證實。所列皆是明代文壇具有影響力的人物，雖不屬於同一文學派別，所持文學觀念也有很大差異，但是在藏書與刻書的背景下，他們的行爲與成就是一致的。具體到宋詩輯刻這一細分的領域，這一名單仍能大致成立。如楊一清曾輯錄《後山詩注》；楊愼曾編行《宋詩選》；楊循吉曾爲弘治刊本《陸放翁詩集》作序；陳仁錫曾選刻蘇軾詩；焦竑、顧起元、袁中道、李日華、馮時可、鍾惺、董其昌參與過《宋元名家詩集》的編刻。謝肇淛在內閣讀書時抄錄過相當數量的宋人集，自言抄錄謝蕙《竹友集》時「每清霜呵凍，十指如捶。」〔註10〕胡應麟也曾記王世貞所藏宋刻書皆絕精，王世懋亦多宋梓〔註11〕。儘管他們

〔註9〕 〔明〕姜紹書《韻石齋筆談》卷上，《叢書集成初編》1561冊，2頁。
〔註10〕 〔明〕謝肇淛《竹友集》跋，見《景印文淵閣四庫全書》1389冊，399頁。
〔註11〕 〔明〕胡應麟《少室山房筆叢》卷四，《景印文淵閣四庫全書》886冊，215頁。

中很多人在詩學觀念上都是宗唐的復古派，但他們並不是以詩論家的立場輯刻宋詩。明代士人的身份往往具有多重性，他們既是詩人，同時也是收藏家，書法家或者畫家，因此，他們的宋詩輯刻行為並非受某一特定的文學派別及觀點的影響，其輯刻原因與背景往往因身份立場的不同而有所差異。從現存的私家書目目錄中，我們可以看出宋詩輯刻與藏書風氣的密切關聯。

（一）濮陽蒲汀李先生家藏目錄

作者李廷相（1485～1544），字夢弼，弘治十五年（1502）進士，官南京戶部尚書，好藏書。該書目按書櫥層數排列為序，不甚講究著錄分類。著有：

書　　　名	作　　　者
東坡詩集王狀元分類本	蘇軾
劉須溪評點本　六本	
東坡詩集二十六本	
東坡詩集六本	
二蘇和陶詩	
蘇詩摘律	
東坡詩集	
東坡律詩二本	
東坡寓惠集	
黃山谷詩九本	黃庭堅
山谷黃太史詩集　二本	
唐宋時賢千家詩　四本	
唐宋十二先生詩宗集類　十本	
石屏詩集　二本	戴復古
石屏詩集四本	
晞髮集	謝翱
劍南續稿二本	陸游
放翁詩選二本	
詩林萬選　六本	何新之

（二）萬卷堂書目

作者朱睦㮮（1520～1587），字灌甫，號西亭、東坡居士，明宗室，諸王中藏書最富。該書目卷四爲宋代，著錄 89 部，87 人，其中詩集只有《林和靖詩集》、《王文公詩集》、《北遊詩》。但該書目著錄了一些其他書目中罕見的宋人集，向我們展現了輯刻宋詩可能的文獻來源：

書　　　名	作　者
咸平集三十卷	田錫
河南集二十八卷	尹洙
林和靖詩集四卷	林逋
樂全文集四十卷	張方平
武溪集二十一卷	余靖
范文正公集十卷	范仲淹
王文公詩集二十七卷	王旦
安陽集五十卷	韓琦
南陽集三十卷	韓維
宛陵集六十卷	梅堯臣
濂溪文集十三卷	周敦頤
旴江集三十七卷	李覯
司馬文正公集三十八卷	司馬光
徐節孝文集三十一卷	徐積
歐陽文忠公全集一百五十八卷	歐陽修
擊壤集二十卷	邵雍
趙清獻公集十卷	趙抃
後山集三十卷	陳師道
南豐文集五十一卷	曾鞏
劉雲龍集三十二卷	劉弇
文潞公文集四十卷	文彥博
山谷集九十九卷	黃庭堅
雞肋集七十卷	晁補之
淮海文集四十六卷	秦觀
文潛集十三卷	張耒
唐子西文集七卷	唐庚

二程文集八卷	程顥、程頤
二程全書六十五卷	
樂靜集三十卷	李昭玘
豫章文集十七卷	羅從彥
道鄉集四十卷	鄒浩
姑溪文集五十卷	李端叔
朱韋齋集十二卷	朱松
龜山文集十六卷	楊時
梁溪集九卷	李綱
晦庵文集一百卷	朱熹
渭南集五十二卷	陸游
歐陽修撰集七卷	歐陽徹
浮溪文粹十五卷	汪藻
著作王先生集八卷	王蘋
屏山集二十卷	劉子翬
簡齋集十五卷	陳與義
玉山集四十卷	汪應辰
古靈集二十五卷	陳襄
倪石陵書集一卷	倪並
范香溪文集二十二卷	范浚
雲莊集二十卷	劉爚
栟櫚集二十五卷	鄧肅
縉雲集四卷	馮時行
周氏山房後稿二十卷	周南仲
晁氏具茨集一卷	晁沖之
慈湖遺書二十卷	楊簡
艾軒集十卷	林光朝
梅溪集四十九卷	王十朋
止齋集五十二卷	陳傅良
浪語集三十五卷	薛季宣
東坡文集四十卷	蘇軾
欒城集七十四卷	蘇轍

石湖集三十四卷	范成大
水心文集二十九卷	葉適
攻愧集一百二十卷	樓鑰
蜀阜集十八卷	錢時
石屏集十卷	戴復古
鶴山文集一百卷	魏了翁
海瓊玉蟾集八卷	葛長庚
文山全集二十八卷	文天祥
疊山集十六卷	謝枋得
四如集四卷	黃仲元
勿軒集八卷	熊禾
南軒文集四十四卷	張栻
象山全集三十六卷	陸九淵
北溪集五十卷	陳淳
五峰集五卷	胡宏
東萊集四十七卷	呂祖謙
周益公集一百九十卷	周必大
蛟峰集八卷	方逢辰
霽山文集十卷	杜景熙
龍川集三十卷	陳亮
梅屋獻醜集一卷	許棐
羅鄂州集五卷	羅願
靈溪集五十卷	王廷珪
漫塘文集三十六卷	劉宰
北遊詩二卷	汪夢斗
王文獻公集二十卷	王魯齋
明道全書二十二卷	沈柱
老泉集六冊	蘇洵
臨川集二十冊	王安石
歐陽文粹一冊	歐陽修
二程遺書八冊	程顥、程頤

（三）百川書志

作者高儒，字子醇，涿州人。嘉靖年間任職於兵部，與李開先同為北方著名藏書家。該書目成於明嘉靖十九年（1540），為其家中所藏書之目錄。體例詳盡，書名之下有簡要題解，具有比較完善的目錄學思想。卷十五單列集部宋詩一類：

書　　名	題　　解
徽宗宮詞詩集三卷	緝熙殿所收御製七言絕句積二十二年得三百首，皆詠宮掖之事樂昇平之句也。
東坡編類歌詩十九卷	文忠公眉山蘇軾子瞻撰。此後人摘去文賦取詩以古近體類之凡二千一百有奇。
王狀元集注東坡詩二十卷	宋王十朋龜齡集諸家註而成名也，各以類聚不為體拘。
東坡律詩二卷	明御史趙克用取王梅溪注東坡詩中七言律詩四百五十八首摘類刊行。
山谷黃太史詩註二十卷	豫章黃魯直庭堅撰，天社任淵注。
陳後山詩注	此存目待訪書。
黃太史精華錄八卷	天社任淵撰山谷詩文之精華以鳴世。
岳珂玉楮詩稿	此存目待訪書。
林和靖詩集四卷	錢塘隱者林逋君復撰。
宛陵詩	宛陵梅堯臣聖俞撰。
伊川擊壤集十卷	康節先生伊川邵堯夫撰。
後山詩集十二卷	彭城陳思道履常撰。
淮海詩	淮海秦觀少游撰。
龜山詩	工部侍郎廷平楊時中立撰。
唐子西先生集七卷	大觀中博士眉山唐庚子西撰。
簡齋詩集十三卷　外集一卷	祕書陳與義去非撰。
朱韋齋詩集六卷　附錄一卷	吏部員外新安朱松喬年撰。
玉瀾集一卷	新安朱槔逢年撰，韋齋弟也。
晦庵詩鈔一卷	皇明海虞吳訥於晦翁全集手鈔五言古體首二百首以訓子弟，今梓行。
岳武穆詩一卷	忠烈武穆岳飛鵬舉撰。無集，止詩詞五首。
止齋詩	中書永嘉陳傳良君舉撰。

渭南詩八十卷	山陰放翁陸游務觀撰。
澗谷陸放翁詩選十卷	宋澗谷羅椅子遠選，諸體皆備。
須溪精選放翁詩集八卷	宋須溪劉孟會辰翁撰。
頤庵居士集二卷	四明劉應時良佐著，凡百篇。
東皋子詩集一卷	黃巖戴敏敏才著，止詩十首。
石屏詩集十卷	天台戴復古所著，敏之子也。其詩八百六十九首。
程梅屋詩集四卷	宋進士遺鄉撰，晦翁門人也。
武溪詩	少師俞襄公靖撰。
滄浪吟二卷　詩話　逸詩文	滄浪嚴羽儀卿著。古近體歌行詞抄詩餘諸作百四十首，書一。
斷腸詩十卷	女子朱淑貞撰，錢塘鄭元佐註。
冰堅遺稿四卷	淮右潘亨崇禮撰，王拱辰同時人。
文山詩成仁稿	文信國公右丞相文天祥撰。
疊山成仁詩稿	弋山謝枋得撰。
蛟峰詩	淳祐狀元、淳安方逢辰撰。
湖山類稿十三卷、汪水云詩二卷	二集吳人水雲汪元量大有著。
汪神童詩二卷	或云宋人，止五言小絕句六十首，頗有意味。
石屋詩二卷	石屋和尚清珙山居之作。
晞髮集四卷	遺民長溪謝翶皋羽著。
興觀詩一卷	咸湻名士錢塘山邨仇遠著。此蓋自書律詩三十八首以贈時賢，後轉相梓刻。

此外，與宋詩相關的文獻還見於該書卷十九的集部總集類、卷二十的集部別集類與雜集類：

卷十九　集部　總集	題　　　解
絕句博選四卷	稱秦中衣山王公選唐七言絕句千餘首及宋人數百首。
宋詩正體四卷	新喻符觀以宋詩略萃文鑑，散載各集，撮其三體精要，以舉世宗唐尚元，語人曰：吾為宋立赤幟矣。
宋詩絕句選一卷	皇明翰林庶吉士青崖王瑄選拔衛琦之集，又續可採而遺者，合七十四人，五言十一首，七言一百三十三首，且冠晦翁於首。

詠史詩選一卷	皇明左諭德程敏政選次七言絕句二百餘首，自唐至國初詩人詠鑒三代歷元之事也。
五倫詩選五卷	不知選者，取唐宋諸體以五倫類之。
古今詠物詩選一卷	皇明進士蜀人鄒魯於唐宋詩中詠物七言律隨手錄之，似不止此，恐有全集，尚當博求之。
吳興詩選六卷	皇明烏程尹常熟錢學選吳興人物自梁沈約至大明吳瓊五朝一百二十四人。
錫山遺響十卷	皇明進士邑人莫錫載定。錫山地靈人傑，代不乏人，故採自南宋以底於今也。
容山鍾秀集六卷	皇明容山樸庵王韶編輯自唐至國朝詩人二百六十七人，詩共一千四十一首。
赤城詩集六卷	皇明翰林侍講謝鐸鳴治輯赤城鄉賢自宋宣和間至國朝洪武永樂得五十九人，詩三百六十一首。
郭氏遺芳集詩選四卷	皇明黃巖郭氏孫齊玪輯錄自宋至明祖禰九世之詩也。

　　卷十九著錄了 11 種詩集，明人編選的包含宋代部分的詩歌總集和宋詩選集，這間接反映出嘉靖年間私人刊刻的風行，以及由其帶動的宋詩輯刻的萌生，也標誌著明代的宋詩輯刻開始進入藏書家的視野。

卷二十　集部　　別集	題　　　　解
東坡和陶詩五卷	宋蘇子瞻謫居時和晉陶淵明之作也，各詩下間有子由及時人所和。
文山集杜詩一卷	宋丞相文天祥集句。
賓齋梅花詩四卷	宋張道洽撰，五七言律絕凡百五十八。
詠梅集句錄一卷	皇明錢塘沈行履德集唐宋元七言詩句而成，凡百二十律。
釣臺集十卷	皇明嚴州同知鄺才編歷代之及子陵之詩文也。
題　　　　解	集部　　雜集
未著撰人。末有「以上十九書因一古跡一今跡或編類篇章，動成卷帙，蓋彰美於名山勝景遊居佳境也。」	太白樓集十卷、雲巖詩集六卷、武夷詩集四卷、黃陵一覽事蹟一卷詩文二卷、清風祠集六卷、梅市唱和集一卷、趙州石橋詩集一卷、待隱園集一卷、遊崆峒詩一卷、洞庭湖詩集一卷文一卷、洞庭湖紀事一卷、岳陽樓詩集三卷序紀一卷岳陽樓紀事一卷、石鍾山集九卷、超然臺集九卷、蓬萊閣詩集一卷、分司題詠一卷、南樓賽和詩集一卷附錄一卷、扈從巡邊詩二卷（武宗北狩中外五十二人唱和六十六章）、月塢萃言一卷、止菴詩集一卷

（四）世善堂藏書目錄

作者陳第（1541～1617），字季立，號一齋，福建連江人。此目成於萬曆四十四年（1616）。陳第之父陳應奎，有藏書。陳第晚年曾抄書於焦竑、沈士莊家。該書目集部分 12 小類，其中宋元並置一類，稱宋元諸名賢集，與唐諸賢集相分別，共著錄 63 家著作 62 部。又有帝王文集類著錄《宋神宗御集》二百卷、歷代大臣將相文集著錄 25 家 25 部、緇流集類著錄《參寥集》十二卷。諸家詩文名選類著錄楊慎《宋詩選》十卷，今已不傳。所錄宋人集一個顯著特點是注重福建籍文人文集的藏錄。

書　　名	作　　者	歷 代 大 臣 將 相 文 集
王元之集三十卷	王禹偁	張乖崖集十卷　張詠
楊文公集十卷　又稱刀筆集	楊億	愚丘集十卷　陳光佐
宛陵集六十卷	梅聖俞	范文正公集二十卷　范仲淹
黃山谷集二十四卷	黃庭堅	呂文靖集五卷　呂夷簡
徂徠集二十卷	石介	宋元憲集二十卷　宋庠
咸平集五十卷	田錫	宋景文集一百五十卷　宋祁
滄浪集十五卷	蘇舜欽	富文忠集十八卷　富弼
蔡君謨集十七卷	蔡襄	安陽集五十卷　韓琦
嘉祐集十五卷	蘇洵	文潞公集四十卷　文彥博
欒城集九十六卷	蘇轍	傳家集八十卷　司馬光
淮海集三十卷	秦觀	蘇魏公集七十二卷　蘇頌
曾南豐集五十卷	曾鞏	王臨川集一百三十卷　王安石
渭南詩集三十卷	陸游	張無盡集三十二卷　張商英
後山集三十卷　內詩十卷	陳師道	趙忠正德文集十卷　趙鼎
蘇長公集一百五十卷	蘇軾	梁溪集一百二十八卷　李綱
陸務觀劍南詩稿二十卷	陸游	岳武穆集十卷　岳飛
米元章集三十卷	米芾	周益公集二百卷　周必大
柯山集一百卷	張耒	陳龍川集四十四卷　陳亮
唐子西集十卷	唐庚	真西山集五十六卷　真山民
松坡集七卷樂府一卷	豫章京鏜	寇忠愍詩三卷　寇準
柯山集二卷	潘邠老	王岐公宮詞一卷　王珪
歐陽永叔集	歐陽修	陳正獻集十卷　陳俊卿　莆人
丹淵集四十卷	文與可	范忠宣集五十卷　范純仁

李筠溪集二十四卷	李瑋	虞忠肅集十卷　虞允文
李忠愍集十二卷	李若水	文文山集抄　文天祥
楊龜山集二十八卷	楊時	
李文簡集一百二十八卷	李燾	
胡五峰集五卷	胡宏	
武夷集十五卷	劉康侯安國	
胡澹庵集七十八卷	胡銓	
胡致堂集三十卷	胡寅	
魏了翁鶴山文集抄二卷	魏了翁	
劉屏山集二十卷	劉子翬	
張南軒集三十卷	張栻	
朱韋齋集十二卷	朱松	
晦翁集一百卷	朱熹	
陸象山集三十二卷	陸九淵	
陳止齋集五十卷	陳傅良	
尹和靖集二卷	尹洙	
三洪集	洪適、洪遵、洪邁	
擊壤集二十卷	邵雍	
陳古靈集十卷	陳襄	
楊慈湖集二十卷	楊簡	
王梅溪集五十四卷	王十朋	
柳仲塗集一卷	柳開	
北山集十卷	陳孔碩	
種明逸集六卷	種放	
王深甫集二十卷	王回　侯官人	
王布衣令廣陵集二十卷	王令	
魏仲先草堂集二卷	魏野	
林和靖集三卷	林逋	
石曼卿集一卷	石延年	
陳亞之集一卷	陳亞之，多用藥名詩	
澗上丈人詩二十卷	陳堯恬，後人	
金龜子文集十五卷	陳漸，堯封子，堯恬侄	
樂天集十卷	寧德陳英	

書　　名	作者	
劉須溪文集三十卷	劉辰翁	
劉後村文集抄一卷	劉克莊	
謝疊山文集抄二本	謝枋得	
天地間氣集抄一本	謝翱	
晞髮集抄一本	謝翱	
鄭所南集抄一本	鄭思肖	

（五）晁氏寶文堂書目

　　作者晁瑮，嘉靖二十年（1554）進士。該書目以著錄話本、雜劇、傳奇等著稱。在文集類、詩詞類有宋人集著錄。類目間不按朝代編次，其中詩詞類詩集、詞集、詩話著作相雜。詩話著作未統計。

　　詩詞類著錄宋人集 25 家共 39 部。其中蘇軾詩集 7 種。

書　　　　　　　名	作　　者
宋詩正體	明代符觀選
滄浪吟卷	嚴羽
放翁詩選　劍南續稿	陸游
陳剛中詩	陳剛中
花蕊夫人宮詞	花蕊夫人
宛陵先生詩集	梅堯臣
東坡寓惠集　東坡律詩　東坡律詩集注　東坡詩白文　二蘇和陶詩（二太原刻）　東坡詩選（元統刻）　東坡詩集（惠州刻）	蘇軾
後山詩集	陳師道
寇忠愍詩集　寇忠愍詩集（陝新刻）	寇準
黃太史精華錄	黃庭堅
江湖前後續集（宋刻）	
梅屋詩稿	許棐
湖山雜詠（宋刻）	
晦庵詩抄　晦庵詩抄（舊刻）校定晦翁感興詩	朱熹
朱淑眞斷腸集	朱淑眞
王柳庵詩集	
尹和靖詩集	尹洙
東皋詩集　東皋先生詩集	戴敏才
簡齋集	陳與義

具茨集	晁補之
山谷詩（元刻不全）	黃庭堅
支離子詩集	黃希旦
劉職方詩（一）	劉職方
唐子西詩集	唐庚
汪水云詩集	汪元量
西崑酬唱集	
王荊文公詩	王安石
石湖居士集（舊刻）	范成大

（六）江陰李氏得月樓書目摘錄

作者李翩翀，字如一，江陰人。此目雖云摘錄，然中多罕有之書。所載宋人詩集有：《米元章詩集》五卷、《嚴羽詩集》六卷、《裘萬頃詩集》六卷、《曾幾詩》二卷、《宋伯仁詩集》三卷、《戴丙詩集》五卷、《趙師秀詩》四卷、《翁卷詩》四卷、《徐幾詩集》四卷。共九種。

（七）趙定宇書目、脈望館書目

趙用賢，字汝師，號定宇，隆慶五年進士（1571），夙富藏書，有《趙定宇書目》。長子趙琦美，字仲朗，號玄度，有《脈望館書目》。

《趙定宇書目》中宋人文集一類僅著錄 24 部書。此外，總文集類有《絕句博選》和《五倫詩》與宋詩相關；小說書類著錄了《宋詩正體》、《韓子蒼詩》、《謝無逸詩》、《陸放翁詩》；內府板書類著錄了《黃陳詩》、《簡齋詩》；宋板大字類著錄了《東坡子由和陶詩》、《山谷外集詩注》。至《脈望館書目》宋人文集一類著錄已增加至 118 部。見下表：

趙 定 宇 書 目	脈 望 館 書 目
宋人文集（全錄）	多字號集　宋人文集（共118）
宋文鑑　二十本	溫公傳家集十二本
馬石田集　四本	溫公集略六本
河汾諸老詩　一本	道鄉集四本
宋刻劉後村集　十六本	欒城集廿六本
秦淮海集　四本	石湖居士集　六本
潞公集　四本	須溪批點選坡詩　二本
渭南文集　四本	香溪集　三本

遺山詩集　四本	河南先生集　四本
宗忠簡公集　一本	尹河南集　四本
河南文集　四本	王文公集彙二本
鄧志宏栟櫚集　二本	頤庵詩稿　一本
李忠定公奏議　十本	宗忠簡公集　二本　又一本　又一本
王黃州小畜集　八本	寓惠錄二本
陳北溪文集　五本	蘇公寓黃集　三本　又三本
眞西山文集　二十本	石徂徠集　三本
香溪集　三本	沈忠敏公集　三本
吳歐蘇手簡　一本	張乖崖集　二本
嘉祐集　二本	王黃州小畜集　八本　又四本
頤庵詩稿　一本	林和靖詩　一本
范文正公集　八本	蘇老泉嘉祐集　四本　又二本
范忠宣公集　二本	陳石堂集　十本
王臨川集　二部二十本　一部三十本	晁氏具茨集　一本
周益公集　四十本	武溪集　四本
范中敏公集　四本	秋崖集六本
總文集	張于湖集　二本
絕句博選　五本	王臨川集二十本宋刻　又三十本元板 又廿本
五倫詩　一本	李忠定公集二十本
小說書	劉貢父彭城集
劉須溪集　一本	周少隱太倉稊米集八本
宋詩正體　一本	又周右司集二本
韓子蒼詩　一本	魏鶴山集十二本
謝無逸詩　一本	曾南豐集四本　又四本
小畜集　四本	誠齋集　八本
石湖居士集　六本	徐常侍集　四本
陸放翁詩選　一本	陳後山詩注　六本
張于湖集　二本	周益公集四十本　又四十本
誠齋集　八本	程明道集五本
周益公集　四十本	梅溪前後集共十本
內府板書	鄭西塘集四本
後村居士集　二十本	韓子蒼詩一本
黃陳詩　十本	謝無逸詩一本

簡齋詩　一本	朱韋齋集二本
擊壤集　二本	龍川集五本
宋板大字	張橫浦集二本
東坡子由和陶詩	張宛丘集十本
北澗詩集	鄧志宏栟櫚集二本
山谷外集詩注	陸放翁詩集一本
東坡先生前集	鄭俠西塘集三本
詩緝　四本	文與可丹淵集十本甲　校過　又八本乙
伊川擊壤集	王稼村集二本
杜陵詩	劉漫堂集十二本
東坡集	謝疊山集一本
王荊公臨川集	程伊川集一本
	范文正公集八本
	李旴江集六本
	陳北溪集六本
	范忠宣公集二本
	文潞公集四本
	馬□集四本
	白玉蟾集四本
	秦淮海集四本
	宋刻劉後村集十六本
	朱淑眞詩四本
	四如黃先生集二本
	張文潛集四本
	崔清獻公集一本
	晞髮集一本
	寇公詩集一本
	感興詩一本
	宋詩正體一本
	徐節孝集五本
	葉水心集八本
	張樂全集六本
	唐子西集二本
	劍南續稿二本
	山谷涪翁集一本

	趙清獻集四本
	黃山谷集十本
	山谷詩六本
	東坡詩注十二本　又元板十六本
	東坡外集四本
	東坡集廿本
	坡仙集六本

（八）玄賞齋書目

作者董其昌。卷七宋人集一類著錄 225 部，其中詩集有：

書　　　名	作　　　者
寇忠愍公詩集	寇準
林和靖詩	林逋
蔡君謨詩集	蔡襄
宋版施武于注東坡詩集	蘇軾
百家注東坡詩集	
王狀元注東坡七言律詩	
宋刻任淵選黃太史精華錄	黃庭堅
宋刻集注黃太史詩	
宋刻集注後山詩	陳師道
唐子西詩	唐庚
賀方回慶湖遺老詩	賀鑄
謝逸溪堂詩集	謝逸
韓子蒼陵陽先生詩集	韓子蒼
宋版米元章詩集	米芾
眞山民詩	眞山民
趙紫芝詩集	趙紫芝
陳簡齋詩集	陳與義
翁靈舒詩集	翁卷
曾茶山詩	曾幾
戴東野詩集	戴昺
宋伯仁詩集	宋伯仁
徐靈淵詩集	徐璣
徐靈暉詩集	徐照

裘竹齋詩集	裘萬傾
戴石屏詩集	戴復古
雪岩詩	宋伯仁
順庵居士詩	
石湖居士詩集	范成大
陸放翁詩集	陸游
劉須溪羅澗谷選放翁詩集	
劍南詩稿	
劍南續稿	
東萊先生詩集	呂本中
朱文公感興詩	朱熹
嚴羽滄浪吟	嚴羽
岳珂玉楮詩稿	岳珂
龍州道人詩集	劉過
謝皋羽晞髮集	謝翱
參寥子詩集	道潛
宋刻慈雲法師詩集	
朱淑眞斷腸集	朱淑眞
朱淑眞斷腸後集	

　　雖然近來的研究者認為該書目是一部僞書〔註 12〕，但這部書目既託董其昌之名，說明它在一定程度上反映出晚明時期由書畫家所推動的宋詩審美趨向。

（九）徐氏家藏書目

　　作者徐𤊹，（1563～1639），字惟起，又字興公，福建侯官人，晚明最著名的藏書家之一。該書目卷五總詩類宋元部分，著錄《宋藝圃集》二十二卷，《續集》三卷，《石倉宋詩選》一百七卷，是明代李蓘、曹學佺輯刻的宋詩選集。卷六文集類，北宋著錄 54 部，其中詩集有宋伯仁《雪岩詩集》二卷。南宋著錄 63 部，詩集有：王鎡《月洞詩》一卷、《眞山民詩》四卷、曾幾《茶山詩》二卷、《徐靈暉詩》一卷、《翁靈舒詩》一卷、《趙靈秀詩》一卷、《徐靈淵詩》一卷、謝翱《晞髮集》六卷。

〔註12〕 李丹、武秀成《一部僞中之僞的明代私家書目——董其昌〈玄賞齋書目〉辨僞》，《中國典籍與文化論叢》第九輯。

文　集　類　北　宋	文　集　類　南　宋
徐鉉騎省集三十卷	張九成橫浦集二十卷
趙抃清獻集十五卷	歐陽徹飄然集六卷
韓琦安陽集五十卷	汪藻浮溪文粹十五卷
文彥博集四十卷	沈與求龜溪集十二卷
林逋和靖集四卷	葛長庚海瓊集
余靖武溪集二十卷	朱松韋齋集十二卷
李覯旴江集四十卷	朱文公大全集一百卷
蔡襄忠惠集三十六卷	朱槔玉蘭集一卷
曾鞏元豐類稿五十卷	黃幹勉齋集二十卷
歐陽修文忠集一百五十卷	宗澤忠簡集四卷
梅堯臣宛陵集六十卷	岳飛忠武集二卷
王安石臨川集一百卷	劉子翬屏山集二十卷
司馬光溫公集一百卷	高登東溪集二卷
邵雍擊壤集二十卷	范成大石湖集三十四卷
文同丹淵集四十卷	陸游渭南集三十卷　劍南集六卷
蘇洵嘉祐集十五卷	陸九淵象山集二十八卷
蘇軾東坡集一百九卷	眞德秀西山集五十六卷
蘇轍欒城集一百卷	林光朝艾軒集二十卷
程顥明道集五卷	王十朋梅溪集五十卷
程頤伊川先生集九卷	陳傳良正齋集五十二卷
羅從彥豫章集十七卷	陳亮龍川集四十卷
楊時龜山集二十八卷	劉宰漫塘集
游酢廌山集二卷	羅願鄂州集五卷
尹焞和靖集二卷	崔與之清獻集十卷
鄭俠西塘集二十卷	嚴羽滄浪吟二卷
秦觀淮海集四十卷	陳潛室水鍾集十一卷
黃庭堅山谷集六十七卷	王鎰月洞詩一卷
黃庶伐檀集二卷	劉鑰雲莊集十二卷
陳師道後山集十四卷	呂聲之遺音二卷
賀方回慶湖遺老集	吳儆文肅集二十卷
張耒文潛集略十二卷	黃公度知稼集二卷
鄒浩道鄉集四十卷	眞山民詩四卷

晁說之景迂集二卷	裘萬頃詩六卷
晁仲之具茨集一卷	曾幾茶山詩二卷
陳與義簡齋集十五卷	徐靈暉詩一卷
晁文元道院集要三卷	翁靈舒詩一卷
范浚香溪集二十二卷	趙靈秀詩一卷
鄧肅栟櫚集二十五卷	徐靈淵詩一卷
范仲淹文正公集三十三卷	魏了翁鶴山集一百十卷
王珪宮詞一卷	文天祥文山集三十二卷
葉適水心集三十卷	謝翱晞髮集六卷
周敦頤濂溪集六卷	熊禾勿軒集四卷
黃希旦支離子集二卷	方逢辰蛟峰集八卷
徐鹿卿清正公集	林景熙霽山集十卷
徐經孫文惠公集	王廷珪盧溪集
徐積節孝集	杜范清獻集十九卷
唐子西集	陳普石堂集二十二卷
許棐梅屋獻醜集一卷	陳淳北溪集二卷
宋伯仁雪岩詩集二卷	李昂英文溪集二十卷
僧覺範石門文字禪三十卷	趙萬年褍幄集一卷
	戴復古石屏集四卷
	朱熹張栻林擇之南嶽唱和一卷
	謝枋得疊山集十六卷
	楊簡慈湖遺書
	姬志眞雲山集二卷
	劉處元仙樂集一卷
	無名氏漸悟集一卷
	無名氏草堂集一卷
	郝大過太古集一卷
	方大琮鐵庵集

（十）會稽鈕氏世學樓珍藏圖書目

　　該書目不分類。作者鈕緯，字仲文，號石溪。嘉靖二十年進士（見《萬曆會稽縣志》選舉志）。黃宗羲《天一閣藏書記》稱世學樓圖書散佚於崇禎三年。其中宋人集有八種：

書　　　　　名	作　　　　者
增刊校正王狀元集注分類東坡先生詩二十五卷元刊黑口本	宋蘇軾撰，劉辰翁批點
盱江集三十七卷　成化刊本	宋李覯撰，國朝南城左贊編
歐陽文忠公集　五十卷　元刊本	宋歐陽修撰
王荊文公詩集三十二卷　元刊本	宋王安石撰
范文正公集二十卷別集四卷年譜一卷補遺一卷宋饒州路刊本	宋范仲淹撰
蛟峰集七卷外集三卷山房集一卷外集一卷　天順七年刊	宋方逢辰、逢拱撰
石屏集十卷　弘治刊本	宋戴復古撰，裔孫鏞重編，謝鐸序
東溪集二卷　正統刊本	宋高登撰

（十一）近古堂書目

該書目分類最爲細緻。如唐人文集類又有杜李集類、韓柳集類等小類。唐詩也不像其他藏書目那樣涵括在唐人文集類目下，而是成爲與文集並列的類目，其本身又按初盛中晚劃分。唐詩分爲初盛中晚四期是明代高棅提出的，從唐詩類目的分類可以看出作者受到了當時主流詩學觀念的影響。這種將詩歌分離出文集的著錄形式，一方面是當時詩集數量的增多的必然要求，一方面也是明代詩學觀念發展細化的表現。

在這種分類影響下，宋集雖然也按同一體例著錄，但是情況不盡相同。宋人集被分爲宋人集類與南宋人集類，類目下沒有更明確地分別，依然是詩集與文集並錄。南宋人集類中有宋詩十一人：米元章、宋伯仁、曾茶山、裘竹齋、戴東野、翁靈舒、趙紫芝、徐靈暉、徐靈淵、眞山民、戴石屏。比起唐詩類的初唐二十一家，盛唐十家，中唐二十七家，晚唐四十二家，宋詩十一人與元詩十人顯然是一份過於單薄的名單。但是，宋人集類著錄 97 部，南宋人集類著錄 106 部，相比其他書目而言，則又豐富得多。

宋　人　集　類	南　宋　人　集　類
寇忠愍公詩集	陳簡齋詩集
王岐公宮詞	石湖居士詩集
林和靖詩	陸放翁詩集
蔡忠惠公詩集	劉須溪羅澗谷選放翁詩集

宋版東坡詩　施武子注	劍南詩稿
元版東坡詩集　百家注	順庵居士詩
王狀元注東坡七言律詩	東萊先生詩集
宋刻黃太史精華錄	朱文公感興詩
宋刻集注黃太史詩	岳珂玉楮詩稿
宋版集注後山詩	龍川道人詩集
唐子西詩	嚴羽滄浪吟
賀方回慶湖遺老詩	謝皋羽晞髮集
謝逸溪堂詩集	
韓子蒼陵陽先生詩集	
參寥子詩集	
宋版慈雲法師詩集	
朱淑真斷腸集	

（十二）汲古閣校刻書目

作者毛晉，晚明最重要的刻書家。該書目著錄了《劍南詩稿》八十五卷，《剪綃集》二卷，《范石湖田園雜興》，《三家宮詞》（王建、王珪、花蕊夫人），《二家宮詞》（宋徽宗、楊太后）。

（十三）澹生堂藏書目

作者祁承爜，晚明著名藏書家。該書目卷十二著錄李蓘編《宋藝圃集》五冊、二十二卷，潘是仁編《宋元名家詩集》四十冊、二百一十卷，《誠齋梅花百詠》一卷，《誠齋牡丹百詠》一卷。總集類著錄《西崑酬唱集》一冊、二卷。

卷十三著錄宋詩文集 81 家，116 部。續收宋詩文集 37 部，37 家，其中 3 家重複，共計 115 家，153 部。詩集部分見下表：

作　　者	書　　　　名
趙抃	趙清獻公詩集二冊　五卷
蘇軾	詩集三十二卷　湖州板
	集選十五冊　五十卷　江陵陳夢槐輯
	詩集百家注十二冊　三十二卷　王十朋注　紀年錄一卷詩三十卷樂府一卷
米芾	詩集五卷
嚴羽	嚴滄浪詩集一冊

陳師道	詩集注四冊　十二卷　任淵注
林逋	林和靖集二冊
唐庚	唐子西詩集一冊　七卷
白玉蟾	白叟詩集一冊　八卷
裘萬頃	裘竹齋詩集一冊　六卷
方岳	詩三十六卷
謝翱	晞髮集四冊　六卷
曾幾	曾吉甫詩集　二卷
陳與義	陳簡齋詩集五卷
	陳簡齋詩集三冊　十五卷　（續收）
戴復古	戴石屏詩集一冊　六卷
宋伯仁	雪岩詩集三卷
戴昺	戴東野詩集五卷
四靈詩集二冊	葦碧軒詩四卷　翁卷
	清苑齋詩四卷　趙靈秀
	芳蘭軒詩五卷　徐照
	二薇亭詩四卷　徐璣
續　　收	
陳造	唐卿先生詩集十冊　二十卷
辛棄疾	辛稼軒詩二冊　十二卷

　　概言之，明代藏書目直觀反映了宋詩文獻在明代各時期的存佚、分佈、消長、流動情況。明代宋詩文獻的基礎由宣德年間的《文淵閣書目》呈現出最初的面貌，在其後編成的《秘閣書目》、《內閣書目》中，宋人詩集基本呈現減少的趨勢，除去自然災害和管理方面的因素，人為的冷落忽視也是重要原因。官方藏書目雖在一定程度上體現著上層文人固有的詩學偏好，但有藏書傳統且形成規模的機構除行人司外也屈指可數，因此這類書目不太具有代表性。

　　相反，從私家藏書目著錄宋人詩集的總量不斷增加則可以推測出，宋詩文獻是在由官藏向私藏的轉化過程中形成了勃興的局面，這一轉化過程與明代私家輯刻以及出版業的發展相伴隨。以成化年間《秘閣書目》的出現為標誌，這一皇家藏書目錄是由大學士歸里後所作，實際上也開啟了私人編寫書

目的風氣，此後士子中進士後入選翰林，大都有三年時間得以觀覽內閣藏書，萬曆年間更是形成了抄書秘閣的風氣，這種風氣的形成和延續，使皇家藏書中的宋集文獻不斷被過錄到民間，成為刻書家刊行的底本，從而使私家藏書中的宋詩文獻得以豐富。

第二節　明代宋詩別集刊刻考論

據統計，現存宋人別集有近八百家〔註13〕，173 家有明刻本（或抄本）傳世〔註14〕，而今天可以見到的經過明人重新輯刻的宋人詩集則有 45 家〔註15〕，其中或為詩選，或為全帙，且多不止一刻。如下表所示：

人　名	詩集名及卷數	版　本	館藏地點	備　注
林逋	宋林和靖先生詩集四卷附錄一卷	明正德十二年韓士英、喻智刻本　明馮知十校傅增湘跋	北京	四部叢刊集部據影寫明黑口本影印
		同上，清丁丙跋	南京	
		同上，李盛鐸跋	北大	
	宋林和靖先生詩集四卷補遺一卷	明萬曆四十一年何養純、諸時寶等刻本　清季錫疇校並跋	北京	
寇準	忠愍公詩集三卷	明嘉靖十四年蔣鏊刻本	北京	四部叢刊三編集部據明刻本影印，附張元濟校勘記一卷
		同上，清丁丙跋	南京	
	忠愍公詩集三卷	宋人集甲編		民國四年南城李氏宜秋館據明弘治刊影宋抄合抄本刊
石延年	石學士詩集一卷附錄一卷拾遺一卷	明抄本	日本靜嘉堂文庫	

〔註13〕祝尚書《宋人別集敘錄》，北京：中華書局，1999，第 1 頁。
〔註14〕根據劉琳、沈治宏編著《現存宋人著述總錄》別集類統計，成都：巴蜀書社，1995。
〔註15〕根據四川大學古籍整理研究所編《現存宋人別集版本目錄》統計，成都：巴蜀書社，1990。

歐陽修	歐陽文忠公詩集六卷	明末刻本　彭期編訂	湖南	
	歐陽文忠公詩集十二卷	明世綵堂刻本　明胡芬訂正	北京	
			南京	
蘇洵	蘇老泉文集十二卷詩集一卷	明淩蒙初刻朱墨套印本	北京	
			南京	
邵雍	伊川擊壤集集外詩一卷	明成化刻本		四部叢刊集部據明成化本影印
	邵康節先生詩抄一卷	明新安胡正言十竹齋刻本	湖南	
	邵康節詩八卷	明崇禎三年刻本　遁齋藏板	日本東洋文庫	
		明鄭鄤撰評		
蔡襄	蔡忠惠詩集全編二卷別紀補遺二卷	明天啓二年顏繼祖等刻本	北京	
	蔡忠惠詩集全編四卷	明天啓二年刻本	南京	
司馬光	司馬文正公詩集七卷	明刻本	北師大	
	司馬文正公集略三十一卷詩集七卷	明嘉靖四年呂楠刻本	北京	
		明嘉靖十八年江西虔州俞文峰重刻本	中大	
王安石	王荊文公詩箋注五十卷目錄三卷年譜一卷	明初刻本	南京	存二十九卷
蘇軾	集注分類東坡先生詩二十五卷	明初刻本	四川	
		明汪氏誠意齋集書堂刻本	北京	
		明抄本	北京	
	蘇詩摘律六卷	明天順五年劉弘王璽刻本	北京	
		明劉弘集注	上海	
	東坡先生全集七十五卷附詩選十二卷	明末刻本	上海	
		明譚元春輯		
	東坡先生詩集注三十二卷東坡紀年錄一卷	明萬曆茅維刻本	中大	
		同上，明蕭奇中評點	上海	
		同上，清杭世駿批　黃燦批並跋　孫顯元校　丁丙跋	南京	

東坡先生詩集注三十二卷	明瓊碧山房刻本	廣東社科所	
	明末王永積刻本	廣東博物館	
	明刻本	中大	
蘇長公文腴三十卷詩腴八卷	明萬曆四十五年刻本	社科院文學所等	
	明陳于廷編		
蘇東坡和陶詩二卷	合刻忠武靖節二編陶靖節集附　明萬曆四十七年楊時偉刻本		
增刊校正王狀元集百家注分類東坡先生詩二十卷	明劉氏安正書堂刻本	北大	
蘇東坡詩集二十五卷	明天啓刻本	上海、南京	
新編東坡先生詩集十九卷附樂府一卷	明刻本　劉世行跋	上海	
東坡詩選十四卷	明天啓三年刻本	日本宮內廳書陵部	
	明譚元春編　袁宏道閱		
東坡詩文選	明天啓年間刻本	日本尊經閣文庫	
	明袁宏道、鍾惺等輯		
東坡詩選十二卷東坡先生年譜一卷	明天啓文盛堂刻本	華農	
	明譚元春輯		
	明末文盛堂刻本	北京	
	明譚元春選		
	明刻清印本	中大	
東坡先生和陶淵明詩四卷	明汲古閣影宋抄本	浙江義烏	
蘇子瞻詩二卷	明毛晉綠君亭刊本	北師大東京大學	
東坡詩選二卷	明刻本　佚名批並評點	浙江	
王狀元集注東坡律詩二卷	明刻本　明趙夔輯	四川	
宋蘇文忠公膠西詩集	明刻本	北大	
東坡和陶集一卷	阮陶合集二種陶靖節集附		
	明崇禎刻本		

	東坡先生詩集三十二卷東坡先生紀年錄一卷東坡墓誌一卷	明崇禎陳仁錫刻本	中大	
		明陳仁錫評		
蘇轍	潁濱先生詩集傳十八卷	明刻本	日本德山毛利家事務所	
釋道潛	參寥子詩集十二卷	明正統刻本	重慶	存卷一至八
	參寥子詩集十二卷附東坡稱賞道潛之詩一卷秦少游集摘一卷	明崇禎十五年汪汝謙刻本	北京	
		傅增湘校並跋	上海	
		同上，清丁丙跋	南京	
		同上，陳鱣跋	靜嘉堂文庫	
黃庭堅	山谷外集詩注十七卷	明覆宋淳祐刻本　宋史容注	上海	
		清翁方綱校並補錄史季溫跋　翁同龢題記		
		明初刻本　沈曾植跋	上海	
	山谷黃先生大全詩注二十卷	明刻本	北京	
		明弘治間刻本	日本宮內廳書陵部	
	山谷內集詩注二十卷山谷外集詩注十七卷山谷別集詩注二卷	明弘治九年陳沛刻本	北京	
	山谷內集詩注二十卷	明刻清人修補本	日本東北大學中央圖書館	
	黃詩內篇十四卷	明嘉靖十二年蔣芝刻本	山西臨猗	
		同上，清翁同龢圈點批注並跋	北京	
		明刻本　清董文煥題識	山西臨猗	
賀鑄	慶湖遺老詩集九卷拾遺一卷後集補遺一卷	明謝氏小草齋抄本	北京	
陳師道	後山詩注十二卷	明弘治十年袁宏刻本	北京	
		同上，清范大安校並跋	上海	
		同上，清丁丙跋	南京	
		明嘉靖十年遼藩朱寵瀼梅南書屋刻本　清惠棟批點徐時棟　鄧邦述跋	北京	

朱淑眞	新注朱淑眞斷腸詩集八卷後集八卷	明初刻遞修本　鄭元佐注	北京	
	新注朱淑眞斷腸詩集前集十卷	明刻遞修本　黃丕烈繆荃孫　張元濟跋　吳昌綬題款	北京	
晁沖之	具茨晁先生詩集不分卷	明永樂二年范涼菲抄本	山東大學	
	具茨晁先生詩集一卷	明嘉靖三十三年晁氏寶文堂刻本　清丁丙跋	南京	
		同上，清章綬銜跋	北京	
	具茨晁先生詩集一卷	晁氏三先生集　明嘉靖三十三年至三十七年晁氏寶文堂重印本		
蘇過	斜川詩集十卷	明末刻本　清曾星笁跋	浙江	
程俱	北山小集八卷附錄一卷	明抄本　明施介夫輯	北京	
呂本中	東萊先生詩集二十卷	明抄本　清王禮培校並跋	華東師大	
韓駒	陵陽先生詩四卷	明庵羅庵抄本　清徐時棟題識	日本大倉文化財團	
陳與義	簡齋詩集十五卷	明初刻本	北大上海	
戴敏	東皋子詩一卷	明弘治十一年宋鑒、馬金刻本《石屏詩集》附	北京	
王銍	雪溪詩五卷	明抄本　清黃丕烈跋	南京	
戴復古	石屏詩集十卷東皋子詩一卷	明弘治十一年宋鑒、馬金刻本　清黃丕烈跋	北京	四部叢刊續編據明弘治刊本影印
		佚名錄清黃丕烈跋並補	上海	
		清佚名錄黃丕烈跋徐曉霞跋		
		清丁丙跋	南京	
	石屏詩集十卷	明山陰祁氏澹生堂抄本	北大	
陸游	劍南詩稿八十五卷	明末毛氏汲古閣刻本清潛陽子評點	上海	四部叢刊集部據明弘治十年刊本影印
		清鮑廷博批校並跋	北京	
	劍南詩續稿八卷	明末毛氏汲古閣抄本明毛晉校	上海	

	澗谷精選陸放翁詩集前集十卷須溪精選後集八卷別集一卷	前集〔宋〕羅椅選　後集〔宋〕劉辰翁選　別集〔明〕劉景寅選　明弘治十年冉孝隆刻本　清丁丙跋	南京	
		明嘉靖十三年黃漳刻本	北京、上海	
范成大	石湖詩集一卷	詩詞雜俎　汲古閣本木松堂本　影汲古閣本		叢書集成初編據詩詞雜俎本排印
朱熹	晦庵先生朱文公詩集十二卷	明正德十六年新安程據刻本	華農	
		明程據輯		
	晦庵先生朱子詩集十三卷	明成化間刻本	日本尊經閣文庫	
	晦庵朱先生五言詩抄一卷	明潘文楚刻本	北師大	
	晦庵先生五言詩抄	明成化間刻本　明吳訥編	日本內閣文庫	
	新刻宋名賢晦庵五言詩抄前集新　宋名賢晦庵五言詩抄後集二卷	明萬曆間刻本	日本尊經閣文庫	
	新刻紫陽五言詩選二卷附七言詩十四首	明萬曆三十一年鄭雲竹刻本	安徽博物館	
楊簡	楊慈湖先生詩抄一卷	明新安胡正言十竹齋刻本	湖南	
劉過	龍州道人詩集十五卷	明嘉靖王朝用刻本　清丁丙跋	南京	卷四至七配清抄本
徐僑	毅齋詩集別錄一卷	明正德六年徐興刻本周叔弢跋	北京	
			上海	
汪晫	西園康範詩集一卷實錄一卷續錄一卷附錄外集一卷	明嘉靖二十年汪茂槐刻本	北京、上海	
	西園康範詩集一卷	環谷杏山二先生詩稿明隆慶三年汪廷佐刊本		
鄭清之	安晚堂詩集六十卷	存卷六至十二　汲古閣影抄南宋六十家小集		

薛師石	瓜廬詩一卷附錄一卷	明文始堂抄本　清何焯跋	北京	
岳珂	玉楮詩稿八卷	明岳元聲、岳和聲、岳駿聲刻本　清邊裕禮跋	北京	
		同上，清蔣鳳藻、丁丙跋	南京	
		同上，清末吳慶坻、趙景藩題識	社科院文學所	
		同上，鄭振鐸跋	北京	
		明抄本，清王士禎跋	北京	
劉克莊	後村居士詩二十卷	明抄本，明錢允治、陸嘉穎、朱之赤題記	上海	
汪夢斗	北遊詩集一卷	環谷杏山二先生詩稿明隆慶三年汪廷佐刊本明汪中丘等輯	北京	
蕭立之	蕭冰崖詩集拾遺三卷	明弘治十八年蕭敏刻本	北京	四部叢刊續編集部據明刻本影印
王鎡	月洞詩一卷	明萬曆二十九年刻本	日本內閣文庫	
劉辰翁	須溪先生四景詩四卷	明抄本	北京	
汪元量	汪水云詩抄一卷	明末抄本　清毛　校並跋	北京	
文天祥	集杜句詩四卷	明天順文珊刻本	北京	
	文山先生集杜詩二卷	明成化二十年劉遜刻本	廣東	
		同上，清丁丙跋	南京	
	文山先生集杜詩不分卷	明崇禎十年淨名齋刻本明文震孟、單詢訂	遼寧博物館	
陳岩	九華詩集二卷附貞逸一卷書院一卷	明崇禎九年刻本	社科院文學所	
張慶之	詠文丞相詩一卷	明天順文珊刻本（附文天祥集杜句詩後）	北京	

　　從表中可知，明刊宋詩別集分為刻本與手抄本兩個系統，以刻本為主要流傳形式，且均為私刻本（坊刻本）。刊刻者呈現出明顯的地域性，以宗族後裔與鄉邦後學為主體。刊刻目的除輯存先人文獻之外，宋代晚唐體詩人（如林逋、寇準），遺民詩人（如戴復古、謝翱）、方外詩人（如道潛、惠洪）詩集保存完好，輯刻較有延續性，而蘇軾、黃庭堅、陸游等大家的詩集選本在

晚明時期才出現，這些情況體現出明人對宋詩的偏好與接受傾向。

　　嚴格來說，受詩學觀念影響而產生的宋詩別集，或者說體現著明顯詩學傾向的宋詩別集，直到後七子的復古風潮衰歇之後才產生，其中傳播最廣的是以公安派袁宏道的名義出版的蘇詩評點本，評點本的產生與晚明俗文學的風行有極大關聯，宋詩的選評在其中佔有一席之地反映了公安詩論影響下宋詩地位的改變。但這畢竟是宋詩傳播中的個例，被選擇的是少數大家，絕大部分宋人詩集的流傳還是保持在一個穩定的傳承系統中。而以宗族、鄉邦的聯繫爲因由的詩集刊刻，實際上也與詩學觀念有著不可分離的關係，只是表現方式比較曲折隱晦，從明代地方官員和士子留存在各宋詩刊本的序跋中可以看到他們基於不同立場與表達意願時所受詩學影響的痕迹。

一、宗族意識與鄉邦情懷

　　宗族後裔對先人文集的保存和輯刻是保證宋詩文獻一直延續的方式，晁沖之、戴復古、徐僑、汪晫、汪夢斗、岳珂、蕭立之、文天祥、汪元量等人的詩文集就是由其後人輯錄刊刻的。在這種刊刻方式中，後人關注的往往是先輩的手澤遺迹，以及他們足以令後人追慕的事迹。如正德年間徐僑後人刊刻的《毅齋詩集別錄》，序中稱：「文所以載道，文不載道，則雖蠶絲牛毛無補於世，文足以載道，雖殘編斷簡不可廢也。興先世文清公號毅齋，嘗從東萊、晦庵相與倡道於婺，其所著作有《讀易記》、《讀詩記》、《詠文集》、《雜說》等書，以之格君心、淑後學，羽翼吾道，有補於世教也，尚矣！故黃文獻公爲作公傳必重稱其著作，以其文之足以載道也。奈何世久人微，家無全冊，僅有雜說數卷。成化丁酉，興受業於齊山先達王先生之門，復得先正忠文公所藏《毅齋文集》一十卷，幾欲錄梓，區區屢困場屋，夜雨燈窗之累，莫之暇及。弘治壬戌，不意遭回祿，而前集煨燼，可勝惜哉！尚幸是錄存於別館，雖其言發於即事即物之微，其著作大旨故不在是，然其詠歎淫佚，適性情之正，得理趣之眞，殆與濂洛玉淵、金井，志慮高潔、托口吟風、沖然自得者同一胸次也。」〔註16〕此書共有詩 78 首，對其詩歌特徵，該序只有一句概括，即得理趣之眞，更多篇幅用於追溯先人與呂祖謙、朱熹的交遊及著作聲名，可見詩歌的流傳仰賴於此，相比之下，後人更看重徐僑理學家和政

〔註16〕〔明〕徐興《毅齋詩集別錄序》，《毅齋詩集別錄》正德六年刻本，國家圖書館藏。

治家的身份，他們自豪地認同文以載道的觀念，因為這種正統觀不僅以官方的形式確立，也在以宗族的脈絡傳承。

　　鄉邦後學對刊刻對象的選擇一般都本著知人論世的態度，即使黃庭堅這樣的宋詩大家，他的詩集在明代最初被重新輯刻的原因也不是出於詩學層面的考量，而更多被限定在忠節義理的範疇內。在嘉靖年間刊行於黃庭堅鄉里的《黃詩內篇》中，參與輯刻的士人置黃庭堅詩開江西派的聲名於不顧，一致將焦點集中在道德層面。如查仲儒《校黃詩內篇敘》稱：「時俗旁午，未暇編閱，歲辛巳家居，取先生全集時讀之，則知先生平生詩作甚多，而多皆足傳，傳之足以範也。適用者惟入館為全粹也，蓋先生自入館後趨向甚正，造詣高明，故嘗欲搜獮雜革去半，別為內外二篇，謂之內篇者，取合諸周孔者也。先生下也，洪氏炎撰次今詩集，斷自退聽堂始，以及宜中者，則內篇之遺意矣。……惜洪氏能承先生命，未表內篇之名，任淵氏能表其名未悉夫義，儒因先生志以內篇易詩集名，惟詩集舊以《上蘇文忠公詩》為冠，儒復於楚詞中取《濂溪詩》冠詩之首，亦先生之志也。自知僭易，然儒先生鄉人也，求先生之志為表見之，雖僭弗辭。」〔註 17〕作者自稱時時展讀黃庭堅全集，卻沒有表現出任何對宋詩文學特性的認識，而是用讀經的方法讀詩，甚至拿含有周敦頤名字的篇目替換蘇軾之名，以此顯示自己從詩中讀出的奧義。雖然黃庭堅詩歌中固然包含理學的因素，黃庭堅本人的思想也顯示著與北宋理學發展的同質性，但是明人堅持從理學的維度來認識宋詩，無怪乎對宋詩的批評也一直陷在同樣的語境中。而在這種既定的宋詩批評模式中，對黃庭堅詩風的迴護也與風格本身無關，如張鏊《跋黃詩內篇後》：「說者謂宋詩譚理，要自山谷，諸賢成之，或曰世代使之，然曰：非也。詩以教也，興理而衛之以詞，理餘則忠，詞餘則靡，與其靡也，寧忠。古之君子，質文相勝，質勝濟之以文，如不勝，亦惟救之以質，計世道如是而已，矧詞如山谷瑰瑋、綺麗、尚賢，其在盛唐之下也於乎此。其學周孔而必合也，夫抑周孔邈矣，山谷遵信敬樂而重詔來者，是篇也，可以一唱三歎矣。」〔註 18〕作者不認為「瑰瑋綺麗」是一種可取的風格，只有符合詩教才能沖抵宋詩「理餘」的不足。

　　以紹述家學為目的的作家後裔與以保存鄉邦文獻為使命的地方士子，他們的輯刻行為是學術史和文化史行為，受詩學觀念的影響較小。明人有很強

〔註 17〕〔明〕查仲儒《校黃詩內篇敘》，《黃詩內篇》嘉靖十三年刻本，國家圖書館藏。
〔註 18〕〔明〕張鏊《跋黃詩內篇後》，《黃詩內篇》嘉靖十三年刻本，國家圖書館藏。

的地域文化意識，故而搜集整理鄉邦文獻是很多地方士人的職責和使命所在，如《蔡忠惠詩集全編》嚴繼祖序文曰：「蓋宋子博綜今古，又生長於莆，其先世評事公與忠惠有葭莩之好，故忠惠始末宋子知之獨詳，不然上下數百年，江山已不可復識，忠惠之文業與其人俱往，孰表而出之？」〔註 19〕認為編輯者宋珏作為蔡襄友人的後代，鄉里中的博學之士，理應將前輩的文業表彰出來使世人知曉。又如弘治本《石屏詩集》的版本來源之一是戴復古後人抄錄的家藏本，跋語曰：「先世石屏詩全集宋紹定間已板行，歲久湮滅，而家藏本亦散逸。天順初，家君恬隱先生重錄小集並續集為一帙。」〔註 20〕可見輯錄的初衷是為了不使散逸，葆有家藏。這類文集的輯刻原則是求全，最大限度地使先賢文業事迹得以流傳，但其實成書之後傳播範圍有限，影響也較小。如嚴繼祖序文就記載了蔡襄詩集成書後刻板無從處理的情況：「集紀計百餘板，刻就苦無安頓處，因思吾閩有一佛祠在清涼寺東偏，其地高敞幽潔，宜於藏書，遂携而貯之此中，與《西塘集》並垂琬琰，且使蔡之忠鄭之清合之而成雙美。」〔註 21〕與蔡襄詩集刻板一同入藏的還有宋人鄭俠的文集刻板，可見當時閩籍先賢的著作被整理刻印是普遍現象，但是一般情況下僅一版一刻，隨後就要為刻板找安頓處，也就是說，輯刻行為結束之後，書籍的影響力也基本完結。使鄉邦文化得以傳承、風俗人心得以凝聚的載體不是文獻與文本，而是輯刻行為本身，而與這種學術行為連接的觀念是宗族意識、鄉邦情懷，而非文學的、審美的取捨與判斷。

二、詩學觀念與文化趣尚

藉由某種特定文學觀念而產生的輯刻行為，往往伴隨著輯刻者詩學立場的表達。明代前期，受理學正統觀念的影響，朱子的詩歌被認為是宋詩中的典範。成化二十三年，熊繡重刊了元代胡炳文纂集的《文公感興詩通》。朱熹曾效陳子昂《感遇詩》作《感興詩》二十篇，此書是胡炳文由十家之注以會朱子之意。每首詩後有注有論，又有若干總論及諸家總論。書末有熊繡識語：「晦庵朱先生感興詩若干篇，理趣融液，音韻優遊，上該六經，下貫諸史，

〔註 19〕〔明〕嚴繼祖《合刻蔡忠惠詩集序》，《蔡忠惠詩集全編》天啓二年刻本，國家圖書館藏。
〔註 20〕〔明〕戴鏞《石屏詩集跋》，弘治十一年刻本，國家圖書館藏。
〔註 21〕〔明〕嚴繼祖《合刻蔡忠惠詩集序》，《蔡忠惠詩集全編》天啓二年刻本，國家圖書館藏。

上下古今幾千百祀理道事變搜括殆盡，實與三百篇相表裏，要非騷人墨客，吟風弄月之作也。」〔註22〕

　　整理較完備、版本較豐富的宋代理學家的詩集，其輯刻原因是明前期理學的興盛與官方意識形態的確立。宋代理學家的詩學觀念由於其正統性對明代士人產生了較大的影響，而他們的詩歌創作也在明前期一度成爲效法對象。邵雍的《擊壤集》僅在成化年間就出現兩個刻本；成化二十三年《文公感興詩通》被重新刊行，都反映了當時詩學風氣的宗尚。而文學審美觀念下的宋詩輯刻，也受到理學思潮的影響。如天順五年劉弘集注的《蘇詩摘律》，作者自序「一日溫習舊業得龜齡先生纂集，誦之頗窺蘇律毫髮意趣，公退之暇，摘取若干首，類抄諸儒句解於其下，間亦僭竊妄補一二，皆圈以自，別集成名曰《蘇詩摘律》，將貽諸家塾以便自觀。」〔註23〕首先，詩集文獻的取得與舉子業的修習相關。其次，此書的纂集方式是解經式的，類抄諸儒句解，很少自創。再次，此書不爲傳播詩學觀念，而是用於家塾以及自覽。這正是明初理學被確立爲官方思想以及宋儒著作被視爲科考必修之後，明人的文學審美途徑以及闡釋方式所具有的顯著特徵。

　　明代理學家們推崇的詩歌，在七子派首倡復古宗唐的一段時期內還能持續影響詩壇，嘉靖年間萬士和《重刻擊壤集序》稱：

　　　世之摹人以言，取古爲法者，末已。有宋邵堯夫先生，游心高明，包括萬象，與造化爲徒，既有得於無言之詩，則其吟弄風月，玩侮一世，千變萬化，皆其自然，所謂詩而非詩，法而非法者，古今一人而已。先生嘗曰，刪後無詩，蓋以自況也，故以《擊壤》名篇。夫擊壤而有聲，是聲果奚從生乎？世之不知者，或病其率易，其知者亦且謂寄興品題，以廢其豪杰之胸襟云爾。至陳白沙子始以匹杜，然猶曰別傳也。而余師荊川先生乃贊其法之兼乎少陵，豈非獨得其妙者與？先生以舊刻無善本，且諸體雜出，命余分類成帙，而以屬江陰黃吉甫氏刻之，刻成，吉甫仍謂余宜題其首。〔註24〕

　　萬士和（1516～1586），字思節，號履庵。江蘇宜興人，嘉靖二十年（1541）

〔註22〕〔明〕熊繡《文公感興詩通序》，《文公感興詩通》成化二十三年刻本，國家圖書館藏。

〔註23〕〔明〕劉弘《蘇詩摘律序》，天順五年刻本，國家圖書館藏。

〔註24〕〔明〕萬士和《重刻擊壤集序》，《履庵文集》卷四，《四庫全書存目叢書》集部 109 冊，278 頁。

進士，曾受業於唐順之，《擊壤集》也是在唐順之授意下刻印的。從序文中可以看出，作爲嘉靖年間唯一能與復古派抗衡的唐宋派，在詩歌方面的主張也反映著與復古思潮的對立。

受文學觀念影響較深的宋詩輯刻行爲，其選擇具有明顯的傾向性。由於復古派宗唐詩學所處的長期主導地位，宋代詩人中詩近唐風者被最先重視，如宋初晚唐體詩人群，宋末遺民詩人群等。弘治十三年，王承裕錄藏寇準詩集，稱自己「年甫三十讀公之詩，知其有劉長卿、元微之之風格，於是錄而藏之，時時展讀，則公平生爲人之大概未嘗不往來於胸臆間也。」〔註25〕可見是由唐風而知宋詩。弘治十四年刻成的《晞髮集》，時人也作序其中稱：「翺之樂府諸體追李賀張籍，近體出入郊島間，古文則直溯柳柳州之脈」〔註26〕弘治年間正是前七子首倡復古、詩宗盛唐之時，這一時期的宋詩輯刻顯然受此風潮影響。晚明公安派的興起，則給宋詩輯刻注入了新鮮的動力，在袁中道等人的參與或倡導下，宋人詩集被較多地重輯重刻，產生了不少宋詩的批點本、校注本、手抄本，以及一些特色鮮明的宋詩選本，使宋詩成爲士人爭相閱讀的文學文本，爲宋詩在清代的接受做好了良性的鋪墊。

典型的宋詩趣味的刊刻，大多出自公安派的提倡。袁宏道萬曆二十七年在北京寫信給李贄說：「近日最得意，無如批點歐、蘇二公文集。歐公文之佳無論，其詩如傾江倒海，直欲伯仲少陵，宇宙間自有此一種奇觀，但恨今人爲先入惡詩所障難，不能虛心盡讀耳。蘇公詩高古不如老杜，而超脫變怪過之，有天地來，一人而已。僕嘗謂六朝無詩，陶公有詩趣，謝公有詩料，餘子碌碌，無足觀者。至李、杜而詩道始大。韓、柳、元、白、歐，詩之聖也；蘇，詩之神也。彼謂宋不如唐者，觀場之見耳，豈直眞知詩何物哉？」〔註27〕一番對宋詩的見解，都是由批點歐、蘇詩文集生發出來，可見詩集輯刻與詩學觀念的互動。

我們知道，晚明士人的文化生活十分豐富，地域之間交流活躍，出版業發達，文人藏書刻書既是一種普遍的風氣，也是一種雅致的文化追求。宋版書籍素以質地精良著稱，一向是收藏家心儀的珍寶。如時人稱：「余有宋刻陳

〔註25〕〔明〕王承裕《錄藏宋萊國忠愍寇公詩集引》，《忠愍公詩集》嘉靖十四年刻本，國家圖書館藏。

〔註26〕〔明〕儲巏《晞髮集引》，《晞髮集》弘治十四年刻本，國家圖書館藏。

〔註27〕〔明〕袁宏道《與李龍湖》，《袁宏道集箋校》，上海：上海古籍出版社，2008，750頁。

簡齋集，是公自書上木者，醇古豐圓，出自黃庭，余寶之，時以爲玩。因熟公詩，即明知以宋詩爲余戒，如不聞也。」〔註 28〕可見，晚明士人對宋人詩集的濃厚興趣不僅是文學觀念變遷的結果，而是受整個社會的文化氛圍的左右。又如萬曆年間胡應麟所記一段親身經歷：

> 張文潛《柯山集》一百卷，余於臨安僻巷見鈔本，印記奇古，裝飾都雅。余驚喜，時不持一錢，顧奚囊有綠羅二匹，並解所衣烏絲直綴、青蜀錦半臂罄歸之。其人苦書不售，得值慨然，因約明旦。余返寓，通夕不寐，黎明不巾櫛訪之，則夜來鄰火延燒，此書倏煨燼矣。〔註 29〕

這段文字反映出胡應麟對張耒文集的興趣。首先，所見集子爲鈔本，印記與裝飾皆古雅，當爲善本；其次，於通都大邑之僻巷偶值，有書緣際遇之奇，綠蘿烏絲青蜀錦當錢，增添風味雅趣；第三，因書籍遇火而未得，致使遺憾平生，念念不忘。所記爲訪書之事、惜書之情，可見明人對宋集文本的態度之複雜，既與文學觀念交疊，又時而與之相離，這種現象正是以明代發達的藏書文化爲背景的。

與此並行不悖的是明代抄書文化的盛行。在出版業極大發展的明代，親手抄錄古籍依然保持著對士人的吸引力，這雖是資源匱乏時期的遺留習慣，但其中承載了讀書治學的良好規範，以致遵循傳統讀書路徑的士人很難割捨。萬曆以後，抄書秘閣成爲一時風氣，精良審愼的手鈔本，不僅成爲後世稀見的古籍珍品，也爲考量宋籍流傳時呈現出的私人閱讀空間提供了證據。

如上海圖書館所藏稿本《石湖居士集選》，乃崇禎間海虞馬宏道選鈔，分上下兩冊，上冊爲：賦、古詩選、七言古風、五言律；下冊爲：七言律、五言絕句、六言絕句、七言絕句。此稿本裝幀精緻，並附有一篇《宋范文穆公集鈔小序》：

> 聞之先輩云，宋以前書行世者少，至使人主不吝爵賞以購遺書，士人得秘本，皆手自抄錄，動輒成誦。自後世鋟板漸廣，士大夫多喜積書，侵尋至今日，自王公貴人以逮，博古好事之家，書卷往往充棟庋閣，乃士之濡染伏習，則十倍不如前人。甚至裝潢襃輯，具牙

〔註 28〕〔明〕安世鳳《墨林快事》卷七，《四庫全書存目叢書》子部 118 冊，348 頁。
〔註 29〕〔明〕胡應麟《少室山房筆叢》卷三，《景印文淵閣四庫全書》886 冊，205 頁。

襲錦以當飾觀之具，……以手相觸，惟積歲陳陳，果蠹魚之腹而已。
吾友馬人伯兄，博雅嗜書，性喜自抄錄，……遇善本或世不盛行者，
必借而手錄之。人伯爲人矜潔自好，護書如眼目，……持刻本謝主
人，書如未借時，人亦以是喜借之。嘗家於荻溪，與王司季雄飛先
生善，先生家多書，爲吳中士大夫最，人伯數從先生借歸，抄之皆
蠅頭正書，秀潤可當，又公手自裝整，盈笥溢麓，《范文穆公集》其
一也。每集成，必自識歲月或授友人著按語以標置之，而《文穆公
集》自錄成數歲，初未嘗使人泚筆焉，誠好之也。今歲館於友人陳
季采家，……授予序之，予謝不可。惟我吳人物，文正、文穆二范
公爲百代冠冕，二公文章德業後先相望，煌煌史笈，然予小子猶謂
文正以德業蓋文章，而文穆以文章著德業，其諸政事文學之選乎？
集久留予篋中，會予薄泛明州歸，乃自秋徂冬，荻載筆焉，蓋其愼
也。〔註30〕

　　序中首先交代了對刻書與抄書的看法，認爲抄書因其得來不易而使學問
精進，藏書則因便利造成擱置不學。但是沒有說明抄錄者爲何將范成大全集
中的詩歌抄錄出來。抄錄者更看重的是書籍獲得的偶然因素，而這種借書與
抄書的機緣巧合實際上冲淡了抄書者治學的目的。在宋籍傳播過程中，稿抄
本這一流通環節雖然薄弱，但氣脈一直延續。宋人詩集如賀鑄《慶湖遺老詩
集》、劉辰翁《須溪先生四景詩集》、謝薖《竹友集》都以手抄本的形式在明
代流傳，此外，黃省曾文始堂、謝肇淛小草齋、顧凝遠詩瘦閣等都致力於宋
詩鈔本的錄藏。但是這些鈔本除了文獻價值之外，很少能提供連貫完整的信
息，因此很難確定其中的詩學意義，只能作爲私人化的文本存在。

　　晚明閒賞文化的發達也對宋詩的接受有深刻影響。林逋在明末十分受推
崇，梅妻鶴子堪稱風雅佳話，隱逸又頗具大隱於市的況味。他隱居孤山，親
近的是繁華的西湖，往來者俱爲名公巨卿。他在保持高調的同時潔身自好，
因而獲得時人的讚美和後世的尊崇。林逋藝術化的生活方式無疑與晚明士人
不謀而合，其書法與詩藝都是令人追捧的對象。從現存文獻來看，明代的出
版者對林逋生前身後的各種資料做過較爲系統的搜集與整理，其詩集附錄相
當於一部成型的林逋接受史。《宋林和靖先生詩集》常見的刻本有兩個：明正

〔註30〕〔明〕殷時衡《宋范文穆公集鈔小序》，《石湖居士集選》，稿本，上海圖書館
　　　　藏。

德十二年韓士英、喻智刻本與明萬曆四十一年何養純等刻本。兩個版本收詩
數目有承繼關係，可以看出林逋的七律在明代流傳更多。正德本包括一個詩
集附錄，內有宋史本傳，從宋人筆記、志書中節錄的林逋相關資料，以及明
人所撰記文，宋元明三朝名賢題跋詩文。萬曆本則含有幾篇重要的序文，可
以看出明代萬曆以前林逋詩集流傳的來龍去脈，以及明人對林逋詩歌的接受
角度，如所收正統年間陳贄所作序文：

> 余少聞西湖林和靖先生詠梅花詩，其暗香、疏影之句往往膾炙人口，
> 意謂他作佳句必多，惜未得全集觀之。後分教杭學，暇日與二三僚
> 友舟過湖上，訪先生祠宇，惟廢址在孤山之北，墓碣亦仆草茱中，
> 爲之低徊悵惋。人之遊西湖而登此者無虛日，獨不有動心於是者乎？
> 濱湖浮屠之宮，少有損弊，而多貲之家輒爲營治，不計所費。今先
> 生祠墓久荒，所費幾何？未聞有爲之興起者，是可歎也。因過孤山
> 寺，訪先生詩集，所在無有知者。後又屢訪於人，皆不得。正統改
> 元，余官滿，將上京師，偶過江口之總持招提僧房中，見舊書一帙，
> 取而觀之，曰《林處士集》，不覺驚喜。求之數年不得，而忽此得之，
> 似不偶然，遂持歸，披玩數日，眞所謂大羹玄酒之味，清廟朱弦之
> 音也。然諸體頗相淆混，字亦不無訛謬，欲重加編輯，以行期迫，
> 弗果。今幸廁詞林之末，退直之暇，手自繕錄，以類相從，釐爲四
> 卷，題曰《重編西湖林和靖先生詩集》。切意士大夫之欲見而未得者
> 尚眾，非刻之梓林，何以傳與人人？顧力有所不能，方欲與杭城諸
> 君子之仕於朝者圖之，適廣州府通判錢塘王君叔華以報政至，會間
> 談及，忻然首肯，曰：「和靖，鄉之先賢，素所景慕，謹當成茲美事。
> 蓋不可無序，以見本末也。」因不暇辭，而序所以重編之意如此，
> 蓋亦有所感焉。杭之西湖聞天下，而山明水秀，誠非他處所及，奈
> 何在繁華富盛之區，畫舫絲竹之音自旦達暮，流連光景，沉酣聲色，
> 其來舊矣。故凡遊西湖而形諸題詠者，不過寫其歌舞燕賞之樂耳。
> 雖昔樂天、東坡之賢亦所不免，甚至以西子淡妝濃抹爲比。至若楊
> 鐵崖之竹枝詞，則又鄭聲之尤者，是豈不爲西湖之累耶？今觀先生
> 集中湖上諸作，興寄高遠，邃雅閒淡，寫景狀物，一出天趣之自然，
> 使摩詰復生而筆之圖畫，未或過也，且無一語及繁華聲色之事，足
> 爲湖山一洗塵俗之陋，於此可見先生胸中所存也矣。於戲！先生之

生，實鍾湖山之勝，然非湖山之秀，不足以發先生之詩。天地之間
長有此西湖，先生之名與之長存，則其詩卷之長留天地間也，又何
疑焉？〔註31〕

陳贄，字惟誠，浙江余姚人，正統年間曾作杭州府學訓導，與瞿祐唱和。
他對西湖情有獨鍾，《四庫全書》收有宋代董嗣杲撰《西湖百詠》二卷，陳贄
和韻。他是林逋詩集得以在明代重新傳布的關鍵人物，集後附錄也由他最早
搜集編定。而他所以看重林詩乃是從林逋與西湖的關係著眼，而非前人多談
林逋的隱居不仕、遇與不遇，序中重點強調的是林逋與西湖的知賞關聯。西
湖作為一個人文氣息濃厚的景觀，對晚明士人的文化生活產生著重要的影
響。嘉靖時人葉權說：「杭州之奢侈，錢氏時已然，南宋更靡，有自來矣。城
中人不事耕種，小民仰給經紀，一春之計全賴西湖。大家墳墓俱在兩山，四
方賓旅渴想湖景，若禁其遊玩，則小民生意絕矣。且其風俗華麗，已入骨髓，
雖無西湖，不能遽變。」〔註32〕後來的萬曆刻本中，張蔚然也有林逋不負西
湖之意，稱其得湖之色、得湖之情、得湖之趣、得湖之神。這種詩歌接受的
視角，正是晚明閒賞文化和山人文化風行的產物。

三、輯刻過程與刊刻形式

明代刻書，沿習宋元形制，分為官刻、私刻、坊刻三種形式。官刻著重
經史典籍，私刻以名家詩文為多，坊刻主要滿足民間文化生活需要。成化年
間進士陸容曾記載了明代刻書的發展情況：

國初書版，惟國子監有之，外郡縣疑未有。觀宋潛溪《送東陽馬
生序》可知矣。宣德、正統間，書籍印版尚未廣。今所在書版，
日增月益，天下古文之象，愈隆於前已。但今士習浮靡，能刻正
大古書以惠後學者少，所刻皆無益，令人可厭。上官多以饋送往
來，動輒印至百部，有司所費亦繁，偏州下邑寒素之士，有志佔
畢，而不得一見者多矣。嘗愛元人刻書，必經中書省看過下所司，
乃許刻印。此法可救今日之弊，而莫有議及者，無乃以其近於不
厚與。〔註33〕

〔註31〕〔明〕陳贄《正統重編西湖林和靖先生詩集序》，《宋集序跋彙編》，北京：中
　　　　華書局，2010，57～58頁。
〔註32〕〔明〕葉權撰，凌毅點校，《賢博編》，北京：中華書局，1987，9頁。
〔註33〕〔明〕陸容《菽園雜記》卷十，北京：中華書局，1985，129頁。

從陸容的記載可以看到，明代前期書版只存於國子監，普通士子讀書觀書是一件較爲困難的事情。明中葉以後，隨著出版業的興盛，刻書成爲士風潮流，書籍印版逐漸增多，因此出現了陸容所謂正大古書與無益可厭之書，這種議論的本身也就說明私家刻書的興起爲傳播刻書者的不同觀念提供了可能。明代的宋詩輯刻在這一時期以私家刻書的形式出現，尤其是出於偏州下邑寒素士子之手，也說明了此種詩學觀念表達最初所呈現的邊緣性。

（一）版本及刻資來源

主要有私人藏書、內閣藏書、寺廟藏書三個來源。其中，私人藏書與詩文集多爲私刻的特徵更是密切相關。地方士子刊刻宋詩別集時，倚賴的版本多爲私人藏書。如戴復古《石屏詩集》自宋代刊行後一直以家藏本形式流傳，明初散逸後，戴氏後人一直在進行重新輯錄的工作，不僅搜取故篋，還廣爲訪求藏書家，族中有人中進士後更携所輯進京再求完本。〔註34〕再如徐僑《毅齋詩集別錄》是裔孫徐興所輯。徐興只是一名貢生，輯錄家藏時阻礙重重，在序中感慨：「奈何世久人微，家無全冊，僅有雜說數卷，成化丁酉，興受業於齊山先達王先生之門，復得先正忠文公所藏《毅齋文集》一十卷。」〔註35〕是家藏本已無，完全借助於藏書家而成。

明中葉以後，中進士者選庶吉士入翰林院讀書成爲常制，從內閣抄錄稀見典籍刊行成爲上層文人的普遍風氣。姜紹書《韻石齋筆談》曾記載：「內府秘閣，所藏書甚寥寥，然宋人諸集，十九皆宋板也，書皆倒摺，四周外向，故雖遭蟲鼠吃而未損。但文淵閣制既卑狹，而牖復暗黑，抽閱者必秉炬以登，內閣輔臣無暇留心及此，而翰苑諸君，世所稱讀中秘書者，曾未得窺東觀之藏。」〔註36〕可見留心內閣所藏宋集者，多是翰苑諸君，如上文所述戴復古《石屏詩集》，最終於弘治十一年由馬金刊行，正是戴氏家藏本與馬金之父成化時讀書翰林所抄錄的寫本相互參校而成。

此外，因寺院僧侶與文人交遊活動的密切關聯，寺廟藏書有時也成爲明刊宋人詩集的版本來源。如正統年間陳賮言及所獲林逋詩集的來歷：「因過孤山寺訪先生詩集，所在無有知者，後又屢訪於人，皆不可得。正統改元，余官滿將上京師，偶過江口之總持招提僧房中，見舊書一帙，取而觀之，曰《林

〔註34〕〔明〕戴鏞《石屏詩集》識語，《石屏詩集》，弘治十一年刻本，國家圖書館藏。
〔註35〕〔明〕徐興《毅齋詩集別錄序》，《毅齋詩集別錄》，正德六年刻本，國家圖書館藏。
〔註36〕〔明〕姜紹書《韻石齋筆談》卷上，《叢書集成初編》1561 冊，1 頁。

處士集》，不覺驚喜。求之數年不得，而忽此得之，似不偶然。」〔註37〕可知寺廟及僧侶藏書往往是隱士、僧道詩文集版本的重要來源。

　　宋詩別集多為地方官員主持，當地生員校刻，人力物力集中，所需時間較短。宋詩選本則是具有特定文學立場的文人獨立完成，通常用時很久。地方官員因為具備豐富的文獻資源與較好的經濟條件，通常成為宋詩輯刻的主要發起者。如弘治十年《後山詩注》有楊一清序文曰：「予尤酷愛後山，嘗攜其遺稿過漢中，令生徒錄過，用便旅覽。而憲副朱公，恨世無完集，不與歐黃諸家並行，遂屬知府袁君宏加板刻焉。顧舛訛太甚，兼有脫簡，嘉其志而惜其費，蓋不獨予然也。丙辰歲予南歸，獲定本於江東故家，朱公喜得如重寶，復以屬袁君，遂再板以行。」〔註38〕明顯體現出宋人詩集自上而下的接受與傳播軌迹。身為文壇領袖的楊一清有陳師道詩稿，曾令生徒為其過錄一本自觀，恰好同僚有刊行之意，又為訪求定本，遂由知府出面加以板刻。又如弘治九年陳沛刻《山谷內集詩注》，序文曰：「縣閭右有陳鳳岐者，知重先生，圖刻其詩文，以諗於予，予遍為訪之莫得，斯集乃今提學僉憲莆田黃末齋仲昭家故所有者，末齋愛之，每笥以自隨，行縣次寧勸督暇，因出之示諸生，時鳳岐已物故，其沛、沾二子躍然跽請茲。」〔註39〕也是由官員私人藏書為底本，由上層文士自行觀覽轉為地方生員輯刻。

　　刊刻的資金通常以捐俸為主要形式籌集。如《蔡忠惠詩集全編》的輯刻是丁啓浚率先捐出自己的俸祿，又由嚴繼祖向同鄉募集資金而成：「（丁啓浚）欲余授剞劂，為忠惠廣其傳，且捐俸先之。余唯唯不敢辭，……復向諸枌榆之一時聚首留都者，各募其素絲，以供工人之饋廩，閱五旬而臻，厥成是篇。」〔註40〕又如汪氏後人所刻汪夢斗《北遊詩集》，序文載：「先生之後……追思其先君子主靜翁易簀之囑，不自寧，謀鋟梓，會倉溪薄倅日璉至，與之語協若即契，遂捐俸，遣其子琯持以授其侄邑庠生球，編校入刻，刻成間以示予，俾題其後。」〔註41〕是同一家族內成員捐資、遣一人編校而成。受宗族意識，

〔註37〕〔明〕陳贄《正統重編西湖林和靖先生詩集序》，《宋集序跋彙編》，北京：中華書局，2010，57頁。
〔註38〕〔明〕楊一清《後山詩注序》，《後山詩注》，弘治十年刻本，國家圖書館藏。
〔註39〕不具名，《山谷內集詩注序》，《山谷內集詩注》，弘治九年刻本，國家圖書館藏。
〔註40〕〔明〕嚴繼祖《合刻蔡忠惠詩集序》，《合刻蔡忠惠詩集》，天啓二年刻本，國家圖書館藏。
〔註41〕〔明〕黃槐《北遊詩集後序》，《北遊詩集》，隆慶三年刻本，國家圖書館藏。

鄉邦情懷支配的宋詩輯刻，有時還具有世代延續性。如《山谷內集詩注》是陳鳳岐之子陳沛、陳沾完成輯刻的，二人自述編刻目的為「一以彰先正父晦之遺文，一以終先人之志而瞑其目於地下。」〔註42〕又如萬曆二十四年游樸序《晞髮集》成書過程：「先是，予友人丁陽繆君懼鄉國之文獻或湮滅而無述，手加校訂，未及梓而逝，至今丙申歲，其嗣邦玨始募工付剞劂，以成父志。」〔註43〕都是子承父業，將輯刻行為視為責任與使命來對待。

（二）刊刻體例

宋人詩集的刊刻形式，從印刷技術上講，包括覆刻與翻刻。從刻印內容分，包括選刻與合刻。

魏隱儒《中國印刷史》認為，翻刻宋本成為風氣源於復古派的興盛。明初以四書文取士，士子專事揣摩朱子傳注，以至束書不觀。復古說文必秦漢，詩必盛唐，字摹句擬，於是興起翻刻風氣。〔註44〕翻刻與覆刻由於對宋人原集的完全忠實，因而多為全集。而絕大多數明刊宋人詩集是從宋人別集中將詩歌部分輯錄出來加以刊行。祝尚書指出：「在傳刊過程中，又伴隨著對舊本或多或少的整理，如增補遺文及附錄，重新編次，校勘、評點、標點、注釋等等。總之，集子的內涵越來越豐富，形式則各具自己的時代特點，同時也優劣雜陳，良莠不齊，形成了宋集版本的眾多和複雜。」〔註45〕

所謂合刻是指兩部或以上詩集的合併刊行，其中極少數是不同作者著作的合刻。如《合刻兩張先生集》是唐代張籍與宋代張孝祥合刻本。緣起為人多不知張籍為歷陽人，張時行作為同邑後裔決意板行以曉世人。時焦竑讀書秘閣，手抄《張于湖集》寄張氏友人，建議他們將二人集合刻以傳。這說明此時人並不刻意分野唐宋，而更為顯著的觀念則是氏族、郡邑，這種血緣的、鄉土的聯繫使他們自覺有義務輯刻文獻。在這種主導觀念下，宋人詩集的珍貴程度與唐人是等同的，合刻的形式恰好說明了這一點。當然總體而言，宋詩的關注度遠不如唐詩高，從諸宋人詩集輯刻時版本的簡陋，搜集的困難，編印者的慨歎則可見出宋詩的出版是何等荒疏的領域。焦竑讀書秘閣時是否帶有明顯的整理宋集的意識無法確定，但就事實而言，他提供的宋人詩集乃是宋詩編刻者們極為珍視和相當主要的版本來源。從現存的宋人詩集校閱名

〔註42〕不具名，《山谷內集詩注序》，《山谷內集詩注》，弘治九年刻本，國家圖書館藏。
〔註43〕〔明〕游樸《晞髮集序》，《晞髮集》，萬曆四十六年刻本，國家圖書館藏。
〔註44〕魏隱儒《中國古籍印刷史》，北京：印刷工業出版社，1984，130頁。
〔註45〕祝尚書《宋人別集敘錄》，北京：中華書局，1999，3頁。

單上來看，焦竑及一些比較固定的人物參閱或編訂了當時大多數宋人詩集，
這樣一個較爲穩定的群體說明當時詩學趣味也在士林中發生改變。與主流詩
學觀念發生對抗或許是一種標新立異的舉動，而有意識地整理校刻宋詩則是
保守審慎的行爲。

　　明刊宋人詩集多數是按體裁編選。這是由於明人論詩重視格調體制，如
李東陽《懷麓堂詩話》所稱：「予輩留心體制。」他曾記載謝鐸學詩方法「自
立課程，限一月爲一體。如此月讀古詩，則凡官課及應答諸作皆古詩也。」
在這種風氣的影響下，爲方便學詩者把握各體制的風格，刊行的詩集都是按
體編行。

　　嘉靖以後，詩學觀念發生變化，詩論重性情，則須以詩見人，加上文人
出版自己的文集十分頻繁，兩三年則一出，編排方式也有所改變。如焦竑就
曾稱讚編年的方式有助於知人論世：

> 古今稱詩，莫盛於李、杜，學者誦其詩，莫不思論其世。至爲譜其
> 年以傳，蓋自毛、鄭以來皆然。……李、杜之詩編年爲序，豈獨行
> 役之往來，交遊之聚散，與夫文藝之變幻，犁然可考；而時之治亂
> 升降，亦略具焉。昧者取其編，門分類析，而因詩以論世之義日晦，
> 余嘗歎之。〔註46〕

但是宋詩別集的刊刻體例並沒有顯示出上述變化，究其原因，乃是編刻
者追求古代之通例。如宋珏宣稱自己編訂《蔡忠惠詩集》的方法：

> 漢魏六朝及唐人詩集皆先錄賦於前，而同時唱和酬答，或後人依韻
> 賡詠，並得附錄，此通例也。蔡公集出於散佚之餘，刻者不遑編校，
> 賦既混於雜文，而詩之古律絕句與四五七言復參錯無辨，珏因取善
> 本及墨迹讎對而竄補之。兼附歐陽文忠、梅宛陵、趙清獻、鄭一拂、
> 劉文靖諸公酬和之作，其得二十五首，恨搜採不博，尚多遺失，但
> 使覽者論世知人，因之游神千載，雖一臠亦足快也。

　　基於這種普遍的觀念，這一時期編刻的宋人詩集，一般都附錄詩人墓誌、
行狀，以及後來者追思詠贊之詩。如明萬曆四十一年何養純、諸時寶刻本《宋
林和靖先生詩集》包括詩四卷、補遺一卷、《省心錄》一卷、附錄一卷。前有
梅堯臣序、喬時敏序、張蔚然序、林和靖像贊、目錄、補遺。後有《省心錄

〔註46〕〔明〕焦竑《青溪山人詩集序》，《焦氏澹園集》卷十六，《續修四庫全書》1364
　　　　冊，156頁。

敍》,《省心錄》後爲《宋林和靖先生集附錄》,題名處有:明后學何養純文對,諸時寶廷取、諸時登廷采輯。附錄包括宋元明三代有關林逋的傳記、筆記、方志、題詩以及明代所刊林逋集的序跋彙編。徵引書目有:《宋史本傳》、淮海桑世昌所作傳、《續綱目》、《咸淳臨安府志》、《西湖書院志》、《西湖遊覽志》、《萬曆杭州府志》、《武林舊志》、《武林舊事》、《歸田錄》、《東坡志林》、《夢溪筆談》、《青箱雜記》、《墨客揮犀》、《冷齋夜話》、《葦航紀談》、《遂昌雜錄》、《樂府指迷》、《升菴先生集》、屠隆《鴻苞·清士》、陳繼儒《妮古錄》、《筆記》、元錢塘葉森《和靖先生墓堂記》、元茶陵李祁《巢居閣記》、明仁和夏時正《重建林和靖先生墓亭記》、宋沈誌《林和靖先生詩集跋》、宋黃庭堅《林和靖先生眞迹跋》。這種輯刻體例無疑是受知人論世觀念的影響。

四、文本質量與後世影響

從明人刊刻宋詩所留下的序跋中,可以看出宋詩別集在編行過程中存在以下三點共性,直接反映出宋詩別集的文本質量:

第一,「恨之未見」的編刻體驗。劉景寅《識放翁詩選後》:「詩至蘇、黃而下,後山、簡齋、放翁、誠齋諸公,相繼崛起,而翁之作最多。其全集有抄本尚存,然雅聞而未嘗見也;獨羅澗谷、劉須溪所選在勝國時書肆中嘗合而梓行,以故傳相抄錄,迄今漸出,而印本則見亦罕矣。」黃漳《書放翁陸先生詩卷後》:「予少時得翁墨刻,有所謂《草書歌》者,見其字畫奇妙,詩思清逸,有飄灑出塵之想,殆非常格所可及,酷愛之不能忘,恨不得全集而觀之。」張時行記《張于湖集》:「先生有文集四十卷,南宋刻行數處,世隔代遠,剝蝕殘缺,人每以未賭其全集爲憾。」喬時敏題《林和靖先生集序》:「暇日取其集讀之,板歷歲久,漶漫不可傳。」余姚陳贄《重編西湖林和靖先生詩集序》:「余少聞西湖林和靖先生詠梅花詩,其暗香、疏影之句往往膾炙人口,意謂他作佳句必多,惜未得全集觀之。」都顯示出編刻宋人詩集的最初原因是難見全本,這反映了宋詩文獻的匱乏。

第二,「未敢深究」的編刻態度。劉景寅《識放翁詩選後》:「正其足徵而無可疑者,仍其可疑者而待乎其人。」何養純:「今所存者大都正德時武林舊刻,即陳奉常所重編者也,其誤謬不可枚舉,余向有家藏宋志及宋刻野史,載先生詩甚夥,因以之而訂其集內謬者一百六十字,增其帙者三百七十字,遂並《省心錄》,與諸廷取伯仲校而刻之。《省心錄》,朱子嘗言非先生筆,讀

之皆仁義道德之言。恐非先生不能，余亦不敢深究也，特存之弗失耳。」或許編刻者能尋得宋詩文本已大爲不易，因此他們都不太重視內容的校訂，又或者無從比勘，無法進行更加詳定的校正，總之，明人編刻的宋人詩集大都存有謬誤。同時，「未敢深究」的態度也反映明人不重視詩人生平的考證工作，對許多顯而易見的錯誤也不改動，這顯然成爲明代學風爲後世所遺議的證據。

第三，「訂其亥豕魯魚」的編刻方法。顏繼祖《合刻蔡忠惠詩集序》：「乃於樽俎之餘，簡畫而考，數點而稽，盡訂其亥豕魯魚之謬，始付諸梨棗。」陳鳴鶴序《晞髮集》：「我弘治間海陵儲少卿巏得建安楊晉叔抄本，於是馮御史允中刻於海陵。嘉隆間程文學煦、淩廉訪琯重刻於睦州新安。萬曆初邑人繆令君一鳳復刻於其邑。刻者數本至休暢矣，然各有帝虎之訛，讀者病焉。」可見多數刊刻者的焦點僅限於字句層面的簡單審定。由於宋人詩集的刊刻多非一人之力完成，地方官以刻書邀美名，一般付與縣學諸生進行實際的校勘工作，而諸生之所見也十分有限，無法完成更有主觀意圖的編選工作，造成了明刊本雖重字句差錯，實則差錯甚多的現象。郎瑛《七修類稿》描述這種狀況說：「世重宋版詩文，以其字不差謬，今刻不特差謬，而且遺落多矣。予因林和靖詩而歎之，舊名止曰《漫稿》，上下兩卷，今分爲四卷；舊題如《送范寺丞仲淹》，今改爲《送范仲淹寺丞》者最多，已非古人之意矣。今拾遺《和運使陳學士遊靈隱寺》古詩四章，宋刻首篇者也。今僅律絕多，而遂以此爲拾遺，可乎？」其中指出了明刻宋詩差錯遺落、分類失當、篡改題目、重近體不重古體幾大問題，這些缺失同樣給清代輯刻者造成不利影響。

總之，明代刊刻的宋詩別集不僅是宋詩總集編纂的文獻來源，也是清代宋詩流行的文獻基礎。例如，清代著名藏書家鮑廷博藏有萬曆四十年張時升所刻《晞髮集》，跋語云：「《晞髮集》明時凡六刻：弘治間馮允中刻於海陵；嘉隆間程煦、淩琯同時刻於睦州、新安二郡；萬曆壬子、丙申、戊午先後刻此本及繆一鳳、張蔚然二本。余於辛未秋購此，近於人迴樓借得繆張二刻校對，繆刻多謬不足據，張刻最佳，因從校正，間以繆本參之，別以殊墨，於張本得逸詩數篇附錄於上。吳自牧《宋詩鈔》有《晞髮近稿》五十餘首，俱此本所不載，暇日當錄出合訂，庶成全璧云。乾隆癸酉三月十九日雲門鮑廷博識。」下有雙行淡墨：「繆刻七卷又續錄一卷，張刻十卷內附錄三卷。」可見清代藏書家對明版宋人詩集的淵源流變非常重視。此外，清代官方刻書也多倚賴明刻本。例如，四庫館臣從《永樂大典》中輯錄出的宋人詩文集達140

餘種，而清代《四庫全書》中以明刊宋人集為底本者也為數不少。

第三節　明代宋詩總集鉤沉

　　據學者申屠青松考證，明代宋詩選本約有 15 家〔註47〕，即：瞿祐《鼓吹續音》、符觀《宋詩正體》、王萱《宋詩絕句選》、楊慎《宋詩選》、李蓘《宋藝圃集》、慎蒙《宋詩選》、陳光述《宋元詩選》、潘是仁《宋元名家詩選》、周詩雅《宋元詩選》、許學夷《宋三十家集》、曹學佺《石倉宋詩選》、朱華圉《宋詩選》、張可仕《宋元詩選》、周侯《宋元詩歸》、盧世㴶《宋人近體分韻詩鈔》。

　　然而研究明代的宋詩總集，除明確標明是「宋詩選」的詩歌文本外，主題詩選中的宋詩部分，歷代詩選中的宋詩部分，也應該列為考察對象。因此，本節通過對明代詩學文獻、地方志等材料進行梳理，在已有研究的基礎上，對明代的宋詩總集重新歸納總結。

一、通代詩選中的宋詩

　　在明人的詩學觀念中，「體」的概念遠遠勝過「代」的概念。因此，明人刊行的前代詩歌總集絕大多數是以體斷代的。從詩歌體裁的發展來看，到唐代已經是完成式了，因此明人關於詩歌時代的討論，也往往以晚唐為下限。

　　從《四庫全書》著錄的明人編纂的詩歌總集來看，斷限一般都截止於晚唐。如陸時雍所輯《古詩鏡》、《唐詩鏡》。本朝詩是單獨編行，如《雅頌正音》（錄明初人詩）、《廣州四先生詩》（錄明初廣州黃哲、李德、王佐、趙介四人詩）、《滄海遺珠》等。此外，明初也有單獨編行的元詩，如《乾坤清氣集》、《元音》、《元詩體要》，惟宋詩總集尚屬闕無。洪武九年（1376），許中麓《光嶽英華》十五卷，唐詩三卷，元詩六卷，明詩五卷，不及宋詩。揭軌序：「始自漢魏而下，莫盛於唐，唐後莫盛於元，是以君子尚矣。」是明初通代詩選中不及宋詩的代表。

　　李攀龍《古今詩刪》不及宋元，是宗唐詩學觀導致的極端選本，其實在嘉靖末期已不具有普遍意義，正如四庫提要所論「唐末之韋莊、李建勳，距宋初閱歲無多；明初之劉基、梁寅，在元末吟篇不少。何以數年之內，今古

〔註47〕申屠青松《明代宋詩選本論略》，南京師範大學文學院學報，2007，4。

頓殊，一人之身，薰蕕互異，此真門戶之見，入主出奴，不緣真有限斷。厥後摹擬剽竊，流弊萬端，遂與公安、竟陵同受後人之詬厲，豈非高談盛氣有以激之，遂至出爾反爾乎？然明季論詩之黨，判於七子，七子論詩之旨，不外此編。」宋詩總集正是在嘉靖間出現的，如李蓘《宋藝圃集》，這是詩派論爭引發的結果。而通代至本朝的詩選中出現宋詩，則到明末才出現，即曹學佺的《石倉歷代詩選》。

二、專題詩選中的宋詩

（一）各題材詩選

1、《幼學日誦五倫詩選》五卷，明沈易編

今存明洪武刻本，見《四庫全書存目叢書》集部 290 冊。前有洪武壬子春樊浚《五倫詩集序》：「集古今人詩有關於父子、君臣、夫婦、長幼、朋友之倫者，使日誦而習焉。……游中原、接名公，大人之緒論於此，蓋以講之詳、慮之熟，故勇為是編。……然緒五倫者又別為類於後……合乎類而裨世教者採而錄之，其不合者雖麗不取……昔子程子嘗欲作詩，教童子灑掃應對之意。」錢惟善洪武己未序：「以五倫為綱，又復以六事為目，亦豈無故哉？蓋民生以務農為本，而士以尚志為事，二者兼盡，則其為學也有所資，而仰事俯育無所憂，出處之間皆能合乎古人，而忠孝之道立矣。蓋將為鄉黨中之教，非敢施於朝廷之上者也。所謂取忠臣必於孝子之門者是矣。欲取三百篇內易知、易曉者冠於端，又弗敢以後世之作並列者，尊經也。合乎五倫而作，在所必取，然作之雖工，有弗協乎聲音節奏亦未必取。是集之行於天下，而皆以此教，人習於幼稚之時，行於家庭之間，而田野之民聞其歌詠而啟發其良心，由是而人倫厚，風俗移也。」

該書分內集、外集。內集包括父子類，君臣類，夫婦類，兄弟類，朋友類。外集包括睦族類，並言類，務本類，尚志類，比喻類，警醒類和詩餘。內集五卷，外集七卷，共十二卷。卷中所收詩篇全集起自四言騷體，詩選起自五言古體。今天可以看到的只有內集。外集在目錄下對每類做了說明。如睦族類下注：「范文正公置義田養三族，謂父族、母族、妻族也。」並言類下注：「此類中取詩並及五倫，與務本、尚志、警醒諸類多相關者。且如杜陵之七歌、文山之六歌，不可分拆，師生兼恩義之重，官吏有上下之分，故編之於此。若夫僕妾之有可取，則收之警醒類中，亦可示勸懲也。」務本類：「此

類可見清修苦節，自有餘味不失已也。」比喻類：「此類如太白之《遠別離》，少陵之《新月》，樂天之《太行路》也。」警醒類：「此類多表人之嘉言善行，間有詠物適志之作，雖不關世教，然亦可顯作者之名，猶賢乎己之意。如《白頭吟》、《燕子樓》等詩，讀者自感創也。」詩餘：「如文山《沁園春》，見求索也。」每一類下都按體裁再分小類。所選體裁有：四言、騷體、五言、六言、七言。騷體下含古琴操；五、七言包括古詩、絕句、律詩、長律。

該書對宋詩的選取情況，如父子類七言絕句選邵雍《閒居》（堂上慈親八十餘，階前兒輩戲相呼。旨甘取足隨豐儉，此樂人間更有無。）與謝枋得《壬午九月寄書老母》兩首。父子類律詩選謝枋得《示兒》、洪芻《示子》。君臣類五言古詩選文天祥《過淮河》與《正氣歌》。君臣類七言古詩選蘇軾《荔枝歎》、黃庭堅《流民歎》，文天祥《過平原縣》。君臣類絕句選王禹偁《詠史》（漢家青史緣何事，卻道蕭何第一功）、陳與義《九日感懷》（龍沙北望西風冷，誰折黃花壽兩宮）。君臣類律詩選文天祥《過零丁洋》、謝枋得《北行》。

此集本為課蒙而作，故所錄皆取淺近通俗者，四庫館臣稱其外集分類「立言殊鄙」。全書共 283 首詩，總體來看，選唐詩和元詩多，宋詩很少。唐詩中選杜甫最多，其次是李白、白居易。對元詩的選取可能是因為時代近，文獻資源更現成。而對宋詩的選取則因題材限制反映出很大的片面性。

2、《詠史詩選》一卷

明左諭德程敏政選次七言絕句二百餘首，自唐至明初詩人詠鑑三代歷元之事也。

3、《古今詠物詩選》一卷

明進士蜀人鄒魯於唐宋詩中詠物七言律隨手錄之，似不止此，恐有全集。

4、《吳興詩選》六卷

明烏程尹常熟錢學選吳興人物自梁沈約至大明吳瓊五朝一百二十四人。

5、《錫山遺響》十卷

明進士邑人莫錫載定。錫山地靈人傑，代不乏人，故採自南宋以底於明。

6、《容山鍾秀集》六卷

明容山樸庵王韶編輯。自唐至明朝詩人二百六十七，人詩共一千四十一首。

7、《赤城詩集》六卷

明翰林侍講謝鐸明治輯。赤城鄉賢自宋宣和間至明朝洪武永樂得五十九人，詩三百六十一首。

8、《郭氏遺芳集詩選》四卷

明黃岩郭氏孫齊琤輯。錄自宋至明祖禰九世之詩也。

9、《詠梅集句錄》一卷

明錢塘沈行履德集唐宋元七言詩句而成，凡百二十律。

以上八種錄自《百川書志》。

（二）各體裁詩選

1、《絕句博選》四卷

稱秦中衣山王公選唐七言絕句千首及宋人數百首。崔銑《絕句博選序》：「唐人尚興而失之浮麗，宋人談理而失之僻滯。……秦中衣山王公去彼長篇，採茲句絕，將非重其精渺易於觀感者邪。」王公，即王朝雍（1480～1537），字仲和。正德、嘉靖年間人。

2、《宋詩絕句選》一卷

明翰林庶吉士青崖王瑄選拔衛琦之集，又續可採而遺者，合七十四人，五言十一首，七言一百三十三首，且冠晦翁於首。見於《百川書志》。

3、《鼓吹續編》十卷

朱紹、朱積依《唐詩鼓吹》體例，選宋元明七律，見於《萬卷堂書目》。

4、《類選四時絕句》

畢自嚴《石隱園藏稿》卷二載《類選四時絕句序》：「不佞不嫻詩亦不譚詩，然獨喜絕句不置。但五言絕止二十字，猶覺寂寥而鮮春容；若七言絕，以四語二十八字，該括四始六義，盡足發抒性靈，舒鬯胸次。先是，余見崇雅山人有《四時絕》三百六十首，每月止三十首，邊幅太窄，譬之鼎臠，味美而嫌掛漏。嗣見徐司馬京咸所梓，有日涉編，雖以四時為主，而諸體兼收，譬之凌雲構具，而乏剪裁。逮甲寅乙卯歲，余自蒲坂掛冠歸里，岩栖多暇，因翻架上之藏，搜而廣之。……謂以七言絕盡四時之變，不能謂以四時之變入七言絕。試由絕而推之，即為律、為古、為排律。人如啖蔗，以漸出如涌泉不涸，必不能窘，以所不受矣。……顧今世論詩者，多尊盛唐而卑中晚，

況宋元乎！是選兼取宋元者何？夫宋元醞藉聲響間，或不無少遜李唐，至匠心變幻，則愈出愈奇矣。昔人謂唐人絕句至中、晚始盛，余亦妄謂中、晚絕句至宋、元尤盛。如眉山之雄渾，荊公之清麗，康節之瀟灑，山谷之蒼鬱，均自膾炙人口，獨步千古，安可遺也！袁石公貽張幼于書云：『世人喜唐，僕則曰唐無詩；世人卑宋元，僕則曰詩文在宋元諸大家。』此雖有激之言，抑亦為二季解嘲矣。白門暇日，偶一諷詠，因為詮次評品，置之案頭，庶幾餓可當餐，臥可當枕，聊自為解頤耳。若欲公之人，人傳之通邑大都，將無為有識者之所胡盧乎！」

畢自嚴（1569～1638），字景曾，萬曆二十年（1592 年）進士，天啓、崇禎兩朝任戶部尚書，政績頗著。此書成於萬曆四十三年（1615 年），即作者序中所稱「甲寅乙卯」之時，是賦閒時期寄興於詩的產物，只選絕句是出於個人的詩學愛好，而所選兼取宋元，則受公安派詩論的影響。

（三）僧詩：《古今禪藻集》二十八卷

明釋正勉、性通編。東晉至明代高僧集。按時代順序編類為五言古詩、七言古詩、五言律詩、七言律詩、五言絕句、七言絕句，詩三千餘首。卷一為晉詩、宋詩、齊詩、梁詩、陳詩、北周詩及隋詩。卷二至卷七為唐詩。卷八至卷十二收錄宋詩。卷十三至卷十七收錄元詩。卷十八至卷二十八收錄明詩。內容為抒情詠懷、酬答對應之作。

（四）女性詩

據胡文楷《歷代婦女著作考》中著錄的明人編選的女性詩歌總集有十餘種，包括《古今女詩選》、《詩女史》、《詩女史纂》、《名媛詩歸》、《古今宮闈詩》等。這類詩選性質相似，四庫館臣稱「閨秀著作，明人喜為編輯，然大抵輾轉剿襲，體例略同。」〔註48〕如田藝蘅《詩女史》自序：「自五帝至秦，以其邈遠，故所必錄，自漢至六朝，則事略而詩詳，自唐至五代，則事詳而詩略，若至宋元則詩教既微，乃能崛起，斯亦閨中之杰也。我朝作者故多，而傳者不可備得。今偶錄所見，余惟好事博覽者成之，當為續史……婦女與士人不同，片言隻字，皆所當記。其有名無詩者，亦得因事附見。」可見其雖選宋元詩，但對兩代詩風特質的認識並無創見，價值在於使女性詩以一個

〔註48〕〔清〕永瑢等，《四庫全書總目》卷一九三，北京：中華書局，1965，1766頁。

整體的饒有情趣的面貌呈現出來，而從性別與經典的角度研究明代女性詩歌選本的論文數量可觀，在此不多做論述。

三、宋詩選、宋元詩選

（一）《唐宋詩續選》

《古詩紀》卷一百五十二《別集第八》，馮惟訥引錄《丹鉛餘錄》：「劉履作《選詩補注》效朱子注三百篇，其意良勤矣，然曲說強解，殊非作者之意……又有《唐宋詩續選》，唐詩選未盡善，宋詩尤駁。」劉履，字坦之，明初人。

（二）《宋詩正體》四卷

《百川書志》：「新喻符觀以宋詩略萃文鑑，散載各集，撮其三體精要，以舉世宗唐尚元，語人曰：吾為宋立赤幟矣。」符觀還有《唐詩正體》七卷（重訂《唐音》、《正聲》而少加增損焉，止五七言律及七言絕三體），《元詩正體》四卷（以元詩當世所向乃選其三體以嗣唐），《明詩正體》五卷（既選三代之詩，又以今代之詩，上自卿相下及韋布，損詩選益，近聞成此，體例仍前焉）。

符觀，字衍觀，號括溪，江西新喻人，弘治三年（1490）進士。有《括溪存稿》。嚴嵩《鈐山堂集》有《參議符公墓誌銘》[註49]：「杜門脫物，十有八年，足迹不一至城府，提學使者請主白鹿書院，亦以疾辭。朔望謁先祠，坐堂上，率家眾道古今孝友節義，定規約數十事，俾世守之。公於書無所不觀，自經史子集至於天文、星曆、地理、醫卜罔不研究，手自抄錄，垂老不輟。其於學大有得也。所著有《活溪存稿》若干卷，選唐宋元國朝近體詩，《歐蘇文選》，《醫家纂要》，《地理集奇》諸書，藏於家。公諱觀，字衍觀，學者稱為活溪先生。生正統甲子，嘉靖戊子卒，享年八十五。子，符錫，符銑。錫好學，以文藝著稱。」

（三）《宋詩選》

楊慎選。該書何宇度《益部談資》、杜應芳《補續全蜀藝文志》、焦竑《熙朝名臣實錄》卷二十六、李贄《續藏書》卷二十六、王圻《續文獻通考》卷一百八十四均有著錄。

〔註49〕〔明〕嚴嵩《鈐山堂集》卷三十，《續修四庫全書》1336 冊，254 頁。

（四）《宋藝圃集》

選者李蓘（1531～1608），字子田，河南南陽府內鄉縣人。別號少莊，晚年自號黃谷山人。《宋藝圃集》的編選，主要針對明代嘉靖年間李攀龍爲代表的後七子倡言復古導致的宗唐摒宋之風。李蓘率先以選本的形式呈現出宗唐詩學觀念轉變的契機，並試圖超越復古派確立的唐詩審美標準，對宋詩的時代風格給予了初步的肯定。

（五）《宋詩選》

選者愼蒙，字子正，浙江歸安人，嘉靖三十二年（1553 年）進士，與李蓘同年。王世貞曾爲之作《宋詩選序》，依照序言判斷〔註50〕，該書成書時間不會早於《宋藝圃集》，愼蒙留心搜集宋詩的時間也與李蓘接近，也是鑒於「學士大夫於詩尊唐而斥宋」〔註51〕所作。

（六）《宋元詩集注》四卷

選者甯世魁（1559～1631），字敬仲，安徽潁州人。《重修安徽通志》藝文志載錄此書。

（七）《宋元詩選》

選者凌濛初（1580～1644），字玄房，號初成，浙江烏程人，是著名的小說家。光緒《烏程縣志》卷三十一著述載錄此書。

（八）《宋元詩》

選者周詩雅，字廷吹，江蘇武進人，萬曆四十七年（1619）進士。曾選《唐詩艷》、《古詩準》、《宋元詩》、《明詩選》。其《宋元詩三刻》序云：

> 今之言詩者，首漢魏以及唐，輒云其道大備，至宋以後無詩矣。非無詩也，格卑氣弱，世運使然。噫！此矮人觀場，貴耳賤目之論也。今夫三家之村，尚有人焉，吸月吞風，口吐會心之語，詎以煌煌有宋之代，遂乏作者審聲按律。筆操在世之權，夫宋人詩之大不滿人意者，因諸君篤於講學，以致注訓入之八識田中，故往往以誠意正心之談，譜入風雲月露之什，其氣詀，其色腐，何怪好異喜新輩，

〔註50〕〔明〕王世貞《愼侍御山泉公志略》，《弇州史料》後集卷二十，文中稱與愼蒙相識於隆慶初年。

〔註51〕〔明〕王世貞《愼侍御山泉公志略》，《弇州史料》後集卷二十，《四庫禁燬書叢刊》史部49 冊，443 頁。

不借言力古卑令，而自文其倦繙疏較之病也。語有之：但盡凡心，別無聖解。去其詰氣而真者存，削其腐色而新者露，其又何患焉？即如坡公、山谷兩公，蘇之犇流浩放，黃之峭激嚴覆，雜之於唐且踰晚而中、盛矣，何渠以宋屏之。若臨川性即倨傲，詩政不嫌於高深，孤山目無古今，意寧復知有晉魏，是又可以宋而少之耶？至於元，則局少遜宏遠，性不礙夫靈通，字句突生，偏鏡別響，史不以元而不採，詩寧可黜元於勿論哉？嗟嗟今之舉口而蔑宋元者，舉體具宋元局相，不過啜標榜之猥語欺人耳。可歎亦可憐也。予因有感而點定刊之，殆有未可深言者在，噫！〔註52〕

值得注意的是，作者雖將宋元詩合刻一書，但序中卻將宋元詩分而論之。作者指出一直以來對宋詩評價偏低的原因是「筆操在世之權」，長期占據詩壇主流的復古派對宋詩氣詰、色腐的理學風格有所批判，以至於後學以此否定宋詩全部的價值。作者本人更重視宋詩中真與新的特質，尤其推崇蘇軾、黃庭堅、王安石、林逋四家之詩。其書今雖不傳，但從文中已可見到萬曆末年詩學觀念的轉變。而「史不以元而不採，詩寧可黜元於勿論」則反映出編纂者的文學史立場。

（九）《宋元名家詩集》

編者潘是仁，字訒叔，籍貫安徽歙縣，生活時間大致在萬曆一朝。該書刻 26 家宋人詩集，35 家元人詩集，請當時眾多名流為之校正、作序。所選詩人多為詩、書、畫三絕者，應與明代文人畫的發展有密切關聯。

（十）《宋元詩選》

選者陳光述，字夢庚，號二酉。為諸生時聲名籍甚，舉明經，官中書舍人，為人好施，周人急唯恐不贍，工音律，早卒。光緒《烏程縣志》卷三十一著述載其作有《宋元詩選》。而陳光述參與過潘是仁《宋元名家詩集》的編訂，可能所記即為潘氏所刻之書。

（十一）《宋三十家集》

許學夷（1563～1633），字伯清，江蘇江陰人。清楊大鶴《劍南詩鈔》凡例：「澄江許伯清前輩有手抄宋人詩集三十家，今已不可復得。」

〔註52〕　〔明〕周詩雅《宋元詩三刻序》，《明文海》卷二二六，北京：中華書局，1987，2318 頁。

（十二）《宋元詩選》

朱華圉，字仲叔，楚國王孫，明末人。有《梅湖》、《桃溪》二集。清丁宿章《湖北詩徵傳略》卷一載錄此書。

（十三）《宋元詩選》十卷

張可仕，字文峙，稱紫澱老人，明末諸生，著有《選宋元詩》十卷、《明布衣詩》百卷，見於《明詩紀事》辛籤卷十七。

（十四）《宋元詩歸》

周侯，字宜一，湖南湘潭人。王闓運《湘潭縣志》卷十藝文載此書。

（十五）《宋人近體分韻詩鈔》

盧世㴶（1558～1653），字德水，山東德州人。該書選宋人五七言近體，今有殘本藏於臺灣。盧氏著有《尊水園集略》，卷七爲鈔書雜序，對蘇軾、黃庭堅、秦觀、晁補之、陸游等宋代詩人皆有涉獵，《陸放翁詩》云：「余喜誦放翁詩，每欲鈔成一編而未果。會客潞河，公事已畢，臥病無憀，因從枕上開卷。顧行篋所携，乃正德中紹興郡官刻，字迹多訛，詩又最少。喜其少易竟也，遂鈔之，不數日而卒業。命胥錄出，以爲初本。家間尚有吳刻《劍南詩稿》，版精而詩富，倘不死，尚欲博選之爲續本云。」〔註53〕又與人曰「秦、漢、唐遠矣。南宋有一人，曰陸放翁，眞作家也。昨在潞河，鈔得渠詩一冊，謹呈覽。此不可爲吾法，而足以備我用。」〔註54〕卷八刻書序文中有《簡齋詩鈔》十條。這些材料或許與《宋人近體分韻詩鈔》有所關聯。

通過對明代宋詩總集的稽考，可以看出，整個明代都沒有出現一部像《宋詩鈔》那樣單行的宋詩選本，尤其是萬曆以後，宋元兩代詩是作爲整體一同被詩集編選者注目的，這說明宋詩作爲一種詩歌類型，在明代並不具有獨立的審美特性。明代的宋詩編行者們大都是在宗唐的詩論立場中體認到宋詩的缺失狀態，因而從事輯選宋詩的工作。宋元詩合選的形式向我們揭示出明人對宋詩的接受或許存在這樣一個過程：宋元並提→宋元相較元詩勝→宋元相較宋詩勝→唐宋詩並提。因爲在宗唐詩學的主導下，詩體與風格的演變自唐而止步，宋元兩代被認爲處於詩歌發展的衰變期，而元詩因風格與唐詩的接

〔註53〕〔清〕盧世㴶《尊水園集略》卷七，《續修四庫全書》1392 冊，456 頁。

〔註54〕〔清〕盧世㴶《與程正夫書》，《尊水園集略》卷十二，《續修四庫全書》1392 冊，570 頁。

近以及明初所延續的接受慣性，獲得與宋詩相比較多的認同。明初許多詩論家都認爲宋詩遠不如元詩。但在明代中葉，這種觀念開始有所轉變，如何良俊撰《四友齋叢說》提到：「南宋陳簡齋、陸放翁、楊萬里、周必大、范石湖諸人之詩……其與但爲風雲月露之形者大相徑庭，終在元人上。世謂元人詩過宋人，此非知言者也。」〔註55〕這種認識隨著文人對宋詩的閱讀不斷加深，以及復古宗唐思潮的衰退，最終使宋詩獲得了與唐詩並稱的機會，並由此奠定新的審美標準。

〔註55〕〔明〕何良俊《四友齋叢說》，北京：中華書局，1959，229 頁。

第三章　李蓘與《宋藝圃集》

　　李蓘出生的嘉靖十年（公元 1531 年），也是李夢陽去世的次年，時距弘治、正德間興起的文學復古運動已近四十載。史稱「李夢陽、何景明倡言復古，文自西京、詩自中唐而下一切吐棄，操觚談藝之士翕然宗之，明之詩文於斯一變。」〔註1〕復古派留給明代文壇的影響是深遠的：一方面給文學創作注入了活力，而蓬勃展開的文學評論也帶動了詩文刊刻的繁榮，復古派正是通過幾個重要的唐詩選本，如重刊元代楊士弘《唐音》，成化間高棅的《唐詩品彙》、《唐詩正聲》，嘉靖間李攀龍的《古今詩刪》，向學詩者普及了以唐詩爲標準的審美觀念和詩學範式。另一方面，復古派針對明前期借詩載道的性氣詩與音氣卑弱的臺閣體所發的詩論一旦脫離了現實背景，難免導致極端的後果，如其所稱「不讀唐以後書」〔註2〕致使詩壇宗唐抑宋的風氣愈演愈烈。這一時期對宋詩進行評論的人，多喜好摘句式的羅列，將之一概納入唐詩審美的範疇；而對宋詩文獻加以留心者，限於宗族後人與鄉邦後學的零星彙集，很少投入理論眼光，總之都受到復古派的影響。

　　李蓘《宋藝圃集》的編選，主要針對明代嘉靖年間李攀龍爲代表的後七子倡言復古導致的宗唐摒宋之風。他率先以選本的形式呈現出宗唐詩學觀念轉變的契機，並試圖超越復古派確立的唐詩審美標準，對宋詩的時代風格給予初步的肯定。但是由於李蓘自身詩學源自李夢陽、何景明，未出復古派門戶，在後七子逐步衰歇陷入反省之後，公安諸君尚未推崇宋詩之前，李蓘晚

〔註1〕〔清〕張廷玉等，《明史》卷二百八十五，北京：中華書局，1974，7307 頁。
〔註2〕〔清〕永瑢等，《四庫全書總目》卷一八九，北京：中華書局，1965，1717頁。

年詩論向宗唐詩學回歸。《宋藝圃集》具有的反復古特色也被他有意抹滅，貼上「離遠於宋，近附於唐」的標籤，最終沒有脫離復古派宗唐視野的觀照。

第一節　李蓘的生平活動

　　李蓘（1531～1608），字子田，河南南陽府內鄉縣人。別號少莊，晚年自號黃谷山人。李蓘的家世，據《南陽人物志》記載，最早可考者爲其曾祖父李貴，景泰庚午舉人，做過安慶府同知，世稱才學並茂。祖父李睞，弘治甲子舉人，任陝西西鄉知縣時，爲鄉里築城，工甫及半而卒，鄉人祀之名宦。父李宗木，字繼仁，號杏山，嘉靖庚子舉人，以道學自任，得關洛之傳，世稱儒宗，爲詩取法少陵。可以看出，李蓘出生在一個爲官清正、學有淵源的科舉世家。李蓘幼時即以穎敏著稱鄉里，22 歲中舉，23 歲中進士，科舉之路可稱順遂。

　　嘉靖三十二年（公元 1553 年），李蓘中進士後被選爲翰林院庶吉士。在翰林院學習期間，曾養疴三年，五年後解館，他只被授予國史檢討，隨即謫山西陽城縣，充鄉試同考官。後又遷任大名府推官、池州府同知、南京刑部員外郎、禮部儀制司郎中等職。41 歲時即辭官歸家，築名園、縱倡樂、狎女優，放浪形骸，遠離官場。後起升貴州提學副使、山東提學副使，俱辭不就，毫不戀懷。

　　李蓘浮沉宦海的嘉靖年間，朝政並不太平，黨爭慘烈。就在他中進士的同年正月，楊繼盛上疏劾嚴嵩入獄〔註3〕，隨後即被處死。當時庶吉士制度剛剛完善，朝廷特別規定年輕有文采的新科進士得選爲庶吉士，作爲儲備官員，年輕的李蓘似乎看到了坦途之下暗藏的漩渦，不知他是否在這時已產生了對仕途的迴避或厭倦，但可以確定的是，在翰林院期間李蓘受到過嚴嵩的賞識，但他高自標持，不予回應：

　　　　先生在翰林日，分宜相公當國，屬諸公作《康妃輓歌》，少所許可，
　　　　獨賞先生二篇，喧傳都下。延清龍門之作，堪奪錦袍；樂天雞林之
　　　　價，遂煩金購。而又不謝當塗之譽，獨高國士之風。薄韓愈之踵相
　　　　門，陋謝觀之充幕客。〔註4〕

〔註3〕　陳文新主編，《明代科舉與文學編年》，武昌：武漢大學出版社，2009，2214
　　　　頁。
〔註4〕　〔明〕李若訥《翰林憲副李黃谷先生墓碑》，見《李子田詩集》，《叢書集成續

被嘉許的作品不過是庶吉士們必需面對的應制之作，但嚴嵩獨賞李
蓘，隨聲附和者喧傳都下，而李蓘毫無表示，刻意與之保持距離。這件事
足可看出李蓘在官場的日常交接中所持的態度，而這樣的做法也足以對其
仕途構成影響。到李蓘離開翰林院時，已是「自分幽谷之蘭獨秀，鄰室之
燭難借」〔註5〕，清高自許，處境邊緣。其後近 20 年，李蓘相比他的同年
們，總是位低一等，甚至成為他們的直接下屬，遭受無禮面斥，但李蓘對這
些並不介懷。

李蓘之弟李蔭，字襲美，嘉靖甲午舉人，與李蓘同在官場，為人一樣剛
直方正，不屑周旋，甚至被張居正視為木僵之人。萬曆丁丑（公元 1577 年），
李蔭任宛平縣令，有中貴人之母殺人，李蔭將其置之於法，當時權傾朝野的
太監馮保與張居正皆使人設法與李蔭通融，又以官職性命威脅，但李蔭拒不
妥協。

兄弟二人皆不見容於執政者，但他們無心改變現狀，而是對自身處境加
以調侃。比如，明代流傳很廣的笑話書《雅謔》曾記載一則二人的故事，說
的是李蓘被授為翰林院檢討，而李蔭當時只做增廣生員，還沒有官職，李蓘
寫信給弟弟說：「你今年增廣，明年增廣，不知增得多少，廣得多少？」李蔭
也回信調侃：「你今年檢討，明年檢討，不知檢得什麼，討得什麼。」可以說，
在當時壓抑的政治氣候之下，他們選擇了一種明代多數士人所傾向的放任態
度，即遠離政治，縱情生活。當然，這也促使他們寄情詩文典籍。李蓘的詩
作雖被四庫館臣評為「才分不逮」、「乏深警之思」〔註6〕，但在當時也自成一
家。李蔭因為與其兄唱和，也有詩名，他的後人曾刊行《六李集》，以李宗木
貫首，彙集李氏三代詩作，成為當地佳話。此外，李蔭有《比部集》、《吏隱
軒詩話》傳世，還曾是萬曆《內鄉縣志》的主要纂輯者。

李蓘的詩集中很少應酬之作，可以看出他交際單純，常往來的除李蔭之
外，還有岳父胡湘以及其子胡宗臣。胡湘，字濟之，別號丹崖，在李蓘的詩
文描述中是一位性格開朗的老人。縣志曾記載其「居家以詩酒自娛，招之無
不往，酒後坐客以扇乞書，湘即席賦新詩應之，人服其敏。」〔註7〕可見其有

編》170 冊，459 頁。

〔註5〕 同上。

〔註6〕 〔清〕永瑢等，《四庫全書總目》卷一九二，北京：中華書局，1965，1750
頁。

〔註7〕 〔清〕寶鼎望纂修，《內鄉縣志》卷八，《中國方志叢書》華北地方 483 冊，

詩才,在地方上較有名望。胡湘曾做過山西巡撫,與李蓘的祖父是同榜舉人,兩家是世交。

　　從李蓘的家庭背景可以看出,在南陽當地,李氏是有聲望地位的世家,這應該是他著述中不時流露出鄉邦情結的因由所在。而即使除去親人故土,他的交遊也僅限於詩人和學者,從李蓘與這些友人的往來事迹中,可以看出其文學創作及學術觀念受到的影響。

一、詩學交遊

　　嘉靖四十二年（公元 1563 年）,李蓘在陽城任上為去世不久的友人田汝棘刊刻了詩集。田汝棘,字深甫,正德丙子舉人,是李蓘的詩學啓蒙者,李蓘自稱:

> 余少不爲聲之學,自癸丑年後始爲之。是時,余初舉進士,而汴人田深甫適在京師。一日相訪於靈濟宮,一面即雅不相鄙,謂予可與於是藝。乃清言瀹茗,對坐移日。自起持長箋就花下書之,大篇短律,倏忽盈幾,而意氣拓落,儼然塵壒外人也。已而予濫與館選,深甫入兵部爲司務,以是得往復賡和,不間旬月,每示我周行,指摘紕繆,於於然成故交矣。〔註8〕

　　二人相識,是李蓘在翰林院而深甫晚年在京任兵部司務期間,年輕的庶吉士與功名晚到的長者竟能投契,以詩歌唱和相往來,可見詩學趣向相合。田深甫早年從李空同遊,詩歌受其影響,因此後人論李蓘詩歌淵源時往往也追溯到李夢陽。李夢陽、何景明籍貫河南,李蓘作爲後學,自然以二人爲師法對象。碑傳中稱李蓘「於詩神解王孟而時愛空同」〔註9〕,四庫館臣認爲他的詩「原出何景明」〔註10〕都指出了復古派詩風對他的影響。

　　嘉靖四十四年（公元 1565 年）,在大名推官任上,李蓘與時任大名知府姚汝循一起刊刻了《唐音》。姚汝循,字敍卿,由南京刑部郎中出知大名,也是一位仕途蹭蹬的詩人,二人的相交被後人稱爲「詞友之佳遇」〔註11〕。《唐

---

536 頁。

〔註8〕　〔明〕李蓘《田深甫詩序》,《國立中央圖書館善本序跋集錄》（三）,89 頁。

〔註9〕　〔明〕李若訥《翰林憲副李黃谷先生墓碑》,見《李子田詩集》,《叢書集成續編》170 冊,460 頁。

〔註10〕〔清〕陳田《明詩紀事》（四）,上海:上海古籍出版社,1993,1984 頁。

〔註11〕〔明〕李若訥《翰林憲副李黃谷先生墓碑》,見《李子田詩集》,《叢書集成續編》170 冊,459 頁。

音》是元代楊士弘編選的唐詩選本，也是當時庶吉士的必讀書目，在明代影響很大。該書有張震的輯注本與顧璘的批點本，李蓘所補校重刻的是顧璘批點本，其書後題辭：

> 大名郡中有《唐音》板，蓋前通判顧君所刻留者。顧其時以倉卒未盡仇校，魚魯帝虛，篇中頗多。郡守鳳麓姚公，雅嗜文翰，間以屬余，余爲補一葉，更三葉，正三百七十有五字，四日而迄事，用以便觀者也。

顧璘，字華玉，作詩「矩矱唐人」〔註12〕，「羽翼李夢陽」〔註13〕。他在大名府任職時刊刻的《唐音》書板尙存，姚汝循欲將重刻，邀李蓘更訂補校。李蓘只用了四天時間，補一頁，更三頁，校正 375 字，於是印行。這一事件反映出李蓘的輯刻行爲也受復古派潛移默化的影響。

李蓘宗唐詩學觀的轉變，以嘉靖三十二年（公元 1553 年）爲標誌。這一年李蓘 23 歲，考中進士，被選爲庶吉士，入翰林院學習。此時後七子已經名播天下，「諸人多少年，才高氣銳，互相標榜，視當世無人。」〔註14〕而李蓘對此則頗爲不屑，他於次年開始編纂宋詩，正是與李攀龍、王世貞爲代表的詩壇主流立異的表現。如清人王士禎《香祖筆記》所言：「李子田撰《宋藝圃集》二十二卷，時在隆慶初元，海內尊尙李王之派，諱言宋詩，而子田獨闡幽抉異，撰爲此書，其學識有過人者。」〔註15〕李蓘搜集宋詩的十幾年間，後七子復古之風一直大行其道。以李攀龍《古今詩刪》的出版爲標誌，宋元詩一概不選，唐後直接以本朝，將前七子不讀唐以後書的說法發揮到極致。李蓘論詩本受李夢陽、何景明的影響，但他對後七子因襲前說的復古論並不認同，因爲這意味著原先對詩宗盛唐的有益反思又被壓制，導致士人群然向風，束書不觀，最終也使復古派崇尙的唐音不復存在。李蓘的一些詩論就是針對這種情形發出的，如「本朝詩本宗唐，而迄今未有唐者。」〔註16〕「達摩西來教外傳，詩家禪思亦如然。紛紛掉臂詞場去，尙隔唐人路幾千。」〔註17〕「直上青天不問津，唐家詩思妙如神。聖朝文士知多少，

〔註12〕〔清〕張廷玉等《明史》卷二百八十六，北京：中華書局，1974，7355 頁。
〔註13〕同上。
〔註14〕〔清〕張廷玉等，《明史》卷二百八十七，北京：中華書局，1974，7378 頁。
〔註15〕〔清〕王士禎《香祖筆記》卷三，上海：上海古籍出版社，1982，47 頁。
〔註16〕〔明〕李蓘《儀唐集自序》，《叢書集成續編》170 冊，458 頁。
〔註17〕〔明〕李蓘《李子田詩集》，《叢書集成續編》170 冊，508 頁。

得到玄關未有人。」〔註18〕李蓘認爲後七子的復古離唐音越來越遠，針對他們鄙薄宋詩的論調，李蓘選擇了搜集宋詩，以選詩實踐對其進行辯駁，這也使他的尊唐立場有了暫時的轉變，《宋藝圃集》正是這一轉變中的產物。

二、著述交遊

　　隆慶三年（公元 1569 年），李蓘爲友人陳耀文的《天中記》作序。《天中記》是明代類書中的上乘之作，作者窮十年之力所著。陳耀文，字晦伯，河南汝寧府確山縣人，嘉靖二十九年（1550 年）進士，與李蓘既爲同鄉，年又相若，除《天中記》外，也以《正楊》一書聞名，該書糾正楊愼《丹鉛錄》一百五十條錯誤。李蓘詩集中有與陳耀文相關的兩首詩，從中可以推知一些兩人交往的細節。如《曉夢陳晦伯》〔註19〕十二韻：

> 人皆競榮達，君獨嗜編撰。廿載歷中外，蹉跎寡青眼。
>
> 朅來共爲郎，相過每一莞。溪水鳴小筵，花林具薄饌。
>
> 修禮或五漿，食和詎一盞。直衷肩衛魷，博物跂鄭産。
>
> 鼮鼠口群疑，竹書微脫簡。伊余硿硿心，相得意何限。
>
> 一朝江浦別，重覯杳未偨。春夢兩悠悠，覺來淚痕清。
>
> 我聞天中山，青霞接嶕嶢。何時携謝詩，青天醉新醆。

　　詩中提到博物與天中山，應是向陳耀文撰述《天中記》致意。據「廿載歷中外」、「一朝江浦別」兩句，可推知此詩大約作於李蓘結束近二十年的宦迹生涯，從南京任上致仕之後。這時的李蓘從清閒的悠夢裏憶及遠榮達、嗜編撰的陳耀文，他爲數不多的青眼相加的摯友，憶及兩人莞爾相交的共事場合，憶及兩人傾心相談的小筵薄饌，更多的是兩人在著述方面的志趣與信念。「伊余硿硿心，相得意何限」，正是因爲知音難得，所以才會夢，才會憶，才會因別後難見而惆悵。從另一首《秋日憶陳晦伯》〔註20〕中，也能見到此種心緒：

> 君子有儉德，不可榮以祿。所以古豪人，高歌在空谷。
>
> 居常憶我友，風標遠塵俗。謝宦早心灰，躭書到頭禿。
>
> 門庭晝長掩，著述晚愈酷。所恨山水遙，空勞簡書瀆。

〔註18〕同上。

〔註19〕〔明〕李蓘《李子田詩集》，《叢書集成續編》170 冊，474 頁。

〔註20〕〔明〕李蓘《李子田詩集》，《叢書集成續編》170 冊，475 頁。

望望兩龍鍾，休休各雌伏。日暮臥蕭齋，秋燈照幽獨。

　　這首詩應是李蓘晚年所作，「謝宦早心灰」是指已經謝絕起復，「耽書到頭禿」是指決意著述終老，而這時自己與陳耀文早已「望望兩龍鍾，休休各雌伏」，山長水遠之外，相見更難，兩位閉門著書的老人，各在蕭齋獨處。可見直到晚年，陳耀文依然常在李蓘的記憶中浮現，在李蓘的筆墨生涯中，陳耀文對他的影響最久遠。

　　李蓘在《天中記敘》中稱陳耀文「手不停按於六藝之書，目不輟視於百家之說」〔註21〕，「伺曉忘曛，焚膏繼晷，蓋自登第迄今，歷貳十季，而乃成此書。其力誠強，而其心誠專且恒也。」〔註22〕對友人著述的勤奮、熱忱和堅持表示了由衷欽佩。李蓘的《宋藝圃集》也是自己登第十三年後成書，可以說在著述方面表現了與陳耀文相當的毅力。此外，陳耀文還曾編纂過一部詞選集《花草粹編》，李蓘爲之作序，可見他們在詩文集的編選方面也有交流。

　　《列朝詩集小傳》稱李蓘「多藏好學，與晦伯相埒，著《于堠注筆》諸書，援據該博。」〔註23〕不難看出後世論者也常將二人的著述功績並提。雖然藏書和著述在明代文人中是十分普遍的行爲，但楊慎仍然是明代少見的博學之士，李、陳之博洽能與前輩楊慎相比擬，可見二人還是較爲傑出的。尤其是以地域影響而論，直到清代後期，二人仍然受到地方士子推崇：「明隆、萬間，鄉邦淹雅士推確山陳晦伯、內鄉李子田。」〔註24〕

　　李蓘搜集宋詩的十幾年間，正是後七子復古之風大行其道。以李攀龍《古今詩刪》的出版爲標誌，宋元詩一概不選，唐後直接以本朝，將李夢陽不讀唐以後書的說法發揮到極致。此後「風會變遷之故，是非蜂起之由」〔註25〕皆由此書而生，對宋詩的整理，正是李蓘與詩壇主流立異的反映。但爲此堅持十幾年的時間，期間精力的持續付出，則是由於同道之間的相互激勵，這在李蓘與友人陳耀文的交往中反映得非常清楚。

第二節　李蓘的著述及詩論

　　隆慶六年（公元 1572 年），李蓘年甫四十即致仕回鄉。他在山中建一悅

〔註21〕〔明〕陳耀文《天中記》，揚州：廣陵書社，2007，7 頁。
〔註22〕同上。
〔註23〕〔清〕錢謙益《列朝詩集小傳》丁集下，上海：上海古籍出版社，1983，614 頁。
〔註24〕〔清〕張嘉謀《李子田詩集序》，《叢書集成續編》170 冊，457 頁。
〔註25〕〔清〕永瑢等，《四庫全書總目》卷一八九，北京：中華書局，1965，1717 頁。

園、足園、綠雲亭、奈園以居，流連山水，放達自適。他的大多數著作均成書於致仕後。據《南陽人物志》所載，李蓘的著述有「《李翰林集》、《黃谷文集》、《儀唐集》、《一說評詩集》數十種，及所選《杜詩》、《宋藝圃集》、《元藝圃集》、《明藝圃集》、《詞苑捃秀》行於世。」〔註26〕此外，《明詩紀事》載其所著有《太史集》六卷，《列朝詩集小傳》載其所著有《于埌注筆》，《李子田詩集序》載有《黃谷璅談》。

一、李蓘的著述成就

李蓘的著述可分為詩文集、歷代詩詞選集以及學術雜著三類。

第一類自著詩文集，包括《李翰林集》、《黃谷文集》、《儀唐集》、《一說評詩集》、《太史集》。其間關係，至清末張嘉謀刊行《李子田詩集》可以基本理清，張序曰：

> 子田書為館臣所駁，獨收所選《宋元詩藝圃集》，而子田自為詩遂散佚。余得讀者，萬曆時其兄子雲鵠刻《六李集》，有子田詩六卷。清康熙末其縣人高元朗輯《太史集》百七十首。雍正時鄧州彭直上侍郎得子田《儀唐集》於王阮亭尚書，益以地志石刻為《黃谷詩鈔》。彭、高本皆傳焉，《六李集》曾重刻於咸豐中，並為二卷，間復奪誤，板亦旋毀，綜各本互校，皆有出入。《列朝詩集》諸選及子田自書詩刻或遺焉。今旁採類次，去其重複，得古今體詩三百九十四首。

文中所言《六李集》今存萬曆刻本，其中的子田詩六卷即是《李太史集》。張嘉謀刊行的《李子田詩集》今存三怡堂叢書中，該書還保留有李蓘的《儀唐集自序》以及高元朗的《李太史詩集序》。參二序所言，可知《儀唐集》是李蓘晚年親自遴選的詩集，此外李蓘晚年作品還曾輯為《一說園集》。而由於李蓘致仕後放浪山水，所詠詩有時刻於石上，故兩者皆非晚年詩集全本。

雍正時彭直上侍郎所刻的《黃谷詩鈔》是《儀唐集》與地志石刻中李蓘存詩的集合。彭直上是王士禛門人，故有機會見到王士禛所藏李蓘詩集。王士禛《香祖筆記》對李蓘的《宋藝圃集》非常推崇，因此對其詩作有所青睞也不意外。

康熙時高元朗所刻《太史集》則是以《六李集》中李蓘詩集與其晚年《一

〔註26〕〔清〕馬三山、劉沛然，《南陽人物志》卷三，《中國古代地方人物傳記彙編》97冊，北京：燕山出版社，2008，409頁。

說園集》鈔本爲基礎刻成。至清末張嘉謀，則是綜合彭、高本及重刊《六李集》本互爲參校，益以《列朝詩集》及李蓘所存詩刻，因此《李子田詩集》已包括了以上提到的諸種詩集。

　　第二類歷代詩詞選，包括《杜詩》、《宋藝圃集》、《元藝圃集》、《明藝圃集》、《詞苑捃秀》。現存只有《宋藝圃集》、《元藝圃集》兩種。縣志載李蓘之父李宗木爲詩取法少陵，可知李蓘確有因由集纂一部杜詩選，但此書是否留存已無從考證。《明藝圃集》一書是否印行也難確定，據錢謙益稱確有此書，且選錄了不少李蔭的詩作。《詞苑捃秀》從書名看應是一部詞選。李蓘的友人陳耀文曾編《花草粹編》一書，選錄唐宋詞，兼採元詞，共十二卷，成書於萬曆十一年（公元 1583 年），李蓘曾爲之作序。李蓘是否也自行輯錄過一部詞選，與陳耀文之選又有什麼聯繫，也難以確知。

　　第三類學術雜著，包括《于塸注筆》、《黃谷璅談》、《丹浦疑言》，三部書都重在紀疑，即提出對成說的疑問或辯駁，涉及內容非常廣泛。此外，清代盧世㴐稱抄錄過李蓘的五部雜著，除前三部外，還有《樾陰瘠語》、《綠雲亭說》。〔註27〕錢謙益稱《于塸注筆》是一部「援據該博」的書，持論「多訾毀道學，譏評氣節，而詆諆新建太過，言多失實，論篤者弗與也。」〔註28〕可見以論學爲主，且持論偏於立異一端。《黃谷璅談》見於四庫存目，內容駁雜，涉及文字、音韻、經義、理學、醫術等等，兼有詩文理論。清末張嘉謀曾四處訪求此書刊行，並認爲該書性質與陳耀文《正楊》類似，但文采過之。《丹浦疑言》見於王士禎《池北偶談》卷十三所引，就內容來看，性質與《黃谷璅談》一致，二者應當是成於不同時期的體例連貫的作品。

　　清代盧世㴐在閱讀抄錄李蓘所作雜著後稱：「蓋中有卓見而不隨世轉者。子田讀書之富可敵用修，精嚴亦略相當，特楊傅以翬彩，李覺樸耳。用修、子田俱不喜道學，用修名滿天下，子田不甚顯。」〔註29〕《靜志居詩話》也稱李蓘「博洽中州，人擬楊用修。」〔註30〕將李蓘與楊愼放在等同的位置。楊愼是最早對前七子復古詩論提出異議的學者之一，他曾與何景明討論宋

〔註27〕〔清〕盧世㴐《尊水園集略》卷七，《續修四庫全書》1392 冊，461 頁。
〔註28〕〔清〕錢謙益《列朝詩集小傳》丁集下，上海：上海古籍出版社，1983，614頁。
〔註29〕〔清〕盧世㴐《尊水園集略》卷七，《續修四庫全書》1392 冊，462 頁。
〔註30〕〔清〕朱彝尊《靜志居詩話》卷十三，北京：人民文學出版社，1990，363頁。

詩，列舉宋人詩句佳者。雖然他主張詩學漢魏六朝，但基於「人人有詩、代代有詩」〔註31〕的理論，楊慎的選詩實踐十分豐富，對歷代詩歌皆有輯選，其中屢見明人著錄的《宋詩選》〔註32〕，今已不傳，但他的論詩語錄屢被當時士人徵引，影響廣泛。胡應麟稱復古派弊病有：「北地諸君嗣起，一切掃除，詩文之盛，光前絕後，而博雅之風，稍稍淪謝矣。」〔註33〕而楊慎最先針對這一流弊，提出「詩之盛衰繫於人之才與學」〔註34〕，以是否博學評價詩人得失。李蓘承接楊慎，以博聞著述自勵，本身也標示出對復古派的一種反思。

二、《黃谷璅談》中的詩論

《黃谷璅談》類似於一部讀書筆記，其中很多內容應該成於作者任職翰林院時期。嘉靖年間大學士徐階作《庶吉士條約》，規定了庶吉士的必讀書目，《黃谷璅談》所發議論很多是針對這些書目的。以下從《黃谷璅談》的相關論述中，略爲分析李蓘論詩的幾個基本立場：

（一）論相襲

李杜詩材無不出自古人。

詞人相襲，固自昔恒態耶？（舉唐詩相襲爲例）

李蓘讀詩，帶有一種批判性的眼光。他會追究詩材的出處來源，即使李杜這樣的大家也不例外。通過對詩句的分析，他得出的結論是，詞人相襲是一種常態，相同或相近的材料會被歷代詩人反復徵引。唐詩雖然是明代詩人學習的主要範本，但其中也存在大量的相襲而來的成分。由於李蓘的分析和結論都是以唐詩語料爲基礎，所以可知他的日常閱讀是以唐詩文本爲主。而蹈襲與創新是相輔相成的兩面，或許因爲在閱讀經驗中建立了詞人相襲的觀念，所以宋人詩中創新的一面也會輕易地跳脫出來被作者所認知。在《宋藝圃集》序中被作者大加讚美的宋人作詩的態度是「興情所寄，則徵事有不必

〔註31〕〔明〕楊慎《李前渠詩引》，《升菴集》卷三，《景印文淵閣四庫全書》1270
　　　冊，44 頁。
〔註32〕著錄楊慎《宋詩選》的明代著作包括：何宇度《益部談資》，杜應芳《補續全
　　　蜀藝文志》，焦竑《熙朝名臣實錄》卷二十六，李贄《續藏書》卷二十六文學
　　　名臣，王圻《續文獻通考》卷一百八十四六書考。
〔註33〕〔明〕胡應麟《少室山房筆叢》，北京：中華書局，1958。
〔註34〕王運熙、顧易生《中國文學批評通史（明代卷）》，上海：上海古籍出版社，
　　　1996，201 頁。

解；意趣所極，則古賢所不必法」，放在詞人相襲的語境中去理解可能會有更深的意味。

（二）論奇與穩

> 杜詩：「平生性僻耽佳句，語不驚人死不休。」是詩尚奇也。又曰：
> 「賦詩新句穩，不免自長嗟。」是詩尚穩也。奇而穩，穩而奇，循
> 茲二法，可登騷壇。

李蓘從杜甫作詩的體會中得出兩個看似矛盾的觀點，即尚奇與尚穩。杜甫作詩既追求驚人奇語，也以詩句工穩爲錘鍊的目標。大體而言，「奇」是指詩歌內容，而「穩」則著眼於詩歌的形式，更多偏重於音韻聲調的層面。

李蓘理解中的「奇」與「穩」是互爲表裏的，結合他的相似論述，如：

> 魏李談之曰：「吾好讀書不求身後之名，但異見異聞，心之所願，是
> 以孜孜搜討，欲罷不能，豈爲聲名苦七尺軀也。」祖瑩曰：「文章須
> 自出機柚，成一家風骨，何能共人同生活也。」誦茲二說，實獲我
> 心。

所謂「異見異聞」正是書中之「奇」；而「自出機軸」的原因也是不欲與人相同，是求異。這其實指出了「奇」的實現途徑，即通過讀書，增廣見聞，從而使文章能自成一家。李蓘所說的「穩」則又包含沒有語病之意。如以下幾例：

> 古人詩有一、二字欠妥者。如陸士衡「拊翼同枝條，翻飛各異尋」，
> 「尋」字未穩；「三秋猶足收，萬世安可思」，「收」字未穩；「將遵
> 其陳迹，收功單于旃」，「旃」字未穩。……總之句病也。

> 歐陽公言：「詩人貪求好句，而理有不通，亦語病也。」後山詩：「邇
> 來結字穩且勻，徑須赤手縛麒麟。」則詩貴妥帖，尚矣。嘉靖末，
> 有數人相標以「百代詩豪」，而篇章字句率悖於理也，吾不知之矣。

可以看出，「穩」與「妥帖」在李蓘的論詩話語中意思是相同的，而它們的內涵即是無悖常理，即無句病。片面追求奇句好句的結果就會造成語病，在這裏，李蓘拈出歐陽修與陳師道的論詩之語，批評嘉靖末李攀龍爲首的後七子詩風，可以說與復古派針鋒相對。由此可見，李蓘以「奇」與「穩」論詩是有現實意味的，他所處的嘉靖詩壇，尚奇之人多，作者舉出一系列的古人詩病其實是要提出以穩救奇。杜詩而外，他更多地乞靈於宋人，因爲宋人

更重視詩法，他可以從那裏獲得更多的理論資源。

（三）論文體不忌

> 漢成陽令《唐扶頌》云：……夫頌一邑令而用唐虞尼父事，薦一儒
> 生、贊一時宰而用大成聖人事，當時文體不忌如此。

> 賈山《至言》：秦兵破於陳涉地，奪於劉氏。袁益云：劉氏不絕如帶。
> 劉向《諫起昌陵疏》云：陛下宜崇劉氏之美。夫奏進之詞，直舉國
> 姓，漢人之樸如此。蔡中郎紀人行實多引用大聖之事。……使今人
> 爲文字如此，則人將駭愕而群議之矣，故文章與世推移也。

雖然兩則都是講文章中的修辭範例，但可以看出漢人文辭之樸爲作者所
重視。李蓘指出語言習慣不斷變化，今天看來令人駭然的措辭其實在過去是
完全合乎體例的。由此聯想到《宋藝圃集》中雜混帝王姓名的體例，雖爲清
代四庫館臣極力批駁，其實也許正好反映作者的著述體例與清人不同。標新
立異是李蓘非常顯著的著述特徵，因此，無法排除《宋藝圃集》刻意不忌體
例的可能。

（四）論文獻稽存

> 沁水縣梭山，昔曾遊宿其上寺中，宋之諸石刻亦有可搨觀者。有九
> 僧詩人各一首。……此刻在治平二年十二月望日，餘不盡佳，不錄。

> 往余推官大名，見郡刻至游子板序云：至游子，不詳其姓名，書僅
> 二十五篇。以爲其書盡此耳。後考《道藏》，曾愷號至游子，著《道
> 樞》四十二卷，歷述往古論說修養之道，至博覽矣。向郡所刻，特
> 其首上七卷，恨當時不知其本，不勸其郡通刻布耳。

對於文獻學家來說，除了紙質文獻之外，石刻、刻版等都是非常重要的
文獻來源。明代出版的發達，其實十分有賴於明代文人藏書與刻書的興致。
一般文人如果仕途順利考取進士，都會積極利用內閣藏書，有時親手抄錄，
以待日後尋找刊刻機會。到地方任職時，他們也會尋訪當地先賢的作品，校
訂出版，校訂的工作有時交給當地生員，有時則是他們親自完成。這類型的
刊刻性質雖然屬於私刻本（坊刻本），但又因主體差異有所區別。因爲明代書
坊一般根據市場需要組織文人生產一些暢銷作品，而這類刊刻起因於稽存鄉
邦文獻，一般是文人集資交給書坊刊刻。這種做法相當普遍，以至於許多前
代詩集都是通過這種方式在明代流傳。

　　由於這種風氣的影響，許多文人都有文獻家的使命感，無論他們宦遊所到的郡縣，途中登覽的古迹，他們都會加以留心其文字遺迹，辨認年代，花一番考證功夫。李蓘在山西陽城任內，曾到沁縣遊覽，發現了山寺石刻中的九僧詩；而在大名任上，則見到郡刻至游子書版，經考證才知是宋人曾憷所著，並後悔當時沒有將其刊刻出來。我們知道《宋藝圃集》的編撰花費了 13 年的時間，由以上兩則材料可以窺見作者訪求宋代文獻所費之功力。

（五）論選與裁

　　呂東萊《宋文鑒》識者不滿意，然眞西山《文章正宗》亦何能滿人意哉！蓋古人爲文，黻黼煥爛，千態萬狀，該事理而達天人，而宋人直以縫掖訓詁拘攣之見格之，其所遺不既多哉！

　　四庫提要稱《宋文鑒》「當時頗鑠於眾口」〔註35〕；顧炎武稱《文章正宗》「所選詩一掃千古之陋，歸之正旨，然病其以理爲宗，不得詩人之趣。」〔註36〕都是一家之選不能服眾的例證。李蓘不認同宋人「縫掖訓詁」的選錄方式，同時，對選本這種輯錄形式本身也存有疑慮，他認爲文章是形態各異的，選本一定不能讓所有人滿意，以自己之定見格古人之文章，結果就會遺失大量有流傳價值的作品。從這種疑慮出發，或許容易理解《宋藝圃集》作爲詩歌選本所帶有的求全傾向。另外，針對論者提出的明人輯錄詩集所存在的隨意裁革的問題，從以下論述中也能找到理由：

　　《唐詩品彙》劉長卿《幽琴上禮部李侍郎》……《唐音》獨取中四句爲一絕，題云《聽彈琴》，果士弘截之耶？今諸選多從《唐音》作絕。作絕較勝耳。

　　可見明代盛行的唐詩選本中存在裁革詩句的現象，李蓘顯然認同在詩歌接受過程中產生的詩語變化。由此不難想見，他在自己的選詩實踐中也會對某些詩句採取詩學判斷，進行一定的取捨，以符合當時的審美型態。此外，《文章正宗》、《唐音》是當時庶吉士的必讀書目，徐階所謂「讀《文章正宗》、《唐音》、李杜詩，以法其體制」〔註37〕，李蓘對通行的文章選集與唐詩選集所發

〔註35〕〔清〕永瑢等，《四庫全書總目》卷一八七，北京：中華書局，1965，1698頁。

〔註36〕〔清〕顧炎武著，黃汝成集釋《日知錄集釋》，上海：上海古籍出版社，2006，132頁。

〔註37〕〔清〕孫承澤《春明夢餘錄》卷三十二，北京：北京古籍出版社，1992，508頁。

的議論帶有的思辨與反叛，也是他選本觀念的流露。「選」與「裁」是涉及選本的重要問題，李蓘有可能不認同選本的形式，但對選本中的裁度，即選者所具有的權力是非常明瞭的，雖然選本不是一種保存文獻的最佳形式，但是選本中所體現出的某些審美判斷是會獲得認同的。

從後人對李蓘著作的評論來看，其詩作源出於李夢陽，於盛唐詩尤有會心，是合乎明代詩壇主流的；其論學溝儒通釋，被四庫館臣嫌爲立異太過，棄而不取；而他的淹雅博學則給鄉里後人以良好的垂範，其作品不斷被重輯刊行。我們對其著作的考察，雖然重點在《宋藝圃集》以及宋詩學的相關問題，但是從以上分析已可見出一些端倪。首先，李蓘的詩歌創作實踐是根植於主流詩壇的，這必將對其詩歌審美觀念構成影響，從而反應在他的選詩活動中；第二，李蓘的著述思維帶有一種天性的反叛，喜歡標新立異，這有可能成爲他在唐詩盛行的復古派思潮中注意到宋詩的內在原因；第三，他對博雅的追求使他不可能將眼光放在某一個歷史時期，從他的選詩實踐可以看出，唐、宋詩之外，他對元詩以至本朝詩，乃至詩歌之外的文學體裁都有自己的見解，而他對鄉邦文獻的重視也必然會引發其對某代詩歌文獻荒疏的不滿，使他從事文獻搜集的工作。因此，對李蓘的著述思想有一個整體的把握，可以更好地理解其詩學觀念的形成與轉變，從而認識《宋藝圃集》的價值所在。

第三節　《宋藝圃集》的編選

隆慶元年（公元 1567 年），嚴嵩去世的同年，《宋藝圃集》成書。李蓘在《宋藝圃集原序》中寫道：

> 余往請告林居，嘗與弟子餘選宋諸家詩，後■■披繙，旋多參附，今既十三年所矣。隆慶改元，量移池陽，山城雨暇，更加刪定，名曰《宋藝圃集》。

從中可知，《宋藝圃集》的編訂要追溯到嘉靖三十三年（公元 1554 年）。也就是說，李蓘進入翰林院學習不到一年就「請告林居」，最早在家鄉開始了宋詩的整理與選錄，此後十三年，這項工作一直在進行。庶吉士在翰林院學習的三年期間，有機會看到內閣藏書，應該給李蓘搜集宋詩材料帶來很大便利。當時宋詩文獻存量不多，且獲取不易，而李蓘藏書家的身份被後學認可，其詩集中有《韓伯子見訪觀積書》一詩，下注：「韓伯子，名應嵩，字中甫，

光化人，韓集有《李太史藏書記》。」〔註38〕藏書書目已無從稽考，但很可能
對尋訪宋集的成果有所反映。

　　李蓘纂集《宋藝圃集》的十三年中，以李攀龍、王世貞爲首的後七子主
導詩壇，步趨前七子主張，該書正是專爲針對他們的復古思潮所引發的極端
宗唐的風氣而產生的。自序云：

> 自世俗宗唐擯宋，群然向風，而凡家有宋詩，悉束高閣，間有單帙
> 小選，僅拈一二，而未闡厥美，終屬闕如。忘其譾蕪，聊爲編次，
> 得詩若干首，以見一代之文獻，而爲稽古之一助也。〔註39〕

　　這段議論指出了嘉靖年間宋詩傳播的尷尬處境。受宗唐風氣影響的士人
不讀宋詩，既有的宋集皆被長期擱置，無人閱讀更乏整理，導致了宋詩文獻
的荒疏。序中所稱「單帙」應是指各家詩文別集，嘉靖三十三年（公元 1554
年）李蓘開始搜集宋詩以前，經明人重新輯刻的宋人詩集僅有十餘家〔註40〕；
而「小選」所涉及的宋詩選本，如天順年間劉弘集注《蘇詩摘律》，僅從《瀛
奎律髓》中摘錄蘇軾律詩刊行。再有正德年間符觀的《宋詩正體》，僅選五律、
七律和七絕，選詩總數也只有 246 首〔註41〕。這類選本由於體例的限制，無
法體現出宋詩在舉世宗唐的風氣中被人忽略的風格特質。因此通過「見一代
之文獻」反映宋詩的整體風格成爲李蓘編纂《宋藝圃集》的目標。

　　可見，《宋藝圃集》雖然是一部宋詩選本，但又帶有宋詩總集的性質，全
書 301 人名下只有一至兩首詩的詩人數占近三分之二，這種以人存詩、以詩
繫人的情況自然不包含任何「選」的意味，只是「見一代文獻」的意願體現。

一、輯錄方式：選詩與存詩

　　從《宋藝圃集》透露的片言隻語中，可知作者輯錄宋詩的方式主要有兩
種：

　　第一，從宋人別集中輯錄詩作。宋人別集中會包括詩文奏議等各種體裁
的作品，因此從別集中輯錄詩作是最爲直接的辦法。別集的獲得途徑包括閱
讀內閣藏書、自藏書、向友人借書。如程顥詩作，是李蓘觀《明道全書》時

〔註38〕〔明〕李蓘《李子田詩集》，《叢書集成續編》170 冊，490 頁。
〔註39〕〔明〕李蓘《宋藝圃集原序》，《景印文淵閣四庫全書》1382 冊，第 599 頁。
〔註40〕根據國家圖書館現存明刊宋人詩集統計，按刊行時間依次爲：徐僑、戴復古、
　　　　邵雍、朱熹、黃庭堅、陳師道、陸游、林逋、嚴羽、寇準、歐陽修、謝翱等。
〔註41〕〔明〕符觀《宋詩正體》正德元年刻本，上海圖書館藏。

選錄的。趙抃的詩作則來源於李蓘的自藏書。蘇舜欽的詩作，是李蓘在京時從友人處借得蘇舜欽全集抄本，從中加以採錄的。宋代詩人中有別集傳世而又在明代流傳廣泛者，由於詩歌材料的較易獲得，故李蓘在輯錄時進行了甄選，較為直接地反映了作者的選詩取向和詩學觀念，如宋代理學家的詩作都經過了甄選。

第二，從詩話以及其他論詩材料中輯錄詩作，這非常鮮明地體現出作者博綜墳典的輯錄特點。李蓘從唐詩文獻中輯錄了不少宋初詩人的作品，如李蓘閱讀到對《萬首唐人絕句》年代斷限的辨析而從中輯錄到李九齡、郭震、滕白、王岩、王初五位宋代詩人的絕句。唐詩文獻的豐富與宋詩文獻的匱乏其差距可見一斑，從中也體現了作者的文學史意識。宋人詩話也是李蓘輯錄宋詩的重要來源，如張耒《離黃州》一詩是從《容齋隨筆》中採錄的。

第二種輯錄方式著眼處在考訂與補遺，並無「選」的成分。如將杜常與方澤二詩人判為宋人是根據釋圓至的說法：「按《孫公談圃》及《西清詩話》，杜常與方澤皆宋人，蓋新舊唐書及唐諸家小說並無杜常姓名也。」〔註42〕同時，由於這些輯錄大多是在閱讀過程中隨時產生的，因此出現了所謂「未遑銓次」的現象。即作者無法對輯錄的詩人進行年代的排序或更為合理的分類。這使得《宋藝圃集》在最終成書時成為一部斷限有待商榷，分類比較混雜，體例不甚統一的選本。

如果我們對作者選詩與存詩兩種不同的取向細加鑒別，就能發現作者在面對有去取餘地的詩歌文本時，其詩學主張是能夠貫注其中的，但由於作者還將此書賦予「以見一代文獻」的使命，就不得不在選詩之外兼顧存詩，這應該是全書一半以上詩人名下僅有一至兩首詩的原因。但總體來看，選詩與存詩在《宋藝圃集》中是能夠做到並行不悖的。李蓘有感於宋詩文獻的荒疏，因而博綜墳典，廣為搜集，其目的是為了存詩，因此，存詩是李蓘作為文獻家的使命所在。在文獻得以彙集流傳的基礎上，選詩才能有所根據，李蓘對宋詩的批評主要集中體現在選詩中，這一部分則表現出詩論家的傾向。

二、《元藝圃集》附說

《元藝圃集》的編選，其實與《宋藝圃集》的關聯不大。《元藝圃集原序》曰：

〔註42〕〔明〕李蓘《宋藝圃集》，《景印文淵閣四庫全書》1382冊，602頁。

> 余既選宋詩已，人有以元詩爲問者，余應之曰：宋詩深刻而痼於理，
> 元詩膚俚而鄰於詞，是二者其弊均也。而學人之辨於理也爲尤難。
> 詩有至理，而理不可以爲詩，而宋人之謂理也，固文字之辨也，箋
> 解之流也，是非褒貶之義也，茲其於風雅也遠矣。詞固詩餘也，雖
> 膚俚猶有故也。達於此，可與言詩矣。因間鈔元詩得六百二十五首，
> 曰元藝圃集，以嗣宋後。恨地僻少書籍，無以盡括一代之所長，世
> 有博雅君子，幸廣其所未備也。萬曆十年壬午五月八日。

首先，《元藝圃集》的成書據《宋藝圃集》15 年之久，且顯然沒有《宋藝圃集》那麼潛心經營。萬曆十年（1582）李蓘已鄉居在家，雖「恨地僻少文獻」也並未更多求訪，只是希望博雅君子廣其未備。應該只是考慮到以宋元詩爲問的士子，就手中眼前所藏所見加以抄錄結撰，聊備一選，以嗣宋後。因此，兩部詩選並無詩學思想的不可分離之處，完全可以分開討論。其次，從序中也可以看出李蓘對宋詩的關注程度要超過元詩。

由序可知，時人將宋元詩一例看待，見宋詩已選，則問元詩如何。問者的角度是以尊唐爲立場，將唐詩以外的詩歌劃爲混沌的一類，並且，很可能是詩弊、詩病的一類，是要加以摒除的。李蓘的回應以兩代詩的弊病開端，顯然是承接了問者設置的語境。但縱使從詩病的角度來看，宋元詩也是全然不同質的兩種類型。宋詩的問題在於「理」字的糾結，元詩則與詞相近，詩體特徵發生偏差。李蓘認爲，詞乃詩餘，所以元詩因風格俚俗而詩體近於詞是容易理解的，但宋詩與理的糾纏則不是那麼容易釐清。因爲宋詩是學人之詩，「學人之辨於理也尤難」，宋人的文字、箋解、是非褒貶都對後世影響深遠，宋詩的深刻是李蓘所認同的優點，而詩之理與學之理的區分，則又是辨別宋詩高下的關鍵。

而歸結到對問者的回應，則是首先要接受各種詩歌型態的存在，其次是區別不同特質，而後方能了然其弊。「達於此，可與言詩矣。」如果尊唐者的眼中只有唐詩，則無法與之言宋元之別與宋元之弊。這恐怕也是李蓘選《元藝圃集》的初衷，「盡括一代之所長」，正是想要人見到每一代詩歌之所長。這既是文獻家的苦心，也是詩論家的用心。

第四節 《宋藝圃集》的特徵

《四庫全書》中著錄的《宋藝圃集》二十二卷，所錄詩人 237 人，末卷

附釋衲 33 人，宮闈 6 人，靈怪 3 人，妓流 5 人，無名氏 4 人，共 288 人，詩 2552 首。今國家圖書館所藏明代暴孟奇刻本《宋藝圃集》二十二卷，續集三卷。續集收錄 50 人，詩 549 首，在對原集詩人的詩作進行增補外，又增錄 13 人。因此，《宋藝圃集》收錄詩人總數爲 301 人，詩 3101 首。這部書不僅在編排方面存在諸多問題爲後人所詬病，在選詩取向方面也長期被人誤解，其所蘊含的詩學特徵到底爲何，值得我們深入研究。

一、編次特徵

《宋藝圃集》在體例方面不甚講究，詩人大致按照所處年代排列，詩作大致依照體裁分類，但並無統一標準。明刻本中序文後有目錄，每人名下交代字號、籍貫、官職與選詩數目。四庫全書本正文中有少量注語，內容涉及詩料來源、詩中地名注釋，詩人生平考證，詩風評價等，個別注語顯示出書中存在對詩句的刪改現象。而該書體例與後世論者相牴牾之處主要是斷限問題與君臣混列問題。

（一）斷　限

斷限問題包含兩個層面，一是李蓘對詩人的擇選採取了寬泛的態度，二是他沒有將詩人嚴格按照生卒年排列。結合《元藝圃集》的情況，可以看得更爲清楚：

> 書中編次後先，最爲顛倒，如以蘇軾、蘇轍列張詠、余靖、范仲淹、司馬光前；陳與義、呂本中、曾幾列蔡襄、歐陽修、黃庭堅、陳師道前；秦觀列趙抃、蘇頌前；楊萬里列楊蟠、米芾、王令、唐庚前；葉採、嚴粲列蔡京、章惇前；林景熙、謝翱列陸游前者，指不勝屈。……至於廖融、江爲、沈彬、孟賓于之屬，則上涉南唐；馬定國，周昂、李純甫、趙渢、龐鑄、史肅、劉迎之屬，則旁及金朝。衡以斷限，亦屬未宜。〔註43〕

> 又劉辰翁乃宋人；王庭筠、高克恭、元好問乃金人；僧來復乃明人；一例載入，頗失斷限。其編次則倪瓚、宋元、余闕等皆元末人，而名在最前；戴表元、白埏等皆元初人，而名在最後。其他亦多先後

顛倒，頗無倫序。似亦隨見隨抄，未經勘定之本。與《宋藝圃集》
相同，殆憚於排纂，遂用唐無名氏《搜玉小集》不拘時代例歟。

〔註44〕

　　可見，李蓘對於兩書的編纂均採取了從寬收錄的態度。《宋藝圃集》中包
含了生活在南唐以及金朝的詩人，而《元藝圃集》將南宋末、金朝、明初詩
人也考慮在內。對於這種收錄原則，四庫館臣的評價是斷限未宜，但考慮到
當時「不讀唐以後書」的時代風氣，李蓘將唐以後的詩人都加以攬入，自然
是出於保存文獻的目的。此外，宋末詩人的選次環節也涉及到李蓘對遺民詩
人的認識問題，兩宋之際政局的變化，以及宋末王朝的更迭，給那個時代的
文人造成了很強的心理衝擊，他們雖然生活在新的朝代，但卻往往心戀故國。
元好問編行《中州集》雖收金人詩作，卻充分考慮到這一問題，別列「南冠」
一類，收忠於宋朝的留金使節和官員，包括司馬樸、滕茂實、何宏中、姚孝
錫、朱弁五人。這些人的作品李蓘也有採錄，可見選詩者在面對朝代斷限問
題時，更多地是從知人論世的角度出發，並且參雜著很多主觀因素。

　　針對書中編次的先後失序，四庫館臣想到的原因是李蓘「憚於排纂」，以
《搜玉小集》不拘時代爲例加以仿傚。這自然是一種揣測。首先，《搜玉小集》
是一部僅包含 37 人 63 首詩的初唐詩集，與《宋藝圃集》顯然不在一個量級，
李蓘搜集一代詩歌，不可能以這樣一部書爲標準。要論相似程度，《才調集》
作爲唐代唐詩選本更有代表性，而該書也不遵循時代順序。其次，清人大多
認爲明代學術空疏，刻書質量不佳，想當然認爲編次無序是因爲懶於編次。
其實，因爲《宋藝圃集》中不少詩人名下詩作過少，因此在編排時不得不做
一些調整，使選詩數量多的盡量獨立成卷。當然也毋庸諱言，李蓘在詩人的
排序上確實顯得較爲隨意。四庫館臣所言「選錄時隨手雜鈔，未遑詮次」是
沒有錯的。

（二）君臣混列

　　四庫館臣認爲《宋藝圃集》卷十五以徽宗、邢居實、張栻、劉子翬爲一
卷是荒誕不經的：

　　其最誕者，莫若以徽宗皇帝與邢居實、張栻、劉子翬合爲一卷，夫
　　《漢書・藝文志》以文帝列劉敬、賈山之間；武帝列蔡甲、倪寬之

間；《玉臺新詠》以梁武帝及太子諸王，列吳均等九人之後、蕭子顯
等二十一人之前。以時代相次，猶爲有說。至邢居實爲邢恕之子，
年十八早夭，在徽宗以前。劉子翬爲劉韐之子，張栻爲張浚之子，
皆南宋高、孝時人，在徽宗以後。乃君臣淆列，尤屬不倫。

其實正如評論者所承認的，君臣同列，有《漢書》、《玉臺新詠》爲先例，
並不算什麼大不敬。如果再具體分析，我們可以看到，《宋藝圃集》的卷十四
是 52 位詩人的大合集，每人名下皆幾首詩，卷十六、十七錄朱熹一人 242 首。
而卷十五所選徽宗 18 首，邢居實 7 首，張栻 32 首，劉子翬 56 首，綜合來看，
四人編爲一卷應是出於分卷均衡的需要，至於在這一卷中將徽宗皇帝置於早
夭的詩人之前，或許如朱熹在此書中被稱爲「朱文公」而不直書其名一樣，
大概源於潛意識的尊敬。

二、選詩特徵

清代論者認爲《宋藝圃集》在選詩上以唐詩爲標準。最有代表性的莫過
於清初吳之振《宋詩鈔序》所言：「萬曆間，李蓘選宋詩，取其離遠於宋而近
附乎唐者。」〔註45〕以及其後四庫館臣對《宋藝圃集》「所選宋詩近乎才調者
多」〔註46〕的評論。「近乎才調」應該是指像《才調集》一樣，推崇晚唐詩風。
這兩種說法，前者是就選詩標準而言，後者則就選詩情況加以判定，但意見
一致，都說「近唐詩」。但倘若對二說加以辯證，則可看出李蓘在編訂《宋藝
圃集》時，對使宋詩擺脫宗唐範式所作的嘗試以及呈現宋詩有別於唐詩的特
色所作的努力。

李蓘萬曆五年（公元 1577 年）重訂《宋藝圃集》，所作後記提到「昔人
選詩，取於欲離欲近，故余於是編亦旁斯義。離者離遠於宋，近者近附於唐。
執斯二義，以向是編，則庶幾無讁於宋哉！」〔註47〕顯然，這就是吳之振說
法的來源。但是，《宋藝圃集》的編選長達 13 年，萬曆五年距《宋藝圃集》
成書又過了十年，前後 23 年，李蓘已由自負才情的青年進士變成爲放懷山林
的著述家，詩學觀念自然會產生變化。而一部只是經過了重新校錄，只有增

〔註45〕〔清〕吳之振《宋詩鈔序》，《宋詩鈔》，北京：中華書局，1986，3 頁。
〔註46〕〔清〕沈初《浙江採集遺書總錄》，《四庫全書提要稿輯存》（二），北京：北
京圖書館出版社，2006，601 頁。
〔註47〕〔明〕李蓘《宋藝圃集書後》，《國立中央圖書館善本序跋集錄》（六），臺北：
中央圖書館，民國 83 年，484 頁。

益而無刪減的《宋藝圃集》，究竟能在多大程度上反映出「離遠於宋近附乎唐」
的選詩標準，是很值得商榷的。

首先要指出，《宋藝圃集》中確實有「近附乎唐」的成分，這在李蓘對謝
翱的評語上表現最爲明顯。《宋藝圃集》中的評語量很少，但謝翱詩選中卻有
若干條注，開篇則有：「升菴楊愼曰：謝皋羽《晞髮集》皆精緻奇峭，有唐人
風，未可例以宋視之也。」〔註48〕《鴻門宴》一篇後又注：「楊愼曰：『此詩
雖李賀復生亦當心服。』李賀集中亦有《鴻門宴》一篇，不及此遠甚，可謂
青出於藍矣。」〔註49〕《絕句》後再注：「楊愼曰此首雖太白見之亦當斂首。」
〔註50〕最末更摘錄楊愼摘句評論：「皋羽律詩如：夜氣浮秋井，陰花冷碧田。
驛花殘楚水，烽火到交川。山鬼下茅屋，野雞啼苧蘿。戍近風鳴柝，江空雨
送船。鄰逋燈下索，鄉夢戍邊回。柴關當太白，藥氣近樵青。暗光珠母徙，
秋影石花消。下方聞夕磬，南斗掛秋河。雖未足望開元、天寶之蕭墻，而可
以據長慶、寶曆之上座矣。」〔註51〕

謝翱一人之詩而有四則注語，這在《宋藝圃集》中獨此一家，足以引起
論者的注意。雖都是引用楊愼論詩語，但可見李蓘對此說是非常重視的。其
實，楊愼對謝翱的評語在明代影響了很多人，謝翱的《晞髮集》從弘治年間
開始多次被重刻，刊刻者對他的評價集中在人格氣節方面，論其詩則都會提
到楊愼這些議論，以其能洗去宋氣爲高標。李蓘作爲與楊愼有淵源的後學（友
人陳耀文曾作《正楊》一書），熟悉楊愼的詩論並受其影響並不奇怪。僅從四
則評語來看，處處都在比附唐詩，確實給人「近附乎唐」的印象。

李蓘共選謝翱詩 49 首，在全書中排第 16 位，列嚴羽、戴復古之後，可
見作者對宋末詩人有足夠的關注，而眾所周知，宋末詩風與晚唐詩風密切相
關，四庫館臣「近乎才調」的評論正是因此而發的，而「近附乎唐」的標準
也因此有所著落。但是如果全面分析《宋藝圃集》的選詩情況，則會發現「近
附乎唐」並不足以概括其選詩特徵。

《宋藝圃集》的選詩情況見以下統計表：

〔註48〕〔明〕李蓘《宋藝圃集》，《景印文淵閣四庫全書》第 1382 冊，896 頁。
〔註49〕同上，900 頁。
〔註50〕同上，903 頁。
〔註51〕同上。

《宋藝圃集》選詩統計表

	詩 人	選詩數	五律	七律	五絕	七絕	五古	七古	六言	雜言	排律
1	蘇軾	335	8	108	3	64	45	105	2		
2	朱文公	294	31	1	27	39	188	3		5	
3	王安石	227	38	54	14	48	32	39	3	2	
4	歐陽修	134	27	17	3	29	35	23			
5	陳與義	118	31	18	2	12	36	18		1	
6	陸游	100	17	37		22	1	22			1
7	梅堯臣	85	29	11	12	1	18	10		4	
8	陳師道	77	50	9		4	9	4	1		
9	蘇轍	76	3	19	2	4	21	26		1	
10	孫覿	65	26	6		6	24	4			
11	黃庭堅	61	5	6	4	26	6	13	1		
	秦觀	61	7	14		17	10	13			
13	劉子翬	56	8	4	7	31	4	2			
	嚴羽	56	20	7		7	15	7			
15	戴復古	51	27	3		12		4			
16	謝翱	49	16		1		4	28			
17	司馬光	45	24		1	1	13	6			
18	徐積	42	2			26	4	9		1	
19	林德暘	40	17	13	1	2	1	3			
20	王珪	39	2	4		32	1				
21	文天祥	38	15	11	2			7	3		
	張耒	38	13	13		3	2	6	1		
23	張栻	33	8		5	9	10			1	
24	范仲淹	27		5	10	2	8	2			
25	林逋	25	11	3	1	10					
26	胡宿	24		24							
27	宋祁	21	11	7		1	2				
	晁沖之	21	4	3	2	4	2	5			
	曾鞏	21		4		2	11	3			1

　　宋詩所以成爲與唐詩並峙的詩歌型態，主要在於能繼唐詩之後，創造出新的風格，宋詩大家的相繼出現是這種創造性的標誌之一。表中列出了選詩在 20 首以上的詩人，不難看出，宋詩中的大家悉數在內。李蓘以蘇軾爲宋詩人之最，無疑是看到了宋詩與唐詩異質的方面，繼之以朱熹，也是對宋詩「理趣」特徵的肯定。此外，王安石之精工，歐陽修之曉暢，梅堯臣之平淡，黃庭堅之生新，陸游之豪宕，無不是宋詩創造力的表現。從李蓘對這些詩人的選擇和排序來看，他基本上是以創造性與影響力爲依據，給宋詩大家以相應的地位。從書中零星注語也可以看出，李蓘對宋詩之「奇」重視程度很高，在晁沖之《古樂府》下竟然評價道：「此篇好奇過甚，不可解」〔註52〕這些特點都是對宗唐詩學很大的反叛。

　　從選詩體裁來看，李蓘並不特別看重律詩，古詩與律詩所佔比重平均，且能根據不同詩人的創作特色進行甄選，其選詩眼力是很準的。以歷來對宋代詩人各體裁創作的成就評價爲例相對照，可以看出李蓘所選具有的代表性。如龍榆生《中國韻文學史》認爲蘇軾詩以七言古體最擅勝場而陳師道最工五律。觀李蓘集中所選，蘇軾七言古詩達百餘首，而與之數目相當的七言律詩是在續集中才補入的。陳師道的五言律詩則占其選詩數目的一半還多。又如嚴羽評價王安石詩歌，以絕句成就爲最高，在蘇、黃、陳之上，葉夢得則認爲王安石晚年詩律精嚴。李蓘所選王安石詩則是各體裁兼顧，排名也在黃、陳之上，定位與前代論者一致。

　　而我們知道尊晚唐詩者最重律詩。宋代學晚唐詩的永嘉四靈擅作五言律詩，趙師秀所選《眾妙集》皆五七言律，不選古體，五律占十分之九。但在《宋藝圃集》中，五律並未占據顯著比重，且對宋代與晚唐詩風相關之人所選也較爲有限。如宋初晚唐體詩人寇準 10 首，潘閬 4 首，九僧皆數目極少。宋末詩人中，翁卷只選 6 首，徐璣 4 首，徐照 2 首，趙師秀 3 首。惟一例外的是林逋，選了 25 首，排名也在全書 25 位，但林逋在明代是非常受敬愛的詩人，這與其隱者氣質切合明代士人喜好相關，又另當別論。因此，說《宋藝圃集》所選接近《才調集》風格是不恰當的，而「近附乎唐」也不盡然，總體來看，《宋藝圃集》對宋詩異趣於唐詩的獨特性是有所把握的。在認同這一理解的基礎上，我們可以進一步分析其所涉及的宋詩學諸問題。

〔註52〕〔明〕李蓘《宋藝圃集》，《景印文淵閣四庫全書》1382 冊，766 頁。

三、詩學特徵

李蓘的宋詩學思想主要體現在開宗明義的序言和選詩實踐兩個環節中。爲了論述方便，先引述其序言：

> 世恒言「宋無詩」，談何易哉！蓋嘗溯風望氣，約略其世，概有三變焉，顧論者未之逮也。夫建隆、乾德之間，國祚初開，淳龐再合，一時作者尚祖五季，五季固唐餘也。故林逋、潘閬、胡宿、王珪、兩宋、九僧之徒，皆摛藻熒熒，以清贏相貴；而楊大年、錢思公、劉筠輩又死擬西崑尺度，總之遺矩雖存，而雄思尚斸矣。天聖、明道而下，則大變焉。蓋於時世際熙昌，人夕迅發，人主之求日殷，聚奎之兆斯應。故歐、蘇、曾、王之流，黃、陳、梅、張之侶，皆以曠絕不世之才，屬卓舉俊拔之志，博綜墳典，旁測幽微，海內顒顒，咸所傾仰。啓西江派宗派之名，創紬唐進杜之說。竭思憪神，日歷窮險。當其興情所寄，則徵事有不必解；意趣所極，則古賢所不必法。譬如舊家公子，恢張其先人堂構，至于甲第飛雲，雕鏤彩繪，遠而望之，絢爛奪目；負其意氣，遽大掩前人矣。光、寧以還，國步浸衰，文情隨易。學士大夫遞祖清逸，無稱雄概。故陸游之流便，嚴羽之婉腴，紫陽之沖容，謝翱之詭誕，其他若四靈、戴式之、文天祥、林德暘輩，咸遵正軌，足引同方。然究而言之，淩遲之形見矣。斯國事之將季乎？夫詩者，人之聲也，樂之章也。發於情不溺於情，範於禮不著於禮者也。宋人惟理是求，而神髓索焉，其遺議於後也，奚怪哉？故滄浪之譏評，紫陽之論說，皆所謂致喻于眉睫者也。考其大都，不俱可觀哉！

這段序言涉及到不少問題，以下結合選詩，分爲幾點加以論述：

（一）詩史觀

李蓘是明代最早對宋詩史進行全面闡述的詩論家。他以宋詩之「變」爲依據，將宋詩分爲三個時期。首先是建隆、乾德之間，宋代開國初期，以晚唐體和西崑體爲代表，這一時期的詩歌創作特點是「遺矩雖存，而雄思尚斸」，詩壇漫布唐風餘韻，宋詩自身的特色尚在孕育。第二階段是天聖、明道而下，即仁宗朝開始後，宋詩「大變」，在宋代社會的全盛期，大批詩人以天縱之才橫空出世。李蓘對這批詩人的評價最高，認爲他們「博綜墳典，旁測幽微」，以個人之博學多識拓寬了宋詩的表現領域，其創造力空前高漲，在前賢的基

礎上有很大的突破和超越，並對後世產生了巨大影響。尤其是江西詩派之名
與紬唐進杜之說，詩派的宗尚與理論的明確，表明宋詩具有了與唐詩分庭抗
禮的規模與基礎。可以說，李蓘對宋詩跳脫出唐詩審美規範的意義是充分肯
定的。第三個時期是南宋光宗、寧宗之後，國運衰落再難挽回，雄概詩風已
不可得，士大夫以清逸爲尚，看似是遵唐詩之「正軌」，但實際是國事將季的
反映。

　　可以看出李蓘的宋詩分期受嚴羽《滄浪詩話》的影響而又有所變化。嚴
羽論宋詩，也分爲三段。其一，「國初之詩，尚沿習唐人」〔註53〕；其二，
「東坡、山谷始出己意以爲詩，唐人之風變矣」〔註54〕；其三是所謂近世
詩人，以趙紫芝、翁靈舒爲代表，「稍稍復就清苦之風」〔註55〕，其後江湖
派傚之，自稱唐宗。李蓘三分法的時間切割顯然來源於嚴羽的論述，但嚴羽
是以唐詩爲標準衡量宋詩的發展，按照宋詩與唐詩由相合到背離再到回歸的
過程加以評論，在這一語境下，宋初與宋末之詩因承接唐風顯得更有價值，
而蘇、黃的自出新意則成爲偏離正宗的「變」。而李蓘的三分法有「三變」，
是「溯風望氣，約略其世」得出的。以歷史發展、社會盛衰的眼光來看，每
一階段的詩風相對上一時期而言，都是「變」。他對三個時期的論述都著意
強調了社會政治因素對文學風氣的影響：宋初晚唐詩風盛行是因爲國祚初
開，前代的風氣依然留存；盛世的到來，君主對文學的提倡則成爲宋詩絢爛
奪目、大掩前人的前提條件；至於宋末清逸詩風盛行，與唐音近，李蓘不認
爲這優於前段，因爲「國步浸衰，文情隨易」，這一詩風是國運衰微、詩道
淩遲的表現。

　　李蓘認爲以嚴羽、朱熹爲代表的宋末詩論家對宋詩的批評是「致喻于眉
睫」，本來是針對當世詩病而發，現實層面的意義更大，但這些缺點的論述
「遺議於後」，對宋詩的接受造成了不利影響。他在序末特別指出這一點，
是想讓宗唐的明代士人引起自覺。從「詩者，人之聲也，樂之章也」的總結
可以看出，李蓘將宋詩放在《詩經》以來的詩學傳統中。雖然李蓘的宋詩分
期更多表現出的不過是受風雅傳統影響的士人貫有的史學思路在詩學方面
的體現，但以之論宋詩發展，不但「顧論者未之逮」，在當時也是空谷獨音。

〔註53〕〔宋〕嚴羽《滄浪詩話》詩辨第五，見《滄浪詩話校釋》，北京：人民文學出
　　　　版社，1961，26～27頁。

〔註54〕同上。

〔註55〕同上。

比李蓘稍後的胡應麟對宋詩也有很多論述，但他使用「宋初」、「盛宋」、「南渡」、「晚宋」等時間概念，則顯然是受明代盛行的唐詩分期方法的影響。不過，明代後期開始從「不觀唐以後書」的藩籬中跳脫出來的論者，在對宋詩的接受上也都不約而同地以一代有一代詩、觀風望世爲心理突破口，這說明，詩史的思維模式比詩論更具有一般性。由此來看，李蓘其實是以一種溫和傳統的方式巧妙擺脫了唐宋詩之爭的語境，只不過較當時風氣顯得超前。

（二）風格與流派論

宋詩的時代風格，自歐陽修稱賞梅堯臣之詩而有所樹立，自蘇、黃出而自成面目，自江西詩派起而別具軌範，形成了以文字爲詩、以才學爲詩，以議論爲詩的總體特徵。而這一特徵與唐詩的離合，引起了當時及後世反復不休的爭辯。齊治平《唐宋詩之爭概述》稱「論詩之士，好尚不同，各持所見，而唐、宋之爭以起，自南宋以迄近代，歷時八百年之久，實文學批評史上一大公案。」〔註 56〕明代詩壇以宗唐抑宋爲主流，雖出語激烈爲前代罕見，但理論資源都承自宋金元的批評家，總體來看，以嚴羽的影響最大，因而明人對宋詩的接受呈現出鮮明的傾向性，重唐風而詆宋調，這直接影響到宋詩各家各派的文獻流傳。《宋藝圃集》的編纂在資源上無疑受此種情勢之影響。

《宋藝圃集》的選詩編排是以人爲序，突出大家；大家之外，所餘詩人都錄詩極少，類次不分，詩歌流派的觀念無從體現。從李蓘所作序言可以看出，除「歐蘇曾王，黃陳梅張」諸大家給以熱情讚美外，他論宋初和宋末詩人的風格都是以類相從，以唐爲軌，中間對江西詩派一帶而過，這表明他對宋詩流派有所揚抑，而具體的選詩情況也可以證明，李蓘對宋代詩風流別的判斷大致與嚴羽的論調吻合。以流派爲區分考察《宋藝圃集》選詩大宗之外的存詩情況，可看出李蓘宋詩觀念中承襲前人的痕迹。

1、晚唐體與西崑體

李蓘對宋初詩壇的論述是：「林逋、潘閬、胡宿、王珪、兩宋、九僧之徒，皆摛藻熒熒，以清嬴相貴；而楊大年、錢思公、劉筠輩又死擬西崑尺度，總之遺矩雖存，而雄思尚矣。」分成兩類，前者概括爲以「清嬴」爲藝術追求的一批詩人，後者則明確提出「西崑」之名，二者的共同特徵是遵循遺矩，缺乏獨創，但實際上，李蓘對他們的評價是有高下的，以圖表示之：

〔註56〕齊治平《唐宋詩之爭概述》，長沙：嶽麓書社，1984，3 頁。

《宋藝圃集》——晚唐體

排 名	詩 人	選詩數	五律	七律	五絕	七絕	五古
20	王珪	39	2	4		32	1
26	林逋	25	11	3	1	10	
27	胡宿	24		24			
28	宋祁	21	11	7		1	2
41	寇準	10	6		1	3	
44	趙抃	8			4	4	
59	僧希晝	6	6				
74	潘閬	4	4				
	僧惟鳳	4	4				
89	僧行肇	3	2				1
	僧簡長	3	3				
	僧惠崇	3	3				
117	僧保暹	2	2				
	僧文兆	2	2				
	僧宇昭	2	2				
	僧懷古	1	1				
	魏野	2				2	
	宋郊	2	1	1			
		161	60	39	6	52	4

《宋藝圃集》——西崑體

排 名	詩 人	選詩數	七 律	排 律
74	楊億	4	3	1
89	錢惟演	3	3	
	劉筠	1	1	

　　不難看出，無論從選詩數目還是代表詩人排序上，西崑體都十分落後。同為唐人遺矩，但西崑陷入「死擬」，藝術技巧上比較僵化，李龏因此不大認可，所選詩作皆是律詩，僅呈現基本特色而已。

　　晚唐體的情況較為複雜。首先李龏並沒有「晚唐體」的觀念，他所列舉

的詩人有「兩宋」，大概是指宋郊、宋祁，他們也並不是今天意義上晚唐體的代表詩人。同樣，李蓘也沒有提到今人論及宋初詩壇都會提到的「白體」（其代表詩人王禹偁選詩 5 首，徐鉉選 2 首）。可見這兩個流派的概念雖在宋代就已成型，但在宋詩學欠發達的明代尚具有模糊性。

但是，李蓘對於「摛藻熒熒，以清贏相貴」的一脈詩風還是頗爲留意的。這表現在，晚唐體詩人詩歌的輯錄大多經過了擇選，並非以詩存人。如趙抃名下注：「清獻在當時不以詩名，余家偶有其集，就中拈數首如此，然亦足觀也已。」〔註57〕

可見，表中所示趙抃的 8 首詩是從《趙清獻詩集》中挑選出來的李蓘認爲足能代表其風格的作品，8 首詩中五言絕句和七言絕句各半，可見李蓘認爲絕句是趙抃所擅長，這與晚唐體詩人多選五言律也形成差異。又如九僧詩皆選五律，且選數都不多，這與李蓘對九僧的評價有關，他曾在山西沁水縣發現宋代錄有九僧詩的石刻，面對採輯文獻的偶然機會，他還是覺得九僧詩不佳，只各錄一首。

在這一派詩人中，李蓘評價較高的是王珪、林逋、胡宿、宋祁和寇準。王珪所選以宮詞爲主，但內容並不局限於宮怨與行樂，如「黃昏鎖院聽宣除，翰長平明趁起居。撰就白麻先進草，金泥降出內中書。」明代宮詞創作活躍，李蓘本人也作有《嘉靖宮詞》。他在《宋藝圃集》中還選取了宋徽宗與花蕊夫人的宮詞。這些選擇當與創作實踐關係密切。宋祁和寇準皆選五律爲多，胡宿則全爲七律，是典型的晚唐趣向。

比較值得一提的是林逋。林逋隱於孤山，恬淡好古，在宋時已有「梅妻鶴子」的逸士之名，明代至遲於正統年間已有人重輯林逋詩刊印。但李蓘所選 25 首中，竟然沒有一首與梅相關的詩。雖然選詩也抓住了林逋隱逸的趣味，但其藝術化的生活方式顯然沒有引起李蓘太多的關注，而要留待萬曆以後的士子們去發掘了。

2、江西詩派

江西詩派是以相同的理論主張與創作風格形成的詩人群體，其直接淵源是黃庭堅、陳師道二家，後期影響較大的還有陳與義，即方回所言之「三宗」。這一詩派到底包括哪些人以及本身是否存在一直都是存有爭議的。李蓘雖然沒有明確討論江西詩派，但他認爲江西詩派的產生是宋仁宗朝以後大家紛

〔註57〕〔明〕李蓘《宋藝圃集》，《景印文淵閣四庫全書》1382 冊，779 頁。

起、創造力膨脹所帶來的影響，而他所指的大家包括黃庭堅、陳師道（從選詩情況來看也包括陳與義），因此他眼中的江西詩派應該是指宋光宗以前的以黃、陳爲法的詩人群體。根據《苕溪漁隱叢話》，這些詩人包括：潘大臨、謝逸、洪芻、饒節、僧祖可、徐俯、洪朋、林敏修、洪炎、汪革、李錞、韓駒、李彭、晁沖之、江端本、楊符、謝邁、夏倪、林敏功、潘大觀、何覬、王直方、僧善權、高荷二十五人。此外被後世論者認可的與江西詩派關係密切的詩人還包括釋惠洪、呂本中、曾幾、楊萬里等。如此聲勢浩大而又創作數量可觀的團體，在《宋藝圃集》中卻顯得微不足道，一共只輯錄了 57 首詩，像呂本中、楊萬里、曾幾這樣很有代表性的作者所錄都不到 10 首，很多詩人更是連名字都沒有出現，如下表所示：

《宋藝圃集》——江西詩派

排名	詩　人	選詩數	五律	七律	五絕	七絕	五古	七古
29	晁沖之	20	4	3	2	4	2	5
42	謝逸	10				7		3
54	呂本中	7	6					1
59	楊萬里	6	2	2		2		
74	曾幾	4	2			1	1	
89	韓駒	3		1		1		1
	洪朋	2	1				1	
	僧善權	2	2					
	徐俯	1						1
	林敏功	1	1					
	僧惠洪	1	1					
		57	19	6	2	15	4	11

前面已經提到，李蓘論詩受嚴羽《滄浪詩話》影響頗大。而《滄浪詩話》最核心的批評即是針對江西詩病。這種詩學批評的貶抑的延續，必然導致文獻的匱乏，使李蓘無論從主觀選擇或客觀實踐上都不可能給這一詩派留下較多的筆墨。另外，江西詩派的提出，具有自覺的宗派意識，詩人間相互標榜，這與明代文人結派又多少有相似性，而對明代詩派宗尚所導致的強大詩學慣性，李蓘本人是很排斥的，《宋藝圃集》本身也是爲了反駁主流詩風而產生，

如此看來，李蓘自然不可能對宋代的詩派大宗予以高規格的對待。

3、名臣詩

名臣詩人群體的詩歌創作雖然不具有流派的意義，但是宋代官員中政治功業與文名並重者輩出，不少人身居要職，其政治、學術的貢獻在後世的影響掩蓋了他們的文學聲譽，其作品流傳呈現出的狀況，爲我們提供了一個解讀宋詩型態的視角。表中列出了北宋名臣入選《宋藝圃集》的情況：

《宋藝圃集》——名臣詩

排名	詩　人	選詩數	五律	七律	五絕	七絕	五古	七古
18	司馬光	45	24		1	1	13	6
25	范仲淹	27		5	10	2	8	2
37	韓琦	13	5	7		1		
45	文彥博	8	1	2		3	2	
		93	30	14	11	7	23	8

需要說明的是，四位詩人的作品大多是在續集中輯錄的，其中司馬光詩補錄 10 首，范仲淹 23 首，韓琦與文彥博詩均爲續集補錄，從中可以看出，李蓘將名臣詩看作宋詩架構中不可缺少的部分。明末曹學佺《石倉宋詩選》將司馬光詩擴充爲 118 首，范仲淹 50 首，韓琦 38 首，文彥博 25 首，又特別加重了南宋名臣之數，其中李綱詩多達 106 首，對名臣詩給予了更多的關注，這種共鳴來自於自身的經歷與時代的感召。但是，李蓘對名臣詩的選擇只限於北宋，即歐陽修的復古理想實現於文壇的同期。其對北宋詩壇予以多維度的呈現，顯然與序中對這一時期變化古人、獨出機杼的詩人們予以最多讚美是相呼應的。

宋仁宗朝出現的詩體之「變」不僅是文體內部孕育出的革新，也是政治環境平穩，文化空前繁榮的產物。由此聯繫到明代前期的臺閣詩人群體，作爲歌詠太平盛世的文學重臣，他們與北宋政治理想空前高漲的文化官員在精神氣質上無疑有很大差異，其中最明顯的是，北宋名臣詩風能與歐陽修之復古精神相契合，而臺閣詩風則是明代復古派的排擊對象。李蓘對北宋名臣詩的選取，一定程度上與前七子反臺閣詩的理路相聯繫。

4、理學詩

理學詩在本節指宋代理學家所作的詩，包括以詩談義理的詩味較少的作

品，也包括哲理深厚顯露性情的作品。理學詩是宋詩的重要分支，理學思潮帶給宋詩的尚議論的特徵，「理」的優與弊反映出的宋詩之趣與宋詩之病，成爲後世論宋詩者的焦點所在。李蓘對理學詩的評價如下表：

《宋藝圃集》——理學詩

排序	詩　人	選詩數	五律	七律	五絕	七絕	五古	七古	雜言
2	朱熹	294	31	1	27	39	188	3	5
14	劉子翬	56	8	4	7	31	4	2	
22	張栻	33	8		5	9	10		1
37	邵雍	13				12	1		
89	程顥	3	1	2					
		399	48	7	39	91	203	5	6

表中可以看出，與歐陽修、梅堯臣詩文革新同時的理學家之詩，如邵雍、程顥處於被貶抑的位置；而南宋理學家劉子翬、朱熹、張栻獲得的評價則較高。這種選擇傾向在區分理學詩內在價值的同時，也與李蓘對宋詩流派的整體認知不可分割。在巨星涌現的北宋，聲張「作文害道」的理學詩人所作自然不能代表詩壇，而針對江西末流標舉平易詩風的南宋理學家，則成爲李蓘選詩的大宗。

李蓘曾批評「宋人惟理是求，而神髓索焉，其遺議於後也，奚怪哉！」〔註58〕可以看出其對「惟理是求」的一類詩持否定態度。如評程顥詩則曰：「曾觀《明道全書》，出此三篇外，靡有可采者。」〔註59〕明代以程朱理學作爲官方思想，理學家的作品是宋集文獻中流傳最廣也最易獲取的，而李蓘僅從程顥全集中選出三首詩，可見去取之嚴。明代前期性氣詩曾一度流行，宋代理學詩成爲明代理學家及其追隨者的效法對象，從李蓘對邵雍的評論可以見出端倪：「堯夫詩率談理，世有喜之者，而余拈此諸篇，自以其詩論耳，然出此而可誦者，亦希矣。」〔註60〕邵雍《伊川擊壤集》在明代被大量刊印，正是與性理詩風直接相關的。但李蓘所處的嘉靖朝，已是復古風潮第二

〔註58〕〔明〕李蓘《宋藝圃集原序》，《景印文淵閣四庫全書》1382 冊，599 頁。
〔註59〕〔明〕李蓘《宋藝圃集》，《景印文淵閣四庫全書》1382 冊，679 頁。
〔註60〕〔明〕李蓘《宋藝圃集》，《景印文淵閣四庫全書》1382 冊，674 頁。

次興起，性理詩幾乎被人遺忘，他指出選邵雍詩的標準是「以詩論」而非談理，側面反映明代性理詩衰歇的同時，也明確標示了自己對理學詩的意見。

李蓘所選理學詩，五言古詩和七言絕句所佔比例最大。所選古詩的共同特徵是追慕陶淵明。如張栻詩以七古《采菊亭》冠首，並錄引言「陶靖節人品甚高，晉宋諸人所未易及，讀其詩可見胸次灑落，八窗玲瓏，豈野馬游塵所能栖集也。」選錄朱熹五言古詩達 188 首，是全書五古選取數量最多的一家。朱熹存詩千餘首，山水林泉與自然景物佔有很大比重，所作五言古詩即以此題材爲主。山川景物本是理學家格物致知的客觀載體，道學家們往往將其作淪爲講義語錄之押韻者，但朱熹之詩並不如此，他的古詩以陶淵明、郭景純等人爲師法對象，追求高曠自適的襟懷志趣與清新淡泊的審美境界，李蓘所選皆是此類風格的作品。而所選諸家絕句則不乏激切的現實關懷。如劉子翬作有七絕《汴京紀事》二十首，感慨靖康之變，在南宋廣爲傳頌，書中選了十首。但總體而言，李蓘對於理學詩中的選取，還是較多地反映其冲容平易的風格。理學詩人中，除朱熹是公認的大家之外，他的老師劉子翬也是沾染語錄習氣最少的道學家，錢鍾書評爲「不學江西派，風格很明朗豪爽。」〔註 61〕可見南宋理學詩派與江西派也是相牴牾的兩極。南宋理學家們對唐以前詩的崇尚，顯然是針對江西詩派繁瑣繩削之弊，而以古詩之平淡冲和相救。李蓘對這類詩作的肯定與其受嚴羽影響貶抑江西詩派是互爲表裏的。

5、四靈、江湖詩派、遺民詩

李蓘所言宋末詩壇：「若四靈、戴式之、文天祥、林德暘輩，咸遵正軌，足引同方」，涉及一脈而下的三種流向，即四靈詩、以戴復古爲代表的江湖詩派和以文天祥等爲代表的宋末遺民詩人群。雖然李蓘認爲三者皆是正軌，但其實有所側重。

相比於宋初晚唐詩風，宋末的宗唐者們並不爲李蓘所賞，四靈皆選詩極少，趙師秀 3 首，翁卷 6 首，徐璣 4 首，徐照 2 首。《江湖小集》中涉及到的詩人幾乎都不見於《宋藝圃集》，除戴復古外，只有嚴粲錄詩 1 首，劉克莊、方岳等較有特色的詩人一概沒有出現。遺民詩人群則給予了相當高的評價，見下表：

〔註61〕錢鍾書《宋詩選注》，北京：人民文學出版社，1989，153 頁。

《宋藝圃集》──遺民詩

排名	詩　人	選詩數	五律	七律	五絕	七絕	五古	七古	六言
17	謝翱	49	16		1		4	28	
21	林德暘	40	17	13	1	2	1	3	
24	文天祥	38	15	11	2			7	3
117	謝枋得	2				2			
		129	48	24	4	4	5	38	3

　　雖汪元亮、鄭思肖等詩人並不在內，但從選詩數目可以看出，謝翱、林
德暘、文天祥三人都有一定的規模。所選五律比重最大，是「近附乎唐」的
反映，而七古的選取則體現出「尚奇」的傾向，更多地顯現愛國激憤與黍離
之思。很明顯，同樣是末世衰颯之音，遺民詩人所作因具有強烈的現實精神
與士大夫氣節而更被看重。

　　通過以上分析，我們可以總結出《宋藝圃集》中宋詩各流派風格的價值
序列，即：理學詩＞宋初晚唐體＞宋末詩＞名臣詩＞江西詩派＞西崑體。結
合李蓘詩序，可以看出這一價值判斷的三個標準。第一，「理」是宋詩最核心
的問題。李蓘認為宋詩「惟理是求」的特點是後世爭議的中心，於是理學詩
的取捨傾向自然成為選本關注的重點，在理學家詩中加注小序即是鄭重的表
現。第二，氣象大小境界不同，雄奇之境勝於狹窄之境。北宋諸家博綜墳典、
旁測幽微，開闊的境界最為廣大，而宋初與宋末境界較狹。雖同為唐音，但
在宋初之「遺矩」與宋末之「正軌」間，李蓘取中前者，因為衰世詩風有「凌
遲」象，不如國祚初開時的清羸詩風紆徐和緩。第三，創新的價值大於因襲
的價值。江西詩派是對北宋大家所開詩風的模擬，因襲者不如首創，而死擬
尺度的西崑排在最末。

（三）個體論

　　李蓘於宋詩中最為激賞的是開啟新風的大家之作，如序中所言：

> 歐、蘇、曾、王之流，黃、陳、梅、張之侶，皆以曠絕不世之才，
> 屬卓舉俊拔之志，博綜墳典，旁測幽微，海內顒顒，咸所傾仰。啟
> 西江派宗派之名，創紬唐進杜之說。竭思憒神，日歷窮險。當其興
> 情所寄，則徵事有不必解；意趣所極，則古賢所不必法。譬如舊家
> 公子，恢張其先人堂構，至于甲第飛雲，雕鏤彩繪，遠而望之，絢

爛奪目；負其意氣，遽大掩前人矣。

這段聲情飽滿的議論涉及到宋詩創新的諸問題。其中「博綜墳典」指詩歌創作手法對古人的承接，「旁測幽微」指詩歌題材的開拓，「海內顒顒」指詩歌流派的繁榮，這裏特指江西詩派。「紬唐」對應「伸宋」，「伸宋」的方法是「進杜」，即從杜詩中吸取創作經驗。這些當然不是什麼新論，嚴羽、方回等人早就表述清楚了，此處李蓘將之隱括進來，洋洋灑灑一番，說明他對諸家論宋詩了然於心，有所演化。對於嚴羽所批駁的「近代諸公乃作奇特解會」〔註62〕之詩，李蓘是讚賞的，尤其對他們竭深思，歷窮險以為詩的創作態度大加肯定。嚴羽標榜盛唐諸人的「興趣」，李蓘認為宋人也有「興情」、「意趣」，而且正是建立在講徵事、法前賢的特徵之上。然而對黃庭堅所堅持的「無一字無來處」〔註63〕，方回所稱賞「老杜所以獨雄百世者，其意趣全古之六義」〔註64〕，李蓘並不特別看重，他強調的是「不必解」、「不必法」之後的狀態，著眼處在宋人自出新意後的風格特徵。他將宋詩形象地比喻為鋪張先人堂構，雖是現成梁宇，但經過一番雕梁畫棟，終究煥然一新。正如宋詩在詩歌格制聲調韻律皆已完備的基礎上，仍然在題材和表達方式上有所突破，形成了「以文字為詩」、「以才學為詩」、「以議論為詩」的新風格，雖然自形成之始一直飽受爭議，但李蓘認為這是宋詩「大掩前人」之處，是給予極高評價的。結合他對各家的選詩和位次特點，可以更清楚地看到李蓘宋詩觀念的來源。

1、北宋諸家

李蓘對北宋詩人評價最高，舉出「歐、蘇、曾、王之流，黃、陳、梅、張之侶」為曠世之才。實際上，歐蘇曾王，黃陳梅張，排除句式的押韻，也隱含了一個宋代詩人的排位。明人論宋詩提到宋代有代表性的詩人時，排位是有微妙差別的，這一差別體現了不同的理論來源。明代成化間詩家認可的一般序列，如「觀歷代工詩者，在漢、魏、晉則有曹劉陶謝輩，在唐則有李杜柳岑輩，在宋則有歐蘇黃陳輩，在元則有虞楊揭范輩。」〔註65〕是受方回

〔註62〕〔宋〕嚴羽《滄浪詩話》，見《滄浪詩話校釋》，北京：人民文學出版社，1961，26頁。
〔註63〕〔宋〕黃庭堅《與洪甥駒父》，《黃庭堅選集》，上海：上海古籍出版社，1991，380頁。
〔註64〕〔元〕方回《跋許萬松詩》，《桐江集》卷四，《續修四庫全書》1322冊，428頁。
〔註65〕〔明〕木訥《歸田詩話序》，《歸田詩話》，《歷代詩話續編》（下），北京：中

影響，他評價宋詩就以歐蘇黃陳爲第一，渡江以後放翁、石湖〔註66〕。正德間都穆所言「予觀歐、梅、蘇、黃、二陳，至石湖、放翁諸公，其詩視唐未可便謂之過，然眞無愧色者也」〔註67〕是從宋詩發展史的角度論述的，列舉以時間爲順序。嘉靖間陳師《禪寄筆談》：「宋人詩學與唐不倫……故唐詩圓，宋詩方。雖王介甫、歐陽永叔、蘇子瞻、黃魯直諸公，號稱名家，不免此病」〔註68〕是以唐宋詩的差異來立論的。

如果參照《宋藝圃集》的排序，就會發現李蓘所論與所選並不一致。詩集中的排序按選詩數目由多至少依次是蘇軾、王安石、歐陽修、梅堯臣、陳師道、（蘇轍）、黃庭堅、張耒、曾鞏。而李蓘詩序中的「歐蘇曾王」，應該是從「韓柳歐蘇曾王」截取而來，是一個文章學上的排位。這一說法的形成，最早可追溯到明初朱右《八先生文集》，取八家之文合編。嘉靖三十五年（公元1556年）唐順之《文編》成書，於唐宋取此八家文章，與七子「文必秦漢」相抗衡，此書當對李蓘有所影響。而八大家之名至於家傳戶誦，是由茅坤《唐宋八大家文鈔》奠定的，該書成書是在萬曆七年（公元1579年），則與李蓘無涉。李蓘詩序中出現的這一文章學提法，正反應了當時文論與詩論的相互滲透，前七子的復古論正在遭遇來自各個領域的反思。

2、南宋諸家

方回所謂尤楊范陸四大家，除陸游外，餘者並不受李蓘肯定。范成大選詩僅8首，楊萬里6首，尤袤則沒有出現。李蓘序中對南宋諸家的詩風概括僅言及四人：「陸游之流便，嚴羽之婉腴，紫陽之冲容，謝翱之詭誕。」因而他選中的南宋四大家其實是朱熹、陸游、嚴羽、謝翱。

李蓘將陸游詩風概括爲流便，可以看出他對陸游詩歌選取的傾向性，明代對陸游詩的接受大多如此。如錢鍾書《宋詩選注》所論，陸游詩雖有悲憤激昂的愛國情懷與閒適細膩的生活場景兩個維度，但他全靠後一類型的詩作打動明清讀者，以至造成其老清客的形象〔註69〕。

華書局，1983，1232頁。
〔註66〕〔明〕瞿祐《唐三體詩序》，《歸田詩話》上卷，《歷代詩話續編》（下），北京：中華書局，1983，1235頁。
〔註67〕〔明〕都穆《南濠詩話》，《歷代詩話續編》（下），北京：中華書局，1983，1344頁。
〔註68〕〔明〕陳師《禪寄筆談》卷五，《四庫全書存目叢書》，子103冊，659頁。
〔註69〕錢鍾書《宋詩選注》，北京：人民文學出版社，1989，170頁。

　　朱熹詩選數量位列全書第二，所選五言古詩占絕大多數，表明李蓘在詩
學方面的審美旨趣。朱熹曾言「欲抄取經史諸書所載韻語，下及《文選》、漢
魏古詞，以盡乎郭景純、陶淵明之所作，自為一編，而附於三百篇、《楚辭》
之後，以為詩之根本準則。」〔註70〕可見重古詩輕律詩，而李蓘對朱熹這一
看法有某種程度的認同，從《宋藝圃集》古詩、律詩各居其半可以看出這種
傾向。雖然朱熹的詩論是針對江西詩派而發的，李蓘的選詩則針對明代以唐
為宗的復古派，但這不妨礙李蓘將朱熹的以古詩為尊拿來應對宗唐詩風帶來
的弊病，事實上，李蓘同時期一些士子纂輯古詩選本也是出於同樣的思路。
另外，也可以看出朱熹對李蓘的影響力要大於嚴羽。除嚴羽詩選數目最多的
五律遠低於所選朱熹古詩之數外，在創作實踐層面，嚴羽標舉盛唐氣象，與
李蓘反思宗唐觀念的理路不合，自然難同朱熹並論。對南宋詩人的評價，方
回《瀛奎律髓》重放翁、石湖似為較多人所接受，李蓘推重朱熹與陸游，略
為有異。清代李重華《貞一齋詩說》：「南宋陸放翁堪與香山踵武，益開淺直
路徑，其才氣固自沛乎有餘，人以范石湖配之。不知石湖較放翁，則更滑薄
少味，同時求偶對，惟紫陽朱子可以當之。蓋紫陽雅正明潔，斷推南宋一大
家。」〔註71〕可以說在這一問題上與李蓘是異代知音。

　　《宋藝圃集》的詩學價值在於它直接針對復古派的宗唐抑宋之說，以選
本的形式呈現出宗唐詩學觀念轉變的契機，並試圖超越籍由復古派確立的唐
詩審美範式，對宋詩的時代風格給予了初步的肯定。李蓘對宋詩的評論也跳
脫出了以唐範宋的模式。但是，由於李蓘晚年詩學觀念的變化，削弱了《宋
藝圃集》作為選本所體現出的宋詩特色，也使後人對它的印象停留在宗唐視
野的拘囿下。

　　正如李蓘的宋詩觀念受到了當時針對復古派的其他各家詩文觀念的影
響，他輯選宋詩的行為也並非空谷足音。與他同年的進士慎蒙也有《宋詩選》，
依照王世貞序言判斷〔註72〕，成書時間不會早於《宋藝圃集》，慎蒙留心搜集
宋詩的時間也與李蓘接近，也是鑒於「學士大夫於詩尊唐而斥宋」〔註73〕所

〔註70〕〔宋〕朱熹《答鞏仲至》，《晦庵先生朱文公文集》卷六十四，《朱子全書》，
　　　　上海：上海古籍出版社；合肥：安徽教育出版社，2002，3095頁。
〔註71〕〔清〕李重華《貞一齋詩說》，《清詩話》下冊，上海：上海古籍出版社，1978，
　　　　927頁。
〔註72〕〔明〕王世貞《慎侍御山泉公志略》，《弇州史料》後集卷二十，《四庫禁燬書
　　　　叢刊》史部49冊，443頁。
〔註73〕同上。

－136－

作。同時，與宗唐對立的觀念表述並不限於宋詩。最典型的是嘉靖三十七年（公元 1558 年），馮惟訥《詩紀》歷十四年成書，李蓘同年張四維在序中提到：「先生以雋才大雅，高步一時，見世之爲詩者多根柢於唐，鮮能窮本知變，以窺風雅之始……弘治間北地李先生獻吉，始以唐風爲天下倡，一時士人宗之，文體一振焉。及其敝也，株守名家，矜其學步，千金享帚，斯不遠覽之過耳。」〔註 74〕可見馮惟訥編選《詩紀》上溯唐以前，與李蓘究心唐之後都是有感於宗唐所導致的眼界局限。

李蓘隆慶六年（公元 1572 年）致仕後常居於家鄉，以著述爲業。除《宋藝圃集》外，他的大部分著作都是四十歲以後完成的。直到萬曆三十六年（公元 1608 年）李蓘去世的 36 年間，後七子復古思潮影響下產生的極端現象已有很大改觀。隨著隆慶四年李攀龍去世後，王世貞開始對少年時的氣盛之論進行反思，尤其是對宋詩的一系列討論的展開，李蓘理論上的對立面已經不復存在。

萬曆五年，李蓘重校《宋藝圃集》，以「離遠於宋，近附於唐」概括自己的選詩標準。萬曆十年，在《元藝圃集序》中，李蓘回歸了「宋人主理」的復古派舊論，批評宋詩「深刻而痼於理」，並稱「學人之辨於理也爲尤難。詩有至理，而理不可以爲詩，而宋人之謂理也，固文字之辨也，箋解之流也，是非褒貶之義也，茲其於風雅也遠矣。」〔註 75〕萬曆二十九年，李蓘將自作詩選爲《儀唐集》，在序中稱：「儀者何？靳其詩之若唐者也。」〔註 76〕綜合李蓘晚年的著述，可以看出他理論意識的強化，且向復古詩論全面回歸。究其原因，一方面是因爲理論對手的衰歇，另一方面可能是自身理論應和者的缺失。因爲像公安派那樣對宋詩此起彼合的呼應態勢要到萬曆中葉才產生，那時的詩論家才更能理解李蓘選宋詩的價值。

萬曆末年，李維楨序潘是仁所編《宋元詩》云：「王元美、李子田、胡元瑞、袁中郎諸君，以爲一代之才即有一代之詩，何可廢也。」〔註 77〕標誌著李蓘的宋詩觀念終於在理論層面有所歸屬，《宋藝圃集》的影響也由此得以展

〔註 74〕陳文新主編，《明代科舉與文學編年》，武昌：武漢大學出版社，2009，2214 頁。

〔註 75〕〔明〕李蓘《元藝圃集原序》，《景印文淵閣四庫全書》1382 冊，942 頁。

〔註 76〕〔明〕李蓘《儀唐集自序》，《李子田詩集》，《叢書集成續編》170 冊，458 頁。

〔註 77〕〔明〕李維楨《宋元詩序》，《大泌山房集》卷九，《四庫全書存目叢書》150 冊，495 頁。

開。明末詩學家曹學佺論及：「不肖從海內談詩，已知有宛李蓘，選漢晉唐宋以至我明，上下古今作者，至嚴核矣。」〔註78〕曹氏所編《石倉宋詩選》規模超過了《宋藝圃集》，明確標榜「以近唐調」的選詩取向，可見《宋藝圃集》對後來選宋詩者的垂範意義，由於李蓘對其宋詩傾向的抹滅，使它最終回到了宗唐視野的觀照之下。

〔註78〕〔明〕曹學佺《六李集序》，《石倉文稿》卷一，《續修四庫全書》1367 冊，836頁。

第四章　潘是仁與《宋元名家詩集》

　　萬曆四十三年（公元 1615）年，新安潘是仁刊刻了二百零八卷的《宋元名家詩集》。該書從體例來看，是人各一集，從流傳情況來看，也是單獨流傳居多，與一般詩人別集無異，因此，此書性質實爲別集叢刊。但比之一家一刻，潘氏以一人之力，刻 26 家宋人詩集，35 家元人詩集，且所選又具有較爲統一的詩學標準，因此本章將其視同總集選本加以研究。今國家圖書館所藏《宋元名家詩集》萬曆四十三年潘氏家藏本與天啓二年重修本是本章研究的主要依據。其中前者共四十二種，二百八卷；後者六十一種，二百七十三卷。兩刻宋人詩集皆 26 種，增益處都在元詩部分。《宋元名家詩集》見於明清兩代書目者，如《澹生堂藏書目》著錄二百一十卷，四十冊。至清人修《明史》，著錄此書僅一百卷，《千頃堂書目》也爲一百卷。此書的元詩部分卷數雖多但盛名難副，是導致後世對該書評價不高的主要原因。如鄭振鐸論此書「採擷未廣，取捨難當人意，猶是明人急就成章之習」〔註1〕以及「每家自數卷至十數卷，實則每卷有僅一二頁者，是故炫人目也。」〔註2〕所言每卷僅有一二頁者均爲元人詩集，宋人詩集沒有這種情況。

　　《宋元名家詩集》所選宋人 26 家爲林逋、唐庚、米芾、蔡襄、秦觀、文同、嚴羽、王十朋、葛長庚、陳師道、趙抃、袁萬頃、曾幾、陳與義、陸游、謝翺、戴復古、宋伯仁、戴昺、翁卷、趙師秀、徐照、徐璣、眞山民、花蕊夫人、朱淑眞。書中選取的大多是宋代尊尚晚唐詩風的詩人，不合此論斷者如陸游，選取的也多是閒適類作品。每人集中詩目按體裁分類，前有目錄，

〔註 1〕　鄭振鐸跋，《宋元名家詩集》天啓二年重修本，國家圖書館藏。
〔註 2〕　同上。

其中 13 家集前有潘是仁親筆撰寫的序引。根據天啓二年重修本鮑山序可知潘
是仁未待全書付印即已辭世,故而此書的元代詩選部分其實只存其綱,各家
詩集未及一一求訪,所以給後人留下故炫眼目的不佳印象。但宋詩部分體例
完善,足資重視。本書的刊行者潘是仁是一位在地方志中都沒有留下姓名事
迹的普通士子,但該書列有《彙定宋元名公詩集姓氏》(38 人)與《參閱姓氏》
(67 人),囊括了眾多當世名家,更有焦竑、袁中道、李維楨爲之作序相推崇。
可見潘是仁此書,某種程度上反映著整個時代的文化氛圍與文學走向。

第一節　《宋元名家詩集》的編纂

根據《宋元名家詩集》前附的名單以及錄藏該書的各書目可知,此書的
刊行者潘是仁,字訒叔,籍貫安徽歙縣,生活時間大致在萬曆一朝,是當地
名人潘之恒的侄子。遺憾的是,現存的潘氏族譜中並沒有記載潘是仁這一支。
潘之恒文集中有幾處提到潘是仁,均稱之爲社友,如在《虹臺》一文中提到
「萬曆丁未,同社一再宴敘於陳夜舒處」〔註3〕,其中有訒叔之名。陳夜舒是
歌姬的名字,此文中有「昔在丙午秋冬之交,余從秦淮聯曲宴之會凡六、七
舉。預會諸妙麗,惟陳夜舒最少,能揄袂作囀林鶯,傾上客。」〔註4〕可見此
處所謂「同社」參與的是曲宴,是以聽曲觀劇爲主。潘之恒的結社活動頻繁
而駁雜,賦詩、歌舞、狎妓、博戲、聽劇是這類社團共有的主題,因此,潘
是仁所參與的是詩社、曲社、酒社抑或其他則不得而知。

另一位歙籍文人黃奐,字玄龍,在詩集中多處提到潘是仁,如《幻影閣
別劉九逵郭聖僕潘訒叔汪建隆崔嫣然》、《重集潘訒叔樓頭值雨與呂樂師潘逸
眞郝子荊潘于離姪明遠限五言律詩得瞻字》、《同社臧晉叔陳延之潘景升羅子
昭張朔少張康叔黃隱叔汪二魯葉循父呂樂師張季黃潘訒叔張景明携妓泛舟
城西晚眺賦七言近體得亭字》、《潘訒叔將與苗姬別而子乃先歸臨行代敘別
意》〔註5〕等。這些詩題所列出的姓名勾畫出一個與潘是仁相關的交遊圈,
展現出的卻只有流連歌姬,詩酒放達的生活片段。黃奐在一封致友人信中寫

〔註3〕　〔明〕潘之恒《虹臺》,《亘史鈔》,《四庫全書存目叢書》子部 194 冊,163
　　　　頁。
〔註4〕　同上。
〔註5〕　〔明〕黃奐《黃玄龍詩集》,《四庫全書存目叢書》集 189 冊,460、474、481、
　　　　514 頁。

道：「文章詞賦固千秋不朽事，然此物自性靈出。養恬操行正是立言根本……常時聚談多酒食游戲，然亦正不必多言，祗各持其心而已。在騷士中周旋最易風靡，能于此立得腳定，便是我輩二三人相勉事。」〔註6〕雖不知收信人爲誰，但從相聚時多談酒食游戲生發感想，正可看作此類結社活動的寫照，而他與友人以「各持其心」相勉，也讓我們得以窺見他們更爲豐富的人生狀態。如詩題中出現的臧晉叔，即臧懋循，是《元曲選》的編者，又輯有《古詩所》、《唐詩所》。可見各人在詩酒流連之外，有著不同的偏好和事業。

潘是仁在這個交遊圈中並不活躍，同社詩集中，他的名字只零星出現在集社遊玩聯句長串名單的末尾。他本人沒有功名，沒有詩文集流傳，刊刻《宋元詩》大概是他一生中最重要的事業。這部由眾多名人參與編訂的宋元詩，最後是由潘是仁獨立刻成的。潘是仁在《宋元名家詩集》中留下的親筆題跋，可以確定他曾潛心收集宋元善本。根據其中的記載，他曾從焦竑處獲借《唐眉山詩集》與《陳後山詩集》。焦竑藏書不輕授人，卻對潘是仁慨然示之，說明彼此有一定的交誼。焦竑在《宋元詩序》中稱：「新安潘君訒叔所收二代諸名家甚多，至是擇而梓之。」〔註7〕李維楨稱「友人潘訒叔益搜葺世所不甚傳者百餘家。」〔註8〕可見潘是仁搜集到的詩集數量在百家以上。潘是仁在序跋中寫下不少自己對宋元詩的狂熱：「朝披夕詠，鼓掌叫絕，客有嘲之者曰，子近病痼耶？余曰，非也，余舊酷酩酊，而復益新醅，殆心醉耳。」〔註9〕但他生前未能完成全部刻印計劃，臨終前將刻板交付友人代爲刊行。鮑元則序云「當訒叔伏枕時，命其子出其所鑴板爲予泣云：辱在臭味，願託以成其志，沒身無恨矣。」〔註10〕這告訴我們，此書的輯刻是潘是仁一生心血所在。

一、《宋元名家詩集》與編者稽考

《宋元名家詩集》列有《彙定宋元名公詩集姓氏》38人與《參閱姓氏》

〔註6〕　〔明〕黃奐《黃玄龍尺牘》，《四庫全書存目叢書》集部189冊，536～537頁。

〔註7〕　〔明〕焦竑《宋元詩序》，《宋元名家詩集》萬曆四十三年刻本，國家圖書館藏。

〔註8〕　〔明〕李維楨《宋元詩序》，《宋元名家詩集》萬曆四十三年刻本，國家圖書館藏。

〔註9〕　〔明〕潘是仁《虞邵庵詩集序》，《國立中央圖書館善本序跋集錄》（六），180頁。

〔註10〕　〔明〕鮑元則《宋元詩序》，《宋元名家詩集》天啓二年重修本，國家圖書館藏。

67 人，這份名單中既有萬曆時的名宿大儒，也包含一些難以考證事迹的下層文士，由於潘是仁生平無法考知，所以名單中所列之人與潘氏的交遊也無法勾索。但可以確知的是，他們中的絕大多數都與潘之恒有來往，至於潘是仁如何邀請他們審定自己編刻的詩集，或是在什麼樣的情形下將詩集請他們閱目，只能大致推測是借助了潘之恒的交遊之力。潘之恒是新安最富盛名的文人之一，交遊廣闊，縣志稱其「恣情山水，海內名流無不交歡出入，座客常滿，彝鼎陳前，絲簧列後，雖濟囊冷突時亦然。」〔註11〕其生活的放達與喧囂，吸引了不少宗族子弟相隨。如李維楨作有一篇《贈潘季友序》，記載了潘之恒堂弟潘之悌幫其周旋日常事務與遠赴邊地行商的經歷。由此可見潘氏家族與當地徽商無異，也是亦商亦儒之家。潘是仁的叔輩潘萬嗣，兄輩潘是白，以及他本人，很可能像潘之悌一樣，常在潘之恒周圍，得以結交當世名公。

為便於論述，下表將名單分為歙縣與他籍兩部分：

籍　貫	彙定宋元名公詩集姓氏			參　閱　姓　氏		
他籍	李維楨	焦竑	湯賓尹	袁中道	曾國禎	李遵
	顧起元	馮時可	鄒迪光	湯有光	胡士奇	計成久
	董其昌	李日華	范允臨	葛大同	馮國英	王制
	周士顯	俞彥	晏文輝	吳之鯨	李予瑁	張懋謙
	黃汝亨	羅大冠	鄒衝	虞國儒	聞啟祥	尹迴
	張維禎	黃景星	張師繹	王應翼	譚元春	黃世康
	何棟如	彭宗孟	張國維	王乾	曾守廉	胡演
	陳臣忠	戴九玄	夏之令	王繼皋	費元祿	陳光述
	祁承爜	張垣	王漢杰	宋珏	趙孟周	郭天中
	許令典	魏士前	唐玉	汪有恒	胡宗仁	許都
	鍾惺	楊嗣昌	羅尚忠	林樧	陳玄胤	沈士弘
	葉胤祖	顧大猷		鄧名漢	章斐然	張遂辰
				李士彥	鍾人杰	龍驤
				林古度	賀懋光	范迂

〔註11〕石國柱等，《民國歙縣志》卷十，《中國地方志集成‧安徽府縣志輯》，南京：江蘇古籍出版社，1998，404 頁。

歙縣	鮑應鰲　洪都　　畢懋康	黃應宮	李流芳	程春遠
		吳惟明	程嘉燧	黃奐
		吳士睿	吳嗣衍	王之俊
		鮑鼎鉉	汪起龍	汪萬源
		吳嗣慈	汪萬川	王之杰
		鮑守雌	鮑正元	洪朝宋
		黃成象	曹臣	潘之恒
		潘萬嗣	潘是白	汪汝鳳
		畢懋謙		

潘是仁的籍貫歙縣，是徽州府所在地，古稱新安郡，西鄰黃山，土產豐富而少耕地，又處新安江上游，可直通杭州，具有商品流通的天然優勢，因此民多棄農從商。唐宋以來，徽人廣泛利用山林資源，經營木材、生漆、茶葉、文房四寶等貿易，形成了相當規模的商人群體。明代成化以後，兩淮、兩浙成為鹽商集聚中心，徽商佔地利人和，形成了鹽、典、茶、木四大行業，商業活動遍布全國。其經營多以宗族為單位，在地方廣立宗祠、會館、書院，亦商亦儒，塑造了極富特色的徽州文化。

潘是仁生活的萬曆年間，正是徽州及徽商所處的鼎盛時期，經濟的活躍、生活的富庶，以及周邊山水風景的魅力，滋養出當地濃厚的文化氛圍。表中所列歙縣籍的 28 人，按照不同宗族分類又如下表：

宗　族	人　　　物
潘氏	潘之恒　潘是白　潘萬嗣
程氏	程春遠　程嘉燧
鮑氏	鮑應鰲　鮑鼎鉉　鮑守雌　鮑正元
汪氏	汪起龍　汪萬源　汪萬川　汪汝鳳
吳氏	吳惟明　吳士睿　吳嗣衍　吳嗣慈
其他	洪都　洪朝宋　畢懋康　畢懋謙　黃應宮　黃奐　黃成象　王之俊　王之杰　李流芳　曹臣

其中，程、鮑、汪、吳四家，是歙縣有名的大族，各族中都有不少精於藏鑒者，帶動了當地的收藏之風，為當時和後世稱道：

> 休、歙名族，乃程氏銅鼓齋，鮑氏安素軒，汪氏涵星研齋，程氏尋
> 樂草堂，皆百年巨室，多蓄宋元書籍法帖、名墨佳硯、奇香珍藥，

> 與夫尊彝、圭璧、盆盎之屬，每出一物皆歷來賞鑒家所津津稱道者，
> 而卷冊之藏尤爲極盛。諸先生往來其間，每至則主人爲設寒具，已
> 而列長案，命童子取卷冊，進金題玉躞，錦贉綉裓，一觸手古香經
> 日不斷，相與展玩歡賞，或更相辯論，斷斷不休。〔註12〕

　　在清人的記憶中，新安望族所藏古物不可勝數，且藏而不秘，常與人同享雅趣，主人爲訪求者設具陳列，一同展玩觀摩，並相互切磋討論，使當地形成了交流互通的博古風氣。其中尤其提到卷冊之藏，宋元書籍字畫的聚集，也爲刊刻出版帶來了便利的資源條件。胡應麟將歙縣與蘇州、常州、金陵、杭州並列爲刻書之地，而歙縣的刻書之風，最早就是由這些家族中的士子興起的：

> 明之中葉，邑中有力好古之家競尚刻書。豐南吳勉學設肆名師古齋，
> 刻書最多。見存者有……《唐詩正聲》……，汪士賢刻《漢魏六朝
> 名家集》，部帙俱不少，頗見於藏家之目。〔註13〕

　　參與《宋元名家詩集》的歙縣宗族子弟，如程春遠、吳士睿、吳嗣衍、吳嗣慈、汪起龍、汪萬源、汪萬川、鮑鼎鉉、鮑守雌、王之俊、洪都、黃應宮、黃成象等，雖名不顯，但各自的家族背景已經宣示出他們可能具備的文化資源。而其中有功名或文名者茲考證如下：

鮑應鰲：字山甫，號中素，萬曆乙未進士。

畢懋康：字孟侯，號東郊、澹明居士。弱冠即工古文辭，有《西清集》二十卷、《管涔集》五卷。

李流芳：字長蘅。好佳山水，中歲於西湖尤數至。書法規模東坡，畫出入元人。嘗創作《芥子園畫譜》。於詩信筆書寫天然，品在斜川、香山之間。謝嘉賓令嘉定時，合唐時升、婁堅、程嘉燧及流芳詩刻之，日《嘉定四先生集》。

吳惟明：吳遠，字惟明，號康虞，歙縣岩鎮人，由進士授莆田令，封守振民急，以其暇程試弟子員親爲授業。不費於民，以禮讓人，彬彬治郡九年，致仕歸。

〔註12〕〔明〕黃崇惺《草心樓讀畫集》，《美術叢書》第一輯，上海：神州國光社，民國三十六年（1947），116頁。

〔註13〕石國柱等，《民國歙縣志》卷十六，《中國地方志集成·安徽府縣志輯》，南京：江蘇古籍出版社，1998，702頁。

程嘉燧：字孟陽，號偶庵。性高曠，工詩書善畫，曉音律，爲王弇州、王文肅所重。崇禎中錢謙益以侍郎罷歸，築耦耕堂，邀嘉燧讀書其中，稱松園詩老。著有《松園浪淘集》、《偶庵集》。

黃奐：字玄龍。歙縣石嶺人。博涉經史，工詩文，常走吳越名籍，甚好賓客，恒至傾囊，居嶺上羅穎樓，著詩文甚富。可以證明他是潘是仁較爲親近的友人。其詩集中有《重集潘訒叔樓頭值雨與呂樂師潘逸眞郝子荊潘子雕姪明遠限五言律詩得瞻字》：「況是燒燈近，當窗想玉蟾。」又有《雪霽訪鄒臣虎先生看所做宋元名家畫冊遂放小舟探梅孤山次韻》、《將汪然明張卿子集眞實齋鑒定北宋藏畫聽吳客三弦共賦七言律次韻》〔註14〕。從賦詩內容及詩題中標識出的活動來看，或許與《宋元名家詩集》的輯刻有一定關聯。另外，其論詩云：「詩之效，能使人蟬脫塵垢，泡影榮利。」〔註15〕結合《宋元名家詩集》所選詩人作品，可以看出黃奐的詩歌觀念與潘是仁審美趣味的一致性。

王之杰：字于凡，歙縣芭蕉里人。好博綜，酣吟詠，有山水癖，尤喜探梅，題詠梅花詩不啻數百十首。常與潘之恒、羅逸、鮑元則等遊黃山，號爲山中耐久朋。《遊黃山隨札二》：「丙午夏與鮑元則盟於天都之下……戊申中秋乃謀於同社潘景升、黃玄龍共尋盟。」

鮑正元：字元則。歙縣棠樾人。著有《香雪林稿》、《南萍居詩》、《西華初草》。高近絕俗，建蓮花庵於桃花源，與僧印我及鄭重、郝璧諸人結社參禪，鼎革後爲僧，法名眞沐，以所置黃山諸產悉歸慈光常住，工畫蘭竹。他是《宋元名家詩集》的最後刊行者。

洪朝宷：字亮卿。工蕉石，兼工書。《宋元名家詩集》中的李維楨序文就是由他書寫的。

曹臣：字野臣、藎之，號文幾山人。一生窮困潦倒，著有《舌華錄》，潘之恒爲之作序。

汪汝鳳：字鳴瑞。潘之恒《黃海》卷十五有汪汝鳳《題黃山名勝四十韻》，其中自序：「余舞象年從兄仲翔授舉子業於黃山之丞相原，時同館有謝少連、方君在、王子和、潘景升四君。」

〔註14〕〔明〕黃奐《黃玄龍詩集》，《四庫全書存目叢書》集189冊，474、489、490頁。

〔註15〕〔明〕黃奐《黃玄龍小品》，《四庫全書存目叢書》集189冊，524頁。

畢懋謙：字僑之。畢練，字純中，邑諸生，家貧，下帷負郭，丹鉛自喜，尋棄帖括學，卜築六連湖上，課農垂釣不復他事。唯取生平所讀詩史，隨摘二三怪事，鱗次成帙，題曰《彙雋》。族子懋謙，性亦近，並以詩名。

潘之恒（1556～1621）：字景升，嘉靖間官至中書舍人，早年師事王世貞及同里汪道昆，入白榆社，成為復古派晚期的重要成員；後傾心公安派，與袁宏道兄弟友誼很深，袁宏道曾為其選定詩集《涉江集》。潘之恒更為後人熟知的成就在於戲曲理論方面，他與湯顯祖、沈璟交往密切，撰寫過大量劇評與演員小傳。

潘之恒早年即好冶遊，結交友人，梅守箕《潘景升詩集序》曰：「景升好遊，而吳越近在京國，其間名山川以十數，丈履必至，至必記之歌詠，凡所交接與邂逅之遇，或贈以言，寓情述景，月無虛日。」〔註16〕晚年自號天都逸史，廣邀名人來遊黃山，自為東道主，李維楨云「黃山新闢道，四方來觀者日益眾，新安富人工結納，冠蓋韋布造請郡邑無虛日，以景升為東道主者強半。」〔註17〕在這樣廣結賓客的生活中，潘之恒集中友人力量，編刻了《黃海》和《亘史》。

《黃海》是一部關於黃山的博綜之作，參與校訂的人中不少與《宋元名家詩集》的校訂者重合，如李維楨、顧起元、羅大冠、張師繹、黃汝亨、馮時可、湯賓尹、汪汝鳳、鮑正元、畢懋康等。可見潘是仁與當世名家的交往很大程度上依靠潘之恒的關係脈絡。《亘史》一書更為駁雜，絕大部分是敘述作者耳聞目見的貞潔烈婦之迹，名媛閨秀之事、俠女歌妓之行，也記載了一些歙縣當地的孝友、耆壽之人，甚至包括一些當時流傳的奇聞異事諧語、仙佛因果報應以及少量的地方物產與景觀，因為對於後者，已有《黃海》一書專門輯錄。潘之恒的不少友人直接參與了《亘史》的創作，如李維楨、湯賓尹、顧起元、董其昌、黃汝亨等人，都是內容的提供者。潘之恒這兩部作品，雖未入後世四庫館臣法眼，被嫌為體例不純，但是當時新安地區的生活場景卻能藉以展現，一些普通人物的事迹也可賴以鉤沉，而明代文人的文化生活也由之可見一斑。

有賴明代出版業的繁榮，晚明文人編訂的書籍十分龐雜，除了自己的詩

〔註16〕〔明〕梅守箕《潘景升詩集序》，《鷿嘯集》卷首
〔註17〕〔明〕李維楨《吳孺人壽序》，《大泌山房集》卷四十三，《四庫全書存目叢書》151冊，413頁。

文集之外，雜鈔、雜史之類的作品也很多，潘之恒的兩部著作正是這類代表。而由其編行方式也可看出，晚明文人通力合作募刻書籍或協助審定他人著作是一種常態，正如李維楨《題募刻黃海卷》提到的那樣：「卷帙浩繁，繕寫剞劂非韋布一夫所可辦，敬告四方同志，通力合作。」〔註18〕基於這樣的風氣，潘是仁的《宋元名家詩集》得以請動諸多當世名宿也就不足爲奇了。

參與編訂《宋元名家詩集》的 77 位非歙縣籍文人，如下人物生平可以考知，其中有數位在晚明文壇有重要影響，且與新安潘氏族人來往密切：

晏文輝：號懷泉，南昌人。萬曆二十七年令武進，因見邑志從未有屬稿者，萬曆甲辰請人撰修縣志。

張師繹：字克雋，慶澤，武進人，萬曆進士。杜門著書，所著有《讀史》一編、《月鹿堂集》。

許令典：字穉則，號同生。萬曆丁未進士。令上饒調繁無錫，並有惠政。左遷去二十年，浮沉中外，晚守淮安，以廉著任。會中瑞出鎮，即日引疾歸，構東垞、西垞於黃山之麓，自號兩垞外臣。野服策杖其間，與販夫牧豎坐問答，不知爲大夫也。邑有大利害輒陳當事，無不以一言爲重。家居絕綺紈、禁梨園、簡宴會。詩文取達意而止，雅擅書法，不欲與時竟工。萬曆三十六年任無錫。

羅尙忠：字化城，青陽人，隆慶四十一年癸丑進士。

曾國禎：字德符，號有庵。江西臨川人。萬曆四十四年進士，次年知烏程。

李遵：字于鴻，寧波人。萬曆四十七年進士。

吳之鯨：字伯裔。仁和人。文才俊爽，高自標置，每一脫稿即付剞劂，或規之，曰：「吾以防散逸耳。」與黃汝亨相友善，所著詩文甚富，萬曆己酉舉於鄉，數上春官不第。

聞啓祥：字子將，錢塘人。博綜群書，尤工制舉業。武林東南都會，江廣閩越之士，登賢書者，公車到武林，必質義於祥，品題甲乙。命梨棗曰行卷，制義之有行卷，自祥始。性好延納，每庀舟車，務府傳宴，會賓客若置驛然。

〔註18〕〔明〕李維楨《大泌山房集》卷一百三十三，《四庫全書存目叢書》153 冊，729 頁。

陳光述：字夢庚，號二酉。爲諸生時聲名籍甚，舉明經，官中書舍人，爲人好施，周人急唯恐不贍，工音律，早卒。

宋珏：字比玉，莆田人。少得程嘉燧《荔枝酒歌行》求七年以兄事之。能詩畫。在虞山與錢謙益、瞿式耜諸人遊，爲人豪爽，八分書特爲精妙。

郭天中：字聖僕，莆田人。黃奐有《幻影閣別劉九逵郭聖僕潘訏叔汪建隆崔嫣然》，可見是潘是仁的詩友。

章斐然：字華甫，錢塘人。潘之恒《壬子秋夕宗鏡堂分韻詩》提到此人，應是潘氏家族友人。

張遂辰：字卿子，錢塘人。少羸弱，醫不獲治，乃自檢方書，上自扁鵲，下至近代劉張朱李諸大家，皆務其窮旨，病遂已。善詩，古文詩有《湖上白下集》，文苑中人也，以醫掩然，學者多稱道之。

李維楨（1547～1626）：字本寧，京山人，隆慶二年進士。末五子之一，論詩宗唐，曾云「樂府古詩承三百篇之流，而開唐以後近體之源，三百篇不可尚已，漢魏及六朝取法非難，而近代多攻唐體，頃又取中晚及宋元俚俗之調爲眞詩，欲與三百抗衡，而漢魏六朝置不省矣。」〔註19〕對公安派有所微言。與潘之恒相識於萬曆十二年，自云：「歲甲申，余遊新安，汪司馬昆季爲言里人潘景升才也，因以余見景升，既相得甚歡，恨相見晚。」〔註20〕他與潘氏家族交誼最深，曾爲族中許多人作序文，如《潘長公家傳》、《孝廉潘伯子墓誌銘》、《潘太學墓誌銘》、《處士潘君墓誌銘》、《贈潘季友序》等。

焦竑（1540～1620）：字弱侯，號澹園，江寧人，萬曆十七年狀元。博極群書，自經史至稗官，無不淹貫，文獻類著作有《焦氏藏書目》、《國史經籍志》等。評點過的宋集有《東坡志林》、《蘇老泉文集》，編纂過的有《張于湖集》、《坡仙集》。《宋元名家詩集》中的《唐眉山詩集》與《陳後山詩集》均來自焦竑藏本，同時他在此書序中稱賞潘是仁「回百年已廢之學」的功績。

袁中道（1575～1630）：字小修，公安人，萬曆二十一年與潘之恒相識。潘之恒與袁氏兄弟非常投契，自云「余既盟小修，以神交中郎，及爲吳令，

〔註19〕〔明〕李維楨《黃禹鈞詩草跋》，《大泌山房集》卷一百三十二，《四庫全書存目叢書》153 冊，696 頁。

〔註20〕〔明〕李維楨《潘長公壽序》，《大泌山房集》卷三十四，《四庫全書存目叢書》151 冊，223 頁。

始通書定盟。」〔註21〕袁宏道在結識潘之恒後曾寫信給袁宗道說：「已復道岩鎮，客潘景升家……自墮地以來，不復有此樂……潘景升忒煞有趣……已約同至杭」，友人聚首之喜悅溢於言表，並稱「岩鎮聚首是見在樂，與景升南遊是未來樂」〔註22〕，可見與潘之恒的交往酣暢快意。也是在這封信中，袁宏道說自己「近來詩學大進，詩集大饒，詩腸大寬，詩眼大闊。」〔註23〕正是意氣風發，捭闔眾人，獨抒性靈之時，其精神氣質與周圍友人一定彼此感染，因此，潘之恒的詩學觀念從復古派向公安派的傾斜也是發生在這一時期。而他與袁氏兄弟的頻繁聚首交接，書信往來，也給潘是仁接近詩壇風向創造了空間。雖然，袁中道爲《宋元名家詩集》作序時袁宏道已經去世五年，公安派前期激烈昂揚的理論已被小修不斷反思，但是潘是仁在立意搜集宋元詩集時未嘗沒有受到袁氏兄弟的影響。

湯賓尹：字嘉賓，宣城人，萬曆二十三年進士，官國子監祭酒，在朝時影響甚大，號爲宣黨之首。萬曆四十年曾與潘之恒遊黃山，這時他已罷職歸家。《題募建華嚴閣冊子》一文中曾說：「而後先疏倡者，曩有袁了凡、馮具區，近有黃貞父相左以右，實惟潘景升諸公，皆予所敬愛交平生好者。」可見二人交誼非淺，但與黨爭實無關聯。

顧起元（1565～1628）：字鄰初，江寧人，萬曆二十六年進士。金石家，書法家。萬曆二十年曾與何棟如、俞彥結文社，此二人也是《宋元名家詩集》的審定者。顧起元晚年築遁園，號遁園居士，閉門著述。

馮時可：字元成，號文所，華亭人，隆慶五年進士。其父爲御史，被譽爲鐵口、鐵膝、鐵膽、鐵骨。馮時可是張居正門生，但不甚附和，故官位不顯。萬曆三十三年，作《五子贊》，與邢侗、王稚登、李維楨、董其昌合稱爲「中興五子」。

鄒迪光（1550～1626）：字彥吉，號愚谷，無錫人。萬曆二年進士，十七年罷歸，築愚公谷，與文士觴詠，極園亭歌舞之勝。工詩文，善畫山水。與王世貞輩先後主文壇，論文傾向七子派。

〔註21〕〔明〕潘之恒《解脫》，《鸞嘯小品》卷一
〔註22〕〔明〕袁宏道《伯修》，《袁宏道集箋校》，上海：上海古籍出版社，2008，492頁。
〔註23〕同上。

范允臨（1558～1641）：字至之，號長倩，吳縣人。文正十七世孫，萬曆二十三年進士，授南京兵部主事。書法與董其昌相伯仲，遠近爭購之。潘之恒《鸞嘯小品》卷十二中有與之書信三封，其一道：「經三吳二月餘，舊交無人不會，無會不豪，無日不舟、不園、不妓、不劇。無夜不子，無勝不躋，無花不品題，無方外高流不探訪，無集不拈詠，無不即集成。無鮮不嘗，無醞不開，無筐庋不傾倒，似快遊乎。」〔註24〕可見交往密切。

董其昌（1555～1636）：字玄宰，號思白，華亭人，萬曆十六年進士，與焦竑、陶望齡同年。晚明著名的書畫家、鑒賞家。多次遊歷黃山，對新安畫風的形成有很大影響。

李日華（1565～1635）：字君實，嘉興人，萬曆二十年進士。官至太僕少卿。恬澹和易，與物無忤。能書畫，善賞鑒，晚明士大夫好古博物，以李日華、董其昌最富盛名。《味水軒日記》多次提到與潘之恒的交往。如萬曆四十二年四月齊雲山之行，記道：「潘景升來顧，貽余《黃海》、《亘史》等書三套，又具素饌於提點房，夜坐至二十刻而別，且訂秋杪黃山之遊。」

譚元春（1586～1637）：字友夏，竟陵人，萬曆三十二年與鍾惺結識。集中有《贈李校書同潘景升》、《逢潘景升》、《將歸送潘景升》等詩。從年齡上來看，鍾、譚皆是潘之恒的晚輩，但在詩文交遊方面卻很受潘之恒推重。萬曆四十六年至四十七年，潘之恒將遊宣城、白門之作合刻爲《戊己新集》，特別請譚元春作序，譚元春在文中概括潘之恒的詩學變化爲「不非人之變，而不欲以一日自足者也。……六十年中，初與琅琊、雲杜遊，歡然同志也。已而與公安交，復歡然同志。……今二三有志之士……景升復歡然同志於其間……夫不變不化，則安有景升焉。」可見，潘之恒在公安派之後，也曾對竟陵派的詩學觀念有所接受。

鍾惺（1574～1624）：字伯敬，竟陵人，萬曆三十八年進士。鍾惺幽深孤峭的詩學觀形成於中進士後，自云「庚戌以後，乃始平氣精心，虛懷獨往，外不敢用先入之言，而內自廢其中拒之私，務求古人精神所在。」〔註25〕《詩歸》的編行，是在萬曆四十二年至四十六年。這一時期，鍾惺與潘之恒在輯刻書籍方面常有交流往來，曾爲潘之恒《三吳越中雜誌》撰文募刻。《宋元名

〔註24〕〔明〕潘之恒《湯嘉賓太史》，《鸞嘯小品》卷十二
〔註25〕〔明〕鍾惺《隱秀軒集自序》，《隱秀軒集》卷十七，上海：上海古籍出版社，1992，259 頁。

家詩集》的刊行是在萬曆四十三年，由此推斷，潘是仁將所選詩集請其審定，時間不但相合，甚至有可能在審美趣味上受到一定影響。

二、「一代有一代之詩」──不同立場的共有表達

　　雖然已經很難考知《宋元名家詩集》彙定或參閱名單中的每個人當時究竟是否眞的花費精力，或者說，投入了多大的熱情到這項輯刻行爲中來，但是至少最低限度是成立的，即他們知道詩壇上出現了這樣一部詩集。那麼，追究一下當時各詩論家的看法，就顯得十分必要了。潘是仁請到三位萬曆年間詩壇有極大影響力的人物爲他的書所序，他們是李維楨、袁中道和焦竑。在論詩立場上，三人本屬不同派別，但是回到萬曆中後期的現實語境中，則會發現他們對宋元詩的態度較爲一致，這種趨同的體認角度，反映出他們各自所代表的詩壇脈絡在這一時期的交彙、融合與互通。

　　李維楨早年受王世貞賞識，論詩推重漢魏盛唐，他爲潘是仁作序文時已年近七十，其宗唐的立場雖沒有根本改變，但他對詩壇的動向是很有把握並有所吸收的，所以他在序文中說：

> 詩自三百篇至於唐而體無不備矣，宋元人不能別爲體而所用體又止唐人，則其遜於唐也故宜。明興，詩求之唐以前漢魏六朝，唐以後元和大曆，鍜鍜窺三百篇堂奧，遂厭薄宋元人，不復省覽。項日，二三大家，王元美、李子田、胡元瑞、袁中郎諸君，以爲一代之才即有一代之詩，何可廢也，稍爲摘取評目。〔註26〕

　　李維楨開宗明義宣稱自己的詩學觀，即宋元詩不及唐，乃無可爭辯之論，其所承接的正是他隨之敘述的明興以來嚴別詩體，厭薄宋元的思路。但他身爲末五子之一，文學交遊的起點正處復古宗唐思潮的衰落期，對當時詩壇領袖王世貞所持有的詩論反思傾向一定有所感知。王世貞晚年曾爲愼蒙《宋詩選》作序稱：「余所以抑宋者，爲惜格也，然而代不能廢人，人不能廢篇，篇不能廢句，蓋不止前數公而已，此語於格之外者也。」〔註27〕這可以看做是李維楨序中所稱王元美認爲一代有一代詩的直接根據。王世貞對宋元詩有所

〔註26〕〔明〕李維楨《宋元詩序》，《宋元名家詩集》萬曆四十三年刻本，國家圖書館藏。

〔註27〕〔明〕王世貞《宋詩選序》，《弇州續稿》卷四十一，《景印文淵閣四庫全書》1282 冊，549 頁。

採納的切入點是代不能廢人，但他仍然將這種接受排斥在自己建立的體與格的詩學標準之外，而李維楨的看法實際上將王世貞所謂「格之外」的內涵具體化了：

> 余爲童時受詩治舉子業，其義訓詁，其文排偶，無關詩道。比長而爲詩，亦沿習尚，不以宋元詩寓目，久之悟其非也。請折衷於孔子。古之詩即古之樂，孔子自衛返魯，而後樂正，雅頌各得其所，其人皆天子、諸侯、卿大夫之倫，其事皆宗廟朝廷、經文緯武之業，可無置議。至於十五國風，其人或農漁樵牧，戍卒獵徒，候人伶官，棄婦怨女，妾媵之賤，淫奔之偶，其事或置兔包麕，從狼載犬，倩笑美眄，贈藥貽椒，桑中濮上，婆娑挑閫之行，悉以施五音六律，而列國聘使往往賦之言志。以宋元人道宋元事，即不敢望雅頌於十五國風者，寧無一二合耶？魯備六代之樂，季札所觀，若鄭若陳若鄶若曹，與雅頌並奏，其來已久，孔子豈不知鄭音好濫淫志，衛音趨數煩志，齊音敖闢喬志，而悉收之。聲音道與政通，審聲知音，審音知樂，審樂知政，而治道備矣。宋詩有宋風焉，元詩有元風焉，採風陳詩，而政事學術好尚，習俗升降污隆，具在目前，故行宋元詩者，亦孔子錄十五國風之旨也。〔註28〕

在第三章中已經探討過李蓘論及宋詩發展時採用的是溯風望氣，觀詩以知世的方法，這實際上就是儒家禮樂思維的延續。宋詩既然無法見容於復古派所設立的體制與格調的規範，那麼如何提升其價值就成爲一個迫切的問題。李維楨作爲一個詩學的復古論者，找到的方法是「折衷於孔子」。他將宋元詩看作是宋元之風，通過對孔子詩、樂、禮、教的回溯，將詩歌與時代的關係重新表述，以此來肯定宋元詩作爲音調的存在價值。因爲在復古派那裏，詩歌與音調的聯繫一直被重視，他們排擊宋詩的重要理由就是「宋人主理不主調」，所謂的宋調不具有學習的價值。而如果站在審音而知世的立場，則詩之音調作爲一種時代風氣的反應，那麼任何一種音調都有採納的必要，因爲它所反映的是一個特定時代的習俗好尚，作爲博雅君子，勢必應該以此通曉歷代之政，而不應有所偏廢。這種徵聖尊經的方法看似老套，實則卻是詩歌理論細化到一定階段之後的必然反省。前七子倡復古宗唐以來，對詩歌審美

〔註28〕〔明〕李維楨《宋元詩序》，《宋元名家詩集》萬曆四十三年刻本，國家圖書館藏。

的標準一直在體與格兩個概念中周旋，要求學詩者嚴格遵循詩歌的體裁與其對應的風格，其間最大的弊病即是抄襲模擬，所以復古派的反對者，如公安諸君才會孜孜以求真詩之所在。而李維楨從詩教的角度得出一樣的結論：「夫詩可以觀，以今人詩觀今人，何不類之甚也。」〔註29〕感慨的正是詩人一味復古所導致的自身時代風格的缺失。由此也可以看出，無論何種理論視角，所折射出的都是特定時代的詩壇現狀。當詩歌審美的理論形式過度發達之後，內容的重要性就會凸顯出來。李維楨將政事、學術、習俗作為詩歌內容中有意義的成分來界定一代之詩的價值，從而將採風陳詩作為理由關注宋元詩的內容層面，這是其認同時人「一代之詩不可廢」的基點。

而在焦竑那裏，李維楨的理由是經不起推敲的。焦竑認為「宋人競以意見相高，古之審聲以知治者幾於絕矣。」〔註30〕這則看似是對宋詩議論說理的批評，最後也確實歸結到「宋詩主義，於性離；唐詩主調，於性近」〔註31〕的結論，實際上正好點出了詩教觀念用於理論構建時存在的癥結，即以詩設教雖然是詩學理論崇高神聖的原始義，但它顯然已經不能與後世詩歌的發展相適應，任何一種復古的追溯與嘗試，其實只能限於旗幟性的標舉和意義上的提升，而非內涵的切合。雖然與李維楨分屬不同立場，但是焦竑對「一代有一代詩」的提法也非常認同，以下是焦竑為《宋元名家詩集》所作序文：

> 西人利瑪竇之始至，余問以若知孔氏之教乎？曰不知也。抑知釋與老乎？亦曰不知也。余曰：若爾，向學者宜何從？曰：一國自有一國之聖人，奚必同。余甚賞其言。維揚顧所建兄過厥嘗梓漢魏人詩，余謂此編當為詩準，君乃謂一代有一代之詩，其必漢魏之是而近代之非乎？余喟然歎曰：有是哉！顧君錯綜今古，得風雅之情，其見及於此，非偶然也。余謂此與利君之言皆千古篤論，而知者希矣。何者？在心為志，抒志為詩，情觸境而生，語衝口而得，此豈假於外索哉？自李空同氏倡復古之說，後進相為附和，未知自反，於是摹擬剽奪之習興，而抒情達意之趣少。波靡雲委，其風日頹，頃物極而返，有無為宋元諸家吐氣者？豈以人心之靈，千變萬化，必不

〔註29〕〔明〕李維楨《端揆堂詩序》，《大泌山房集》卷十九，《四庫全書存目叢書》150冊，720頁。

〔註30〕〔明〕焦竑《三秀亭詩草序》，《焦氏澹園續集》卷二，《續修四庫全書》1364冊，556頁。

〔註31〕同上。

可執己陳之芻狗而爲新，雕宋人之楮葉而亂玉也，見亦卓矣。新安
潘君訒叔，所收二代諸名家甚多，至是擇而梓之，令學者知詩道取
成乎心，寄妍於物，含茹萬象，融會一家，譬之桔梗稀苓，時而爲
席，何爲而不可。不然，堯行禹趨而不知心之精神爲聖人所重，爲
西人笑耳。然則發今人欲悟之機，回百年已廢之學，其在斯人也夫，
其在斯人也夫！〔註32〕

　　從焦竑的序文可以看出，「一代有一代詩」的觀點並不是他提出的，而是
其友人顧所建的看法。顧所建的詩學興趣雖然集中在漢魏古詩，但他通達地
認爲不必以漢魏爲是而以近代爲非，這種不立標準的詩論感言，顯然是受到
復古派門戶衰歇之後詩壇理論風氣鬆動融通的影響。焦竑通過和利瑪竇的交
流，學術眼界已經大爲開闊，因而更容易接受詩學理論中的兼容氣象，所以
他將「一國有一國之聖人」與「一代有一代之詩」聯繫起來，以史學家的眼
光來看待明代詩學的紛爭變遷。他將李夢陽爲代表的復古詩派置於詩學史的
進程中，認爲其模擬之弊的產生是因爲附和之聲多而反思之見少，而爲宋元
吐氣則是出於物極必反的理由。焦竑這種史學家的思路顯然泯滅了不同詩學
派別間詩學觀念的對抗性，而更重視理論的相承相繼，從這個角度來看，輯
刻宋元詩就不再是對復古派觀念的有意牴觸，而是物極而返的必然規律，是
詩學史前行的必然步驟。焦竑的詩學觀大體偏重不假於外物的抒情言志論，
而復古派遵循古體，講求體格的論調所導致的今人之心靈意趣的缺失在詩學
的層面上並不與其相合，因此他在詩論層面贊許「一代有一代詩」。與此同時，
公安派雖將萬曆時期詩論界萌發的反思推向了新的高度，成爲名副其實的「爲
宋元吐氣」者，然而袁氏兄弟的詩學觀念卻始終未能背離宗唐的理路，如袁
中道曾說：

詩以三唐爲的，舍唐人而別學詩，皆外道也。國初何李變宋元之習，
漸近唐矣。隆萬七子輩亦效唐者也。然倡始者，不效唐諸家，而效
盛唐一二家，若維若顥。外有狹不能收之景，內有鬱不能暢之情，
迫脅情境，使過抑不得出，而僅僅矜其毅率，以爲必不可踰越。其
後浸成格套，真可厭惡。後之有識者矯之，情無所不寫，景無所不
收，而又未免舍套，而趨於俚矣。僕束髮即知學詩，即不喜爲近代
七子詩。然破膽驚魂之句，自謂不少，而固陋樸鄙處，未免遠離於

<hr>

〔註32〕〔明〕焦竑《宋元詩序》，《宋元名家詩集》，天啓二年重修本，國家圖書館藏。

法。近年始細讀盛唐人詩，間有一二語合者。昔吾先兄中郎，其詩
得唐人之神，新奇似中唐，溪刻處似晚唐，而盛唐之渾含尚未也。
自嵩華歸來，始云吾近日稍知作詩。天假以年，蓋浸浸乎未有涯也。
今人好中郎之詩者忘其疵，而疵中郎之詩者擯其美，皆過矣。〔註33〕

　　小修將唐人之詩與明代七子學唐人之詩進行了有意識的區分，唐人之詩
不僅有盛唐之渾含，還包括中唐之新奇、晚唐之峭刻；七子學唐人局限於盛
唐，不學唐諸家而限於一二家，漸成格套，這正是公安派所反對的，也是公
安派理論得以盛行的基礎。「近年始細讀盛唐人詩」的背後含義正是早年有意
不讀唐人詩，是出於對「近代七子詩」的有意反叛。然而對七子的反叛並不
完全等同於對宗唐詩學觀的背反，袁中道進行的這種區分正是針對時人對公
安詩風「不肖唐人」的議論做出的，這篇序文的可貴之處在於，袁中道對自
家詩作的俚俗之氣進行了主動的反思。他所說的「未免遠離於法」，在一定程
度上承認了學詩者捨唐人為外道，也使自己的詩學主張回歸到宗唐的道路上
來。從袁中道的另外幾篇詩序中也能看出，他在萬曆後期反覆追憶初學詩時
有意不學近代七子詩，作詩追求破膽驚魂之奇語，但在公安派形成風氣之後
則開始細讀盛唐人詩，反思公安詩風給詩壇帶來的固陋樸鄙之弊，其中一個
顯著特徵是他對兄長袁宏道之詩的反覆辨明，他將世所流傳的中郎之詩稱為
「少年未定詩」：

　　予兄中郎，操觚即不喜學近代人詩，由淺易而深沉，每歲輒一變。
往年自秦中主試歸，語予曰：「我近日始知作詩，如前所作禪家謂
之語忌十成，不足貴也。」故今華、嵩遊諸詩，深厚蘊藉，有一
唱三歎之趣，蓋其進如川之方至，而不幸逝矣。今世之所愛與世
之所訾者，皆少年未定詩也。然予謬謂明興如中郎詩，始妙有唐
人風趣，若近代名人，尚未得名詩，況唐詩乎？予與中郎意見相
同，而未免修飾以避世訾，豈獨才力不如，膽亦不如也。友人竟
陵鍾伯敬，意與予合，其為詩清綺邃逸，每推中郎，人多竊訾之，
自伯敬之好尚出，而推中郎者愈眾。湘中周伯孔，意又與伯敬及
予合。伯孔與伯敬為同調，皆有絕人之才，出塵之韻，故其胸中
無一酬應俗語。予三人誓相與宗中郎之所長，而去其短，意詩道

其張于楚乎！〔註34〕

　　公安詩風的流行，很大程度上滌蕩了詩壇的復古之習，然而宗唐的聲音一直居於主導，即使中郎久已名滿天下，其詩文也一直備受不肖唐之譏，以至於有友人爲此大費周章予以辯駁〔註35〕。中郎本人更由此原因說過很多偏激之語，如「世人喜唐，僕則曰唐無詩；世人卑宋元，僕則曰詩文在宋元諸大家」之類。從小修的幾篇序中也可看出，兄弟二人早年學詩都是有意背反潮流的，其詩論也是在這種逆反的情景中生發的，在其自身主張本身成爲新的潮流之後，就不得不對其進行糾正與反思。小修本人是極具反思精神的，從他那篇著名的人生懺悔錄中已經可以看到這一點。在袁中郎去世之後，小修面對友人新成的詩集，回顧自己詩歌創作的得失，意識到其中固陋樸鄙處遠離於法的問題，開始向自己過去有意不觸及的盛唐詩求法，而對兄長的創作成就則在不同場合予以維護。此文言及近代名人不入唐詩門徑與中郎詩妙有唐人風趣對比，也正是對中郎詩「不肖唐」的一種爭辯。但是在爭辯之外，竟陵詩風的流行也讓其愈發意識到中郎詩的短處，並坦然地表達出來。小修的詩學傾向由背離唐詩而回歸唐詩，是在明代唐宋詩之爭的詩學環境中形成的，它不判別唐宋詩的高下，而是以唐宋詩標明一種接受的順序與過程。在公安派產生以前，唐詩一直作爲既成的、排他的詩學範式存在，而在公安派的詩學主張得以構建、成立、產生影響的過程中，宋詩以一種高調乃至偏激的恣態被世人所注意，成爲與唐詩對立的詩學形態。公安派通過張揚宋詩構建了一個與復古派詩學對立的理論體系，以實現對既有詩學體系的矯正之效。然而終明之世，以唐詩爲尊的詩學範式並未被打破，所謂的宋詩熱始終處在既有的詩學框架之內，這正是許多宋詩的熱衷者其詩學傾向最後又歸結於唐詩的原因。由此，便不難理解袁中道在《宋元詩序》中以宗唐立論的原因：

　　詩莫盛於唐，一出唐人之手，則覽之有色，扣之有聲，而嗅之若有香。相去千餘年之久，常如發硎之刃，新披之萼。後來宋元諸君子，其才情之所獨至，爲詞爲曲，使唐人降格爲之，未必能過。而至於詩，則不能無讓。如常建《破山寺》：「竹徑通幽處，禪房花木深」之句，歐公自謂終身擬之不能肖。子瞻乃謂公厭粱肉而嗜螺蛤，非

〔註34〕〔明〕袁中道《花雪賦引》，《珂雪齋近集》卷六，《續修四庫全書》1376 冊，617 頁。
〔註35〕〔明〕袁中道《王天根文序》，《珂雪齋集》卷十，上海：上海古籍出版社1989，479 頁。

也。文章關乎氣運，如此等語，非謂才不如，學不如，直爲氣運所限，不能強同。故夫漢魏之不三百篇也，唐之不漢魏也，與宋元之不唐也，豈人力也哉！〔註36〕

不難看出，袁中道的宗唐詩論並不以唐宋詩之爭爲出發點，也沒有通過貶抑宋詩來突顯唐詩範式的唯一合理性，而是從氣運的角度，將宋元詩並置於三百篇、漢魏以及唐詩之後，突出詩學發展的歷史軌迹。並且，他在詞、曲等更爲廣義的文體層面上強調宋人相對於唐人的所勝之處，這正是「一代有一代之文學」的觀念影響所致。但是他承認「詩莫盛於唐」實際上認同了宗唐的詩學基本框架，在這一語境中，袁中道對宋元諸君才情獨至的欣賞只能通過辯駁「宋元無詩」這一較低層面的詩論觀點來表述：

然執此遂謂宋元無詩焉，則過矣。古人論詩之妙，如水中鹽味，色裏膠青，言有盡而意無窮者，即唐已代不數人，人不數首。彼其抒情繪景，以遠爲近，以離爲合，妙在含裏，不在披露。其格高，其氣渾，其法嚴。其取材甚儉，其爲途甚狹。無論其勢不容不變，爲中爲晚，則李杜諸公，已不能不旁暢以極其意之所欲言矣，而又何怪乎宋元諸君子歟？宋元承三唐之後，殫工極巧，天地之英華，幾洩盡無餘。爲詩者處窮而必變之地，寧各出手眼，各爲機局，以達其意所欲言，終不肯雷同勦襲，拾他人殘唾，死前人語下。於是乎情窮而遂無所不寫，景窮而遂無所不收。無所不寫，而至寫不必寫之情；無所不收，而至收不必收之景。甚且爲迂爲拙，爲俚爲猥，若倒囷傾囊而出之，無暇揀擇焉者。總之，取裁肹臆，受法性靈，意動而鳴，意止而寂。即不得與唐爭盛，而其精彩不可磨滅之處，自當與唐並存於天地之間，此宋元詩所以刻也。吾觀宋元諸君子，其卓然者，才既高，趣又深，於書無所不讀，故命意鑄詞，其發脈也甚遠，即古今異調，而不失爲可傳。後來學者，才短腸俗，束書不觀，拾取唐人風雲月露皮膚之語，即目無宋元諸人，是可笑也。蓋近代修詞之家，有創謂不宜讀宋元人書者。夫讀書者，博采之而精收之，五六百年間，才人慧士，各有獨至。取其菁華，皆可發人神智；而概從一筆抹殺，不亦冤甚矣哉！自有此說，遂爲固陋慵嬾者託逃之藪。書既不必讀，斯亦不必存，然則宋元諸集，可遂聽其

〔註36〕〔明〕袁中道《宋元詩序》，《珂雪齋集》卷十一，上海：上海古籍出版社，1989，497頁。

散佚漸滅，而不復問也耶？〔註37〕

可以說袁中道在宗唐的表述框架內爲宋詩爭取了最大的餘地。他首先指出了唐詩創作要求的格、氣、法所帶來的取材和表達的局限問題，並說明這一問題在中晚唐已經顯露無疑，到了不得不變的地步，以此爲鋪墊，宋元詩的發展方向就具有窮而必變的合理性。而宋元諸君在「變」的形勢之下，自然要突破既往格、氣、法的約束，才能在詩歌題材和表現手法上有所創新，以實現情無所不寫，景無所不收。袁中道將宋元諸君變革詩法的目標設定爲「極其意所欲言」，又說他們在創作態度上受法性靈，追求本意的自然流露，這顯然是在以性靈說的基本觀念來審視宋元詩，甚至宋元詩爲人詬病的俚俗與淺薄也與性靈詩派面對的指摘相一致。在這一表述路徑中，袁中道或許無意識地在爲性靈派爭勝。因爲作爲一種理論觀念，性靈說針對的是復古說，作爲一種創作指導思路，其所指涉的是對復古詩派格調與法度的突破，無論何種角度，唐詩都是性靈說的對立面所設立的標的，而宋元詩則正好可以爲己所用，成爲新的範式。由此，袁中道將宋元詩提到與唐詩並存的高度，也給性靈詩說找到了合理的定位。任何一種理論的建立，都是對當下現實處境的表述，性靈詩說也不例外。當公安派所標舉的才與趣成爲學詩者關注的焦點，其審視詩學資源的角度自然會跟著發生轉變，袁中道駁斥復古派不讀宋元書，主張讀書者博採而精收正是這種轉變的表徵，從這一層面來看，正是因爲性靈說對復古說的滌蕩，才有了宋元詩的復興。

從對李維楨、焦竑、袁中道三人所作《宋元詩序》的論述分析中，我們可以看到「一代有一代之詩」是萬曆時期的詩論家們共有的接受理由，無論他們秉持何種詩學立場，都不約而同進入這樣一個歷時演進的思路中。而這一提法其實早在元代就出現了，如虞集提出：「一代之興，必有一代之絕藝足稱於後世者。漢之文章、唐之律詩、宋之道學、國朝之今樂府，亦開於氣數音律之盛。」〔註38〕明初葉子奇也稱「傳世之盛，漢以文，晉以字，唐以詩，宋以理學，元之可傳，獨北樂府耳。」〔註39〕可見，這一說法產生之初是伴隨著對新興文體——元曲的肯定。雖然論者的文體意識並不明確，在列

〔註37〕〔明〕袁中道《宋元詩序》，《珂雪齋集》卷十一，上海：上海古籍出版社，1989，497 頁。
〔註38〕〔元〕孔齊《至正直記》卷三「虞邵庵論」條，上海：上海古籍出版社，1987，96 頁。
〔註39〕〔明〕葉子奇《草木子》卷之四上，北京：中華書局，1959，70 頁。

學中出現書法、道學等藝術門類或學術門類，但是其辨識眼光無疑是獨到
的，抓住了文化反映時代風格的本質特徵。萬曆時，這一說法更被許多論者
加以發揮。如胡應麟說：「自春秋以迄勝國，概一代而置之無文，弗可也。
若夫漢之史，晉之書，唐之詩，宋之詞，元之曲，則皆代專其至，運會所鍾，
無論後人踵作，不過緒餘。」〔註40〕其中宋詞取代了理學，反映出這一論述
的內涵逐漸向文藝理論縮進的趨勢。陶望齡在公安派「代有升降，法不相沿，
各極其變，各窮其趣」的理論基礎上也提出「古之為文者，各極其才而儘其
變，故人有一家之業，代有一代之制」〔註41〕的觀點，其中蘊含的對時代風
格以及個人風格的肯定無疑是「獨抒性靈」的產物。而對這一表述最具時代
特色的則是王思任：「一代之言，皆一代之精神所出，其精神不專，則言不
傳。漢之策，晉之玄，唐之詩，宋之學，元之曲，明之小題，皆必傳之言也」
〔註42〕不僅將明代八股文中的小題，也就是後來的小品文列入這一歷時性的
論述架構，更將文化形態與社會現實特徵之間的關係表述明確，認為文是時
代精神的載體，這實際上也突破了傳統的文以載道說，是晚明社會思想活躍
的表現。

　　在這種專注於時代特徵的論述背景下，詩學體系內部產生「一代有一代
之詩」的說法就顯得自然而合理了。這一觀念所帶來的必然結果就是，唐詩
不再成為詩學審美的唯一取向，歷代詩歌都有充足的理由進入詩家的視野。
鑒於三篇序文針對《宋元名家詩集》而作，「一代有一代詩」的內涵在這裏就
可以轉化為「宋元有詩」。又因為「一代有一代詩」的觀念本身是在不同文體
乃至文化形態的發展、繁茂以及相互包容的影響下形成的，因此潘是仁所自
稱的「韻學家究心宋元者」就肯定不僅僅是詩學考量的產物，正如袁中道在
《宋元詩序》末尾說：

　　　當宋初有九僧之詩，其佳語實之唐集中不可辨，自中宋時，已不復
　　　存。陸放翁稱潘邠老之詩，以為妙不可及，而潘集今亦無從得睹。
　　　黃山谷集，極口江陵高荷工於學杜，而志已逸其名。予往往見宋元

〔註40〕〔明〕胡應麟《史論五首·歐陽修》，《少室山房集》卷九十八，《景印文淵閣
　　　　四庫全書》1290冊，715頁。
〔註41〕〔明〕陶望齡《徐文長三集序》，《歇庵集》卷四，《續修四庫全書》1365冊，
　　　　239頁。
〔註42〕〔明〕王思任《唐詩紀事序》，《王季重十種》，杭州，浙江古籍出版社，1987，
　　　　75頁。

書畫，題詠之語，極有佳詩，而或有人無集，或有集無其詩。以此
知宋元之詩，其不存者極多。今尋什一於千百之中，自當共寶之，
密購之，明揭之，使斯文不終淪喪，而乃作不必讀不必存之語何哉？
宋元書畫，猶有博古好事之家存之，于今不朽；而詩獨少表章之者，
真成闕典。新安潘氏，苦心購求宋元諸集梓之，欲使兩朝文字與三
唐共垂不朽，是數百年來一大快事也，於予心極有合焉。故不辭而
僭爲之引。〔註43〕

　　袁中道談及明代以來宋詩文獻荒疏的狀況，不僅宋人詩集無從得觀，甚
至黃庭堅這樣的大詩人在縣志中都難覓踪影，而與此形成對比的狀況則是，
宋元書畫一直是博古之家收藏的重點，兩者之間的差距展示出一個矛盾而逐
漸顯現意義的空間，即收藏家觀賞宋元書畫時不經意吟詠那些畫面上的題款
詩句，從而被這些詩句原本歸屬的不曾得見的宋人詩集深深吸引。而著力於
彌補這些時而發生的遺憾，則隨著宋元書畫的愈加珍貴，成爲收藏家乃至藏
書家新的方向，潘是仁輯刻的《宋元名家詩集》之所以能得到諸多名家的垂
注，正是這個原因。該書的編訂凝聚了如此多詩學立場絕不相同的文人，他
們的輯刻興趣體現的不僅是詩學的審美趣味，而是晚明特有的時代風尚，其
中貫通著博物的追求、書畫的賞鑒，以及一種雅致的生活情調。

三、究心宋元——明代文人畫蘊涵的詩學變因

　　潘是仁生活的新安地區，坐擁山水便利，是畫家遊歷的必造之地，據《歙
縣志》記載：

新安畫風在明代作者林立，實可爭衡吳下。溯其最初乃導源於唐薛
稷、僧貫休，至明而沈周、董其昌輩先後來遊，呂紀、吳偉之迹歙
中最富，風尚熏習蔚爲大觀。迨明清間，漸江上人出，宗法倪黃，
始趨堅潔簡澹，卓然成派。〔註44〕

　　本章開篇已經分析過，萬曆年間的新安地區，以其發達的商業經濟和黃
山的天然景觀，爲地方鄉紳與外界文人的結交提供了優良的條件，這也是新
安畫風得以產生的基礎。潘是仁生活的萬曆年間，正是吳派文人畫發展的末

〔註43〕〔明〕袁中道《宋元詩序》，《珂雪齋集》卷十一，上海：上海古籍出版社，
　　　　1989，498 頁。
〔註44〕石國柱等，《民國歙縣志》卷十六，《中國地方志集成‧安徽府縣志輯》，南京：
　　　　江蘇古籍出版社，1998，701 頁。

期。吳郡顧凝遠《畫引》稱：「自元末以迄國初，畫家秀氣已略盡，至成弘嘉靖間，復鍾於吾郡，名流輩出，竟成一都會矣。至萬曆末而復衰，幸董宗伯起於雲間，才名道藝，光嶽毓靈，誠開山祖也。」指出萬曆末期的畫壇是以董其昌為主導，因此後世也將董其昌與吳派略作區分，稱其為松江派開山，但追究兩派的創作風格，實則有相承關係。吳派畫家文學藝術修養深厚，多數出身書香門第，集詩書畫藝於一身，如時人記載都穆曾學詩於沈周〔註45〕，文徵明書法是吳中三大家之一。因此，吳派繪畫以詩、書、畫有機結合為鮮明特徵。由於明代文人畫的發展是以宋元文人畫為基礎的，步法宋元是學畫者的基本路徑，如張庚《國朝畫徵錄》稱項聖謨「善畫，初學文衡山，後擴於宋而取韻於元。」因此，在吳派畫家多重身份的交疊之下，「取法宋元」這一提升畫藝的路徑，對詩論家的「究心宋元」就有十分重要的意義。如人稱鍾惺精於繪事，風格「絕似宋、元人一派」，「得之於詩，從荒寒一境悟入」〔註46〕，很好地說明了畫風與詩風間的微妙關聯。

從文人畫的技法與題材兩個層面，我們可以清晰地看到詩論與畫論間的交融與互滲。總體而言，「復古」是籠罩在明代藝術領域的基本傾向，但因其具體指涉有所不同，所以給各藝術門類間理論的互相影響留出了空隙。如李維楨在一篇序文中論及詩畫皆應「師古」：

> 許生金陵近草百餘篇，余獨喜其跋畫冊語。云詩畫同源異派，作畫者不根據古人，率意布景山川林木，縱法點綴，竟不知作何物，而託之曰能自變化出奇，何其妄耶？蓋弘正以來，詩追古法，至嘉隆益備益精，極盛之後難乎其繼。噉名者才不足而思凌駕前人，信心信腕更立一格，不知其所掇拾，僅唐中晚宋元之剩語，而漢魏六朝唐初盛所不屑道也，安在其為奇為變化哉！生詩必師古而後出之，於畫亦然，謂王摩詰詩中有畫，畫中有詩，自負誠不小。其持論宗旨不可易矣，余取而題諸首，以箴夫後進小生志大言大，行不掩言者。〔註47〕

這段文字中，李維楨斥作畫者自變出奇為妄誕，學詩者凌駕前人為自負，提出無論詩畫，都應「師古而後出之」。在詩學領域，李維楨所言的「古法」

〔註45〕〔明〕何良俊《四友齋叢說》，北京：中華書局，1959，236頁。
〔註46〕〔明〕惲格《甌香館集》卷十二，《叢書集成初編》2293冊，213～214頁。
〔註47〕〔明〕李維楨《金陵近草題辭》，《大泌山房集》卷一百三十一，《四庫全書存目叢書》153冊，683頁。

是七子所持的宗唐論，但於畫家而言，所依據的古人卻是宋元之人。吳派畫家及其追隨者創作了不少仿古圖，大都是通過臨摹來取法宋元，實現技藝的突破。如仇英作有《臨宋人畫冊》；文徵明作有《煙江疊嶂圖》，該圖是爲趙子昂大字行書《蘇軾煙江疊嶂詩卷》補圖。董其昌仿古山水作品最多，以宋元爲宗，也有專意宋法者。前者如《仿古山水圖》，仿楊升、惠崇、米友仁、李公麟、吳鎮、王蒙等唐宋元諸家；後者如《細瑣宋法山水圖》。沈士充作有《仿宋元十四家山水圖》，仿李成、黃公望、郭忠恕、倪瓚、董源、李公麟、王蒙、米友仁、郭熙、趙孟頫、巨然、趙令穰、許道寧。其中《仿黃公望秋山圖》鄒迪光題跋：「繪事至勝國而有神有韻，乃大痴則神具而韻最遠，得此中三昧，非可以尋常筆墨論者。末學後進，於皮毛面目求之，只優孟壽陵耳。不佞每與宋明之、趙文度兩君論及，深歎此老之難學。若子居此幅，有神與韻，不獨皮毛面目間矣。」該圖題跋者有趙宦光、鄒迪光、陸岑、陸應陽、陸萬言、李日華、章台鼎、文震孟、李應徵、宋懋晉、趙左、陳繼儒等書畫名家，可見對宋元畫作的追摹效法是當時畫壇普遍的風尙，而這種風尙籍由晚明畫家的詩人身份與詩學觀念產生交融。也就是說，倘若沒有畫家的取法宋元，也就不會有潘是仁所謂的「韻學家留心宋元」，因爲文人只有處在畫家的身份立場下，才會將宋元的時代風格置於觀照的中心，才有理由充分地欣賞宋元詩，才有可能產生這樣的契機，摒棄詩論家抑宋宗唐的恒論，走向與之不同的詩學路徑。如何良俊所記的文徵明自述：

> 衡山嘗對余言：「我少年學詩，從陸放翁入門，故格調卑弱，不若諸君皆唐聲也。」此衡山自謙耳。每見先生題詠，妥帖穩順，作詩者孰能及之？〔註48〕

　　當然，這種身份與觀念的轉換與影響是不自覺的，甚至受到自身固有觀念有意識的制約。以明人創作的形形色色的「詩意圖」爲例，較多出現在明人畫作中的是詩經詩意圖、唐人詩意圖，宋人詩意非常少見。例如，活動於成化、弘治年間的杜堇所作的《古賢詩意圖》。此圖是明代金琮選取古人詩篇書寫後，由杜堇按其詩意而作。全卷共分爲九段：分別爲李白《右軍籠鵝》、韓愈《桃源圖》、李白「把酒問月」、韓愈《聽穎師彈琴》、盧同《茶歌》、杜甫《飲中八仙歌》、《東山宴飲》，黃庭堅《詠水仙》、杜甫《舟中夜雪》三首。可以看出所謂古賢詩意，基本以唐人詩意爲主。杜堇還作有一幅《題竹圖》，

〔註48〕〔明〕何良俊《四友齋叢說》，北京：中華書局，1959，237頁。

所繪爲蘇軾題詩於竹的故事，從繪畫題材而言，所選是一件名人雅事，著意點也不在宋詩。可見，在以表現詩意爲目的的畫作中，既成的詩學觀念對畫家的影響占主要方面。

　　然而，正如詩意圖所呈現出的那樣，畫家身份主導下的詩意選擇也爲模糊詩學理論中的唐宋之別創造了機會。李流芳《題畫冊爲同年陳維立》將這種選擇理由表述得很清楚：

> 維立兄以素綾小幀索畫，且戒之曰：「爲我結想世外，勿作常景。」余思世外之境，則如三島、十洲、雪山、驚嶺之類，不獨目所未經，亦意所不設也，其何能施筆墨？竊以爲景在人中而所不能有之者多矣，前人之所有而後之人不得而有之者多矣。夫人所不得而有之，即謂世外之景，其可乎？俯仰古今，思其人因及其地，或目之所經，而意之所可設，是可以畫。畫凡十幀，如淵明之柴桑，無功之東皋，六逸之竹溪，賀監之鑑湖，摩詰之輞川，次山之浯溪，樂天之廬山，子瞻之雪堂，君復之孤山，所謂今之人不得而有之者也；如漁父之桃源，則所謂人亦不得而有之者也。畫成，偶有所觸，因各賦一詩，不詠其地，而詠其人，以爲地非人不能奇，如三島、十洲、雪山、驚嶺，非仙佛亦不能奇也。然仙踪佛迹不在世外，如桃源之類，往往有之，非其人自不遇耳。余所詠諸賢，亦有不能終保丘壑者；或老於丘壑，而文采風流不足以傳，並山川之奇湮沒而不彰者，可勝道哉？如是，則古人之所不能盡有者，又將待其人以有之，其人伊何？將求之世外乎？求之世間乎？請以此扣之維立。

　　李流芳所思考的世外景象，不是超脫出人生的仙佛之境，而是結構於人間的閒適之所。閒適總是與避世相連的，避世並非逃避人生，而是擺脫俗事，回歸自然。無論這種回歸是主動的選擇，還是逆境強壓中生發出的豁達，都是文人理想的生活狀態。這種生活狀態，從歷代文人對陶淵明評價的轉變開始，至明代，其詩性的內蘊已經被充分體認。從李流芳拈取的九個人物來看，他們都是著名詩人，都曾在某一人生階段構築過相對自我的、自適的生活空間。無論是王績的避世東皋，還是李白暫隱竹溪，賀知章歸老鑑湖，王維購置別業，白居易結築草堂，元結命名浯溪，在作畫者的眼中，它們是一處處趣味各異的桃源，它們是漁父描述的桃源在現實人生中的具象，所以作者說所作漁父一幅是要表現人不得而有之，是理想的所在，而另外九幅是今之人不得而有之，是有意味的存在。李流芳自載「淑士在山中，取唐宋人小詩開

適者，屬余書一素屏，猶以卷舒不便，因作冊子書前詩，又令以詩意作小景。」
〔註49〕未知所選爲何人何作，但可推知創作的觀念大致與爲陳維立所畫相
同。而在這種書寫與表達閒適風格的理由下，唐宋詩也在詩學的層面上獲得
了調和。

　　文人畫致力於將生活場景進行詩意化的表達，其中涉及到的詩意的選擇
傾向，對詩論家的詩學趣味形成直接影響，這在《宋元名家詩集》的甄選標
準上有明確的反映。吳派畫家在野文人居多，如文徵明曾鄉試十次不第，但
是生活上富足安樂，與元末文人蕭索避世的人生狀態已有本質不同。因此，
枯索荒涼一派的宋元意趣大多被書齋庭院、園林別墅、山林江湖、名勝古迹、
出遊雅集、造訪送別之類能夠表達文人怡悅心情和生活意境的場景取代，成
爲吳派繪畫的主要表現內容。《宋元名家詩集》所關注的，也正是前代那些有
此類生活際遇的詩人。如潘是仁選唐庚詩作是因爲「意其人爲優息衡門，栖
心流水，取一丘一壑以自足者也，心竊慕之，每以不獲窺其全豹爲恨」〔註50〕；
選秦觀因其能「進而立大節，退而賦閒情」〔註51〕；稱賞王十朋「被訴所黜，
遂辟小園，日涉吟詠，悠悠自樂」〔註52〕；推許陸放翁「處逆境不爲所顚倒，
其襟趣自足千古」〔註53〕；以至於眞山民「幽尋雅賞之外，絕不作江湖應酬
語」〔註54〕等等。由此可見，《宋元名家詩集》是晚明閒賞文化的產物，而「究
心宋元」也是晚明士人在藝術領域中的共性表達。

第二節　《宋元名家詩集》的版本

　　鮑山《宋元詩集序》稱：

〔註49〕〔明〕李流芳《題畫冊爲同年陳維立》，《檀園集》卷十二，《景印文淵閣四庫
　　　　全書》1295 冊，405 頁。
〔註50〕〔明〕潘是仁《唐子西先生小引》，《宋元名家詩集》萬曆四十三年刻本，國
　　　　家圖書館藏。
〔註51〕〔明〕潘是仁《秦少游先生小序》，《宋元名家詩集》萬曆四十三年刻本，國
　　　　家圖書館藏。
〔註52〕〔明〕潘是仁《王龜齡先生小引》，《宋元名家詩集》萬曆四十三年刻本，國
　　　　家圖書館藏。
〔註53〕〔明〕潘是仁《陸放翁先生小引》，《宋元名家詩集》萬曆四十三年刻本，國
　　　　家圖書館藏。
〔註54〕〔明〕潘是仁《眞山民先生小引》，《宋元名家詩集》萬曆四十三年刻本，國
　　　　家圖書館藏。

惜乎集未成而訒叔竟厭厭以死矣。當訒叔伏枕時，命其子出其所
鑴板為予泣云：辱在臭味，願託以成其志，沒身無恨矣。蓋訒叔
以身雖亡而斯集在，則亡尤不亡也。是其見及此也，視其孳孳為
虜守者，奚啻尋丈已哉。吾人若不能搴芳擒藻，上替古人之所欲
成，下示後賢之所可繼，則為虛此生耳。故訒叔以茲集未成而殷
殷於易簀之際，命子為託，夫亦善知予矣。予亦何忍負其志耶？
行將蒐獵訒叔之或遺者而續梓之，當令訒叔之踴躍於黃壤之下
也，故弁一言以為異日之左券。天啓二年壬戌之秋八月既望拜梅
居士鮑山撰。〔註55〕

　　從中可知，在潘是仁去世之前，該書已經刻版印行，但詩集的搜集和編
行工作並未完成。今所傳之萬曆四十三本和天啓二年本，前者為潘是仁生前
編訂，後者經鮑山增補。鮑山就是萬曆本《宋元名家詩集》編者名單中的鮑
正元，字元則，是歙縣棠樾人，李維楨曾為之作《拜梅詩題辭》，提到：

鮑元則之母之生也，外王父母皆夢白梅墮其帳若懷中，遂名母曰夢
梅。其母之卒也，夢大士白衣而授之偈，有雪梅不比尋常語。自是
元則每見梅輒憶其母，必下拜。而人盛傳其事，詠歌之。〔註56〕

　　可見拜梅居士是鮑山為自己取的號。縣志中記載的鮑山，是一位有詩集
傳世，工畫蘭竹的高士，在黃山置有產業，所結交者多為方外人，曾自建蓮
花庵，與僧印我及鄭重、郝璧諸人結社參禪，鼎革後出家為僧，法名真沐。
從他文中敘述如何接受潘是仁遺願續梓宋元詩可以看出，他與潘是仁關係很
近，情誼很深；而潘氏以鮑山為託付，也說明二人生活經歷與眼界趣味都較
為一致，因此，天啓本鮑山所增補的內容基本可以反映潘氏的原意。

一、萬曆本與天啓本

　　萬曆本與天啓本所載細節並不一致，兩本互參，可以考知潘是仁編纂此
書的基本設想及體例。兩個版本的比較見下表：

〔註55〕〔明〕鮑山《宋元詩序》，《宋元名家詩集》，天啓二年重修本，國家圖書館藏。
〔註56〕〔明〕李維楨《拜梅詩題辭》，《大泌山房集》卷一百二十六，《四庫全書存目
　　　　叢書》153 冊，610 頁。

	萬 曆 本 （冊數）	萬 曆 本 （序跋）	天 啓 本 （鄭振鐸藏本）
	宋詩 26 家 20 冊	四十二種二百八卷 30 冊	六十一種二百七十三卷 48 冊
北宋	第一冊　林和靖詩集	李維楨《宋元詩序》	同
		焦竑《彙定宋元詩集序》	移至 25 冊
		彙定宋元名公詩集姓氏	彙定宋元名公詩集姓氏 人名略有出入
		參閱姓氏	未與彙定名單區分
		王應翼《林和靖先生集序》	有
			北宋諸名公姓氏爵里
	第二冊　唐子西詩集	潘是仁《唐子西先生小引》	
	第三冊　米元章蔡君謨詩集		
	第四冊　秦少游詩集	潘是仁《秦少游先生小序》	
	第五冊　文與可嚴滄浪詩集	潘是仁《文與可先生小引》	
		潘是仁《嚴滄浪先生小引》	
	第六冊　王龜齡詩集	潘是仁《王龜齡先生小引》	
	第七冊　葛白叟詩集	潘是仁《葛白叟先生序》	
	第八冊　陳後山詩集	潘是仁《陳後山先生詩引》	
	第九冊　趙閑道詩集		
	第十冊　裘竹齋詩集		
南宋	第十一冊　曾茶山陳簡齋詩集	南宋諸名公姓氏爵里	第十三冊鮑山《宋元詩集 序》
		潘是仁《陳簡齋先生小引》	南宋諸名公姓氏爵里
	十二冊、十三冊　陸務觀詩集	潘是仁《陸放翁先生小引》	
	十四冊　謝皋羽詩集		
	十五冊　戴石屏詩集	潘是仁《戴石屏先生小序》	
	第十六冊　宋器之戴東野詩集	潘是仁《宋伯仁先生小引》	
	第十七冊　翁靈舒趙靈秀詩集		
	第十八冊　徐靈淵徐靈輝詩集		
	十九冊　眞山民詩集	潘是仁《眞山民先生小引》	
	第二十冊　花蕊夫人朱淑眞詩集	潘是仁《朱淑眞引》	
元初	21～23 冊　元遺山詩集	潘是仁《元遺山先生引》	25 冊焦竑《彙定宋元詩集 序》
			潘是仁《元遺山先生引》
			元初諸名公姓氏爵里
	23 冊　劉靜修詩集		

24 冊 陳笏齋詩集 貫酸齋詩集 困學齋詩集	潘是仁《陳剛中先生引》	
25～26 冊 松雪齋詩集	潘是仁《趙子昂先生引》	
27 冊 吳草廬詩集 盧合雪詩集 馬西如詩集	潘是仁《吳草廬先生小引》	
28 冊 范錦江詩集 楊浦城詩集		
29 冊 石屋禪師山居詩集	潘是仁《石屋禪師引》	
30 冊 虞邵庵詩集 揭秋宜詩集 王陌庵詩集 薛象峰詩集	潘是仁《虞伯生先生小引》	
元末		37 冊潘是仁《薩天錫先生序》
		元末諸名公姓氏爵里
		37～48 冊 薩天錫詩集 句曲張外史詩集 陳荔溪詩集 貢南湖詩集 倪雲林詩集 楊鐵崖詩集 傅玉樓詩集 柳初陽詩集 張蛻庵詩集 泰顧北詩集 李五峰詩集 余竹窗詩集 貢玩齋詩集 成柳莊詩集 陸湖峰詩集 迺前岡詩集 松谷詩集 魚軒詩集 春慵軒詩集

　　天啓本對萬曆本最重要的改動是將全書分爲北宋、南宋、元初、元末四個部分，每部分開端列《諸名公姓氏爵里》，簡要輯錄所選詩人的生平以及詩風特徵。此外，鮑山將李維楨、焦竑以及自己所作的《宋元詩序》分置於北宋、南宋和元初，雖然萬曆與天啓兩個版本皆不見袁中道序文踪影，但可以推知袁序的位置應該在元末部分的開端。

　　由兩個版本的比較可知，宋詩部分基本沒有改動，鮑山所增補的主要是元末部分，即37～48 冊。研究所依據的天啓本是鄭振鐸藏本，前有鄭振鐸1956年7月1日跋語：「修緜堂有此書，余初未知之，後從琉璃廠書肆中人得此消息，急驅車往取之歸。余舊有此書殘本半部，殊珍視之，今獲全書，益感書福大佳矣。」鄭氏所謂「殘書半部」乃是指《元名家詩集》萬曆四十三年刻本，在《劫中得書記》〔註57〕中有記載：

　　　　此書余得之來青閣，由合肥李氏散出。余所得李氏書，以此種最爲

〔註57〕鄭振鐸《劫中得書記》，《中國歷代書目題跋叢書》（第二輯），上海：上海古籍出版社，2006，23～24 頁。

罕見。余究心元劇，因旁搜及於元人著述；惜限於力，所得不多，
故得此書，殊感喜慰。此書本名《宋元名家詩集》；凡錄北宋十七家
（內五家未刻），南宋二十家（內六家未刻），元初二十一家（內五
家未刻），元末十九家。今此本於南北宋諸家全闕……宋人集合刊者
至多，自陳思、陳起而下，無慮七八家……惟潘氏究未脫明人習氣，
未言各家集所據之本，且每與原集相出入……疑罕見諸家，仍是從
諸選本彙輯錄入。潘氏實未覩原本也。

因鄭振鐸此時未見《宋名家詩集》部分，故而批評之語，都是針對元詩
選。而此書的元詩部分確實太過倉促，不僅有目無詩者甚多，且選詩的草率
也受到後世很多學者的批評。如陳焯《宋元詩會》貫雲石詩下辯證道「以上
八首潘是仁編為貫雲石作，曹選於袁、貫兩存之。然考《次伯庸無題詩》在
《文類》中久已屬袁，其餘皆袁作無疑矣。潘編多耳食附會，而能始亦草率
如此。」可見潘氏所選的錯誤還直接影響到曹學佺的元詩選，貽誤不淺。

當然，潘是仁輯刻宋元詩的功績還是主要方面，如鄭振鐸所稱：

潘是仁輯宋元名公詩集於王、李、七子擬古之風既熄之後，三袁、
鍾、譚諸家方起之際，誠豪杰士哉。惜採擷未廣，取捨難當人意，
猶是明人急就成章之習。書分北宋、南宋、元初、元末四編，編各
有序目。檢其目，間有有目無書者，如北宋一編闕王曾、晁端友、
孫覺、晁補之、李植五集。南宋一編闕鮑由、賀鑄、劉克莊、方岳、
江端友、李清照六家。……日本東方文化學院京都研究所漢籍目錄
載此書所闕亦同，豈潘氏嘗並未全刻歟？叢書書目彙編錄其全目下
注闕者與此本均合，每家自數卷至十數卷，實則每卷有僅一二頁者，
是故炫人目也，以其為選輯宋元集之祖禰，故漫收之。

鄭振鐸對《宋元名家詩集》的定位非常準確，此書的輯刻在萬曆年間，
公安、竟陵相繼而起，針對復古詩派衰歇後詩壇萎靡不振的現狀予以理論的
抨擊，而潘是仁的宋元詩選正是從實踐上迎合了詩界的潮流變遷，因此其眼
界識力是很高明的。但鄭氏認為此書採選未廣，取捨不當，則有些忽略此書
作為選本的特質，因為鄭振鐸是以藏書家的立場來審視《宋元名家詩集》的，
所以自然沒有涉及不同選本持有的詩學立場與詩學情調的差異性問題。至於
說該書炫人耳目，每卷僅有一二頁，則多見元人詩集，宋人詩集沒有這種現
象，可見宋人詩集經過了潘氏較為嚴謹的編訂，而宋代部分有目無書的情況

則反映了最初構想與成書時的差距。

　　鄭氏因究心元曲而旁及元詩，可以佐證藏書家眼中的宋元詩不限於詩學理論的更迭，同樣，明人開始關注宋詩，最初也由藏書豐富的文人開始，其中詩學觀念的變化，正是由宋文、宋詞、宋字、宋畫而產生的趣味延伸，這種延伸的關注最終也引發了詩學觀念的變革。此外，鄭氏將這部書定義為宋人集合刊者，也說明《宋元名家詩集》的性質，類似於今天所說的叢書，與選本有所差別。但是選的觀念畢竟體現在了將哪些宋人集合刊這一取捨態度中，從現有材料看，潘氏顯然是有所構思的。

二、由版本變動推知的選本構想

　　由兩個版本中的《北宋諸名公姓氏爵里》和《南宋諸名公姓氏爵里》我們可以看到潘是仁最初的選本構想：

北宋諸名公姓氏爵里	南宋諸名公姓氏爵里
林逋：字君復，諡和靖，錢塘人。高曠不仕，隱居西湖孤山。咸平景德間已大有名，會朝廷修封禪未及詔聘，後歲時會長吏勞問。先生少時多病，不娶無嗣，故終老焉。	曾幾：字吉甫，號茶山。其先贛州人，徙河南府。試吏部，擢國子博士。
唐庚：字彥通，一字子西，眉州丹稜人，嘉祐間為名儒，恒舉不第，學士陸公薦之，亦不報，熙寧初，罷詩賦以經義取士，公素治春秋，論者以春秋不為經，至終無遇，浮沉丘園。	陳與義：字去非，號簡齋。政和三年登進士，初以墨梅受知徽宗，因考入中祕書，遂掌帝制，後參紹興大政公。每自謂不侍蘇黃，獨出宋步。
米芾：字元章，吳人。以母侍宣仁皇后藩邸舊恩補洽光尉，能詩，工於字畫，神宗時遷書畫博士，賜封便殿。其子友仁所作《楚山清曉圖》，擢禮部員外郎。	鮑由：字欽止，處州龍泉人，舉進士。常從安石學，又親炙蘇子瞻，故其文汪洋閎肆，詩尤高妙。徽宗召對，除工部員外郎。
蔡襄：字君謨，興化仙遊人。仁宗時舉進士，與歐陽永叔、范仲淹同時，相繼黜貶，聲鳴於至和嘉祐間，閩中曾建萬安橋。及兩守泉州，至今人稱太首賢者，推公首化。	陸游：字務觀，號放翁，越州山陰人。以蔭補侍郎，鎖院薦第一。秦檜孫塤適居其次，檜怒，至罪主司。明年試禮部，游復前列，檜顯黜之。後同范成大帥蜀，游為參議。歸修史牒，致仕。
秦觀：字少游，一字太虛，揚州高郵人。初試不第，欲歸隱，蘇東坡勉以應舉，遂登第，除太學博士，復遷兼國史院編修。其弟覯，字少章，弟覿，字少儀，皆能文。	謝翱：字皋羽，福之長溪人，常試有司，不第落魄，丞相信公見知，後丞相死，公則傍徨山澤，長往不返，足以報丞相之知。皋羽亦死於浙之嚴陵釣臺，南白雲村有皋羽墓。

王曾：字孝先，青州益都人，從學里人張震，善爲文，咸平時由鄉貢試禮部，廷對皆第一。	戴復古：字式之，號石屏，天台人。當宋季，靡不欲以科第發身，而公獨工於詩，謂富貴如空花，詩文稱不朽，公復遭家難，流落江湖，故詩窮愈工，一時傳誦東南半壁，終老布衣。
文同：字與可，梓州梓童人。自號笑笑先生。文彥博見甚奇之。元豐初，知湖州軍事，蘇子瞻多與唱和詩。與可生平好畫竹，才品不在蘇黃之下，後卒於宛陵郵舍。	宋伯仁：字器之，苕川人。舉鴻詞科時，蘇軾守揚州，補之倅州事，以詩文獻軾，軾曰：有才如此，獨不令我一識面耶？元祐間士夫甚稱賞其文，後獲罪歸。
嚴羽：字儀卿，號滄浪，樵川人。嘗聞傳誦公云「詩有別才，非關學也，詩有別趣，非關理也」，及閱公詩話，若世尊設法，言言上乘，復讀公詩，而所著不廣，且無可構意者，公止長於詩話耶？	賀鑄：字方回，宜興人。蘇范二公薦，授從事郎，即請岳祠，兩爲通判。年五十八便求致仕，宣和二年，再以薦起家。其詞尤妙，當時人不知其詩，因蘇范推重名始著。
晁端友：字君成，無咎之父，熙寧間登進士，仕至新城令，蘇子瞻常品其詩，曾爲其作詩引。	戴昺：字景明，台州人。嘉定乙卯舉進士，授贛州法曹參軍。凡歷山川名勝無不紀詠，自謂所作足以敵楓落吳江，寶祐間嘖嘖有聲。別號爲東野子，有《歸田詩話》。
王十朋：字龜齡，溫州永嘉人。紹興間登第，爲廷對第一，後爲春官被黜，歸築小園，廣植花木，日日吟詠，遂終不仕。	翁卷：字靈舒，一字續古，永嘉人。四靈中，公齒居長。葉水心品公詩變化秀逸則過唐，守格遣辭不失唐，此亦千載篤論。
孫覺：字華老，高郵人。甫冠時從胡瑗受學，嘉祐中登進士。	趙師秀：字紫芝，號靈秀，清化人。乾淳爲高安推官，從葉水心遊，江湖稱四靈詩，公其一也。方回品四靈爲尤楊范陸之後，中雖改學晚唐，然其立調自闢門戶，絕勝西江派矣。
葛長庚：字白叟，福之閩清人。母氏夢食蟾蜍，於紹熙甲寅三月十五日生，七歲能詩賦，母亡，遂棄仕事學道，至雷州繼白氏後，改姓白名玉蟾，道號海南翁，紹定多解化於盱江。	徐照：字靈暉，一字道暉，永嘉人。隱居不仕，自號山民，性嗜茗枕丘壑，二好雖聲色不易。其詩斲思橫絕如冰懸雪跨，使讀者變踔憀慄，自是四靈詞長。
晁補之：字無咎，濟州巨野人。王安國奇之，舉進士，試禮部，廷對皆第一。神宗見其文曰：「是非深於經術者，其何淩麗奇卓如此。」尤精楚辭，論集屈宋已來賦詠爲《變離騷》等三書。	徐璣：字靈淵，一字文淵，永嘉人。西征歸，日唯吟詠，丁帥論公詩清眞澹遠，出自天然，約於眾妙，亦四靈之一。
陳師道：字履常，一字無己，彭城人，年十六以文謁曾子固，一見奇之，熙寧中薦修史，事後舉太學博士終身。	劉克莊：字潛夫，號後村，丞相鄭清之薦，舉進士。其詩學晚唐，後亦自就，爲方秋崖作《十老詠》，傳誦當時，尚有詩話，詩餘遺世。

李植：字元直，泗州臨淮人，神宗時爲大元帥大史趙無咎之婿，能詩文，有《臨淮集》十卷。	方岳：字巨山，號秋崖，祁門人。紹定五年別院省試第一，平生氣節自處，仕至吏部尙書郎，爲詩立意甚高，超宋運之卑弱，獨成一家。
趙抃：字道閱，衢州人，舉進士，謚清獻公，才能俊逸，與歐陽永叔同時，有文集遺世。	眞山民：不傳名字，不知何許人也。公生宋季，每恨衣冠雜處膻腥，知宋室不臘，遂自隱居，李生喬高之謂其不愧西山迺祖，張伯子品公有才有節，宋末復出一陶元亮。
裘萬頃：字元量，號竹齋，豫章人，嘉定癸酉除吏部架閣，明年遷大理司直，疏力丐外敕旨差江西撫干以便祿養，卒於官。	江端友：字子我，封丘人。惡元祐之黨隱居，後吳元中薦授承務郎，賜進士，改諸王教授，上書辨宣仁誣謗遭黜，渡江居桐江鸕鷀源，人號七里先生，有《自然庵集》，留嚴陵郡。
	花蕊夫人：蜀之費氏，幼能文，尤長於詩，以才貌侍孟昶，賜號花蕊夫人。宋太祖平蜀以俘見問，夫人誦詩云蜀敗時精兵尙十四萬，而王師止三萬，太祖善之，後輪織室，以罪賜死。
	朱淑眞：錢塘人，幼警慧，工詩書，風流蘊藉，早歲未擇伉儷，爲市人妻，其夫村惡，淑眞抑鬱不遂志，作詩多怨思，每牽情才子，竟無知音，悒悒恚死，後人輯其詩曰《斷腸集》。
	李清照：號易安居士，濟南李格非之女，趙明誠之妻，幼有才華，能文詞，其夫清獻公之子，曾著《金石錄》，易安與之同志，共相博綜而成，繇是名重一時。

表中所列出的詩人應該是編選者最初計劃刊刻的，但實際成書與之有所差異，《北宋》一編中，王曾、晁端友、孫覺、晁補之、李植五集未印；《南宋》一編闕鮑由、賀鑄、劉克莊、方岳、江端友、李清照六家。焦竑爲潘是仁所作序中稱其「所收二代諸名家甚多，至是擇而梓之」，未刻的十一家是潘氏原有所藏而後經擇選棄用，還是欲刻而未見其書，則不得而知。

潘是仁萬曆四十三年家藏本中只有《南宋諸名公姓氏爵里》，《北宋》一篇則出現在鮑山天啓增補本中，兩表中所列內容顯然一直沒有得到仔細訂正。《北宋》中所列嚴羽、王十朋、葛長庚、裘萬頃是南宋人；而《南宋》中所列鮑由、賀鑄、江端友是北宋人，花蕊夫人是五代十國時人。雖然對生活

於南北宋之交的李清照、朱淑眞、陳與義等的劃分，不能做過多苛求，但兩表錯亂顛倒卻是事實。

現在看來，《名公姓氏爵里》的初衷是列於篇首，使讀者用以知人論世。因此其內容直接採自各詩人的本傳，每人短短幾句，勾勒其大致生平與創作風格。雖然這只是輯刻過程中一項並不繁雜的工序，但是從簡單的文字介紹中，可以看出材料取捨的背後選者所重視的要素。第一，隱逸的人生追求。對很多入選的詩人來說，隱逸都不是他們的人生主題，但卻在選者呈現出的文字中被特意標示了出來。其中確實的隱居者林逋被列於卷首，此外還有仕途失意而自適其懷的，如唐庚、秦觀；有生逢末世避於山林的，如四靈、謝翱、眞山民。第二，才高而名不特顯。該書十分鮮明取向是，沒有選蘇、黃等宋詩大家，但是選擇了與蘇、黃有關聯的詩人，如被蘇軾稱賞的詩人，如秦觀、文同、晁端友，或是江西詩派陣營中的詩人，如陳師道、陳與義、江端友。第三，重奇尚趣的表現。如對白玉蟾名字來歷的記載以及女性詩人的入選，都是此種觀念的產物。尤其是潘是仁在一份僅有三十餘人的名單中能讓三位女詩人入選，反映了他對女性才華的看重。潘是仁的族叔潘之恒輯錄過一部《亘史》，不知是否能稱得上明代爲女性立傳的第一書，但它無疑相當全面地網羅了古往今來有名無名的眾多女性傳記。其中包括正史中的后妃名媛、地方志中的貞潔烈女、筆記小說中的俠女娼妓，可謂眞實與虛構混雜並存，甚至作者生活當下所見聞的女子也在記述之列。無論是作者自己還是他的友人，都積極地搜羅身邊女性親友的事迹，高壽慈愛的祖母，辛苦持家的母親，堅貞守節的姊妹，情思蘊藉的妻女，乃至流連青樓酒肆所遇到的那些身世可憐、才藝精絕的風塵女子，都在這部書中留下了她們生活的痕迹。雖然該書的記述方式與角度並未脫離傳統的貞烈之事，孝友之迹以及獵奇之語，但是這種輯錄的行爲反應出當時文人對女性的注意力包含了品鑒、欣賞的成分在內。而從參與輯錄此書的人物數量來看（其中很多是輯刻《宋元名家詩集》的參與者），這種品鑒、欣賞的態度是一種相當普遍的思潮。由此可見，潘是仁將女性的才華與薄命的際遇作爲考量入選的標準，是受時代背景影響的。

總體來看，潘是仁的選擇不是出於特定的詩學觀念與理論建樹的動機，而是帶有自我、自由的性情抒發與自適、自足的觀念表達，因而全書更多地體現爲一種詩學趣味與選者興致的傳達。當然，從詩學的層面來看，這種選

擇傾向已經圈定了詩風偏好，其風格與文人畫的意境追求是相似的，在詩歌表達手法上則與晚唐體接近。雖然潘氏所選晚唐風格的詩人佔有相當比重，但並不能說明他有分野唐宋的詩學傾向。他特別標舉陳與義「每自謂不侍蘇黃，獨出宋步」，方岳「立意甚高，超宋運之卑弱，獨成一家」，說明他看重詩人獨特的創作風格，並無復古論者那種對唐音的汲汲追求。而且，潘氏也沒有以唐詩作為標準來衡量宋詩，他對詩學晚唐者所期許的也是個性與創見，因此他特別摘錄前人評論以表示自己選擇的依據。如葉適稱翁卷「變化秀逸則過唐」；方回評四靈「雖改學晚唐，然其立調自關門戶，絕勝西江派矣」；稱劉克莊「詩學晚唐，後亦自就」。這些引述正像是在表明，並不是因為這些詩人作詩像唐人才入選的。如果將李蓘《宋藝圃集》中在謝翱詩選下特別標注楊慎評語「有唐人風，未可例以宋視之」來作對比，就可看出在潘氏所處的萬曆年間，標榜宋詩有唐音已經不是多麼高明的見解了，甚至需要反復辯稱來擺脫這樣的誤解。

此外，表中還有兩個值得注意的錯誤。一是所採錄對嚴羽的評價，與嚴羽詩集前潘是仁親筆撰寫的小引旨趣截然相反。表中稱：「閱公詩話，若世尊設法，言言上乘，復讀公詩，而所著不廣，且無可構意者，公止長於詩話耶？」顯然只認同嚴羽詩論，對其自作詩則有所保留。潘氏序中則稱：「樵川嚴滄浪好為詩家月旦，凡所摘如懸秦鑒，妍媸莫可遁。故是集工苦推敲，其沉心雅度，讀之如入維摩室中，無一處不作旃檀香者，總於品騭間得者居多也。」對嚴羽詩評價很高，並認為其詩有禪味，是受理論之益。鑒於《北宋諸名公姓氏爵里》一篇為天啓本所增，則很可能嚴羽的條目透露出鮑山的意見。二是宋伯仁是南宋人，名下內容卻為北宋事。《宋史文苑傳》載：「詠之字之道，少有異材，以蔭入官。調揚州司法參軍，未上。時蘇軾守揚州，補之倅州事，以其詩文獻軾，軾曰：『有才如此，獨不令我一識面邪？』乃具參軍禮入謁，軾下堂挽而上，顧坐客曰：『奇才也！』復舉進士，又舉宏詞，一時傳誦其文。」可見篇中所記之人當為晁詠之。才情為蘇軾所賞，與潘氏的甄選標準也很符合。宋伯仁，字器之，號雪巖。歷史上關於他的記載多與梅相連，如稱其「善畫梅花，作梅花喜神譜，後繫以詩。自稱每至花放時，徘徊竹籬茅屋間，滿腹清霜，兩肩寒月，諦玩梅之低昂俯仰，分合卷舒。」如此生平，對拜梅居士鮑山而言，自是如隔代知音一般。那麼這則出現在萬曆家藏本中的錯誤，內容與名稱分屬潘是仁與鮑山的偏好，且不論差錯如何形成，有意味處在於

編選過程中二人觀念的交疊與影響。

第三節 《宋元名家詩集》體現的詩學觀念

潘是仁從叔父潘之恒遊，而潘之恒憑藉新安毗鄰黃山的景觀優勢以及當地活躍的文化氛圍結交了眾多名流，潘是仁一定有機會感知當時的文壇動向，他的刊刻事業，或許得自公安派轉變明代詩風的薰陶，或許得自焦竑藏書編纂的濡染，或許得自竟陵悄然興起的幽深趣向。《宋元名家詩集》的輯刻名單向我們證明了這部由一位寂寂無名的新安士子所刊刻的詩集，從整體上反映出晚明的詩學氛圍與詩學動向。

一、潘氏對李維楨序文的刪改

李維楨為潘氏詩選所作《宋元詩序》，今見於《大泌山房集》中，文字與《宋元名家詩集》所載多有出入。對比兩處文字，可以看到兩種截然相反的論調，應該是經過了有意的改動，但這種刪改是何人所為，則有兩種可能。一是李維楨的本意被潘氏有意遮蔽了。從《大泌山房集》所載序文中看，李維楨持有典型的復古派立場，輕視宋元詩，而潘氏既然藉重其名，請之為序，因此不得不將文中緊要的觀點進行刪改，從而消除負面評價，提升《宋元名家詩集》的出版意義。二是李維楨在修訂文集時推翻了之前的觀點，但此種情況可能性不大，因為李維楨在文集自序中宣稱自己是一個率意為文的人，一生中為他人做過很多序文，且多出於應酬：

> 余少不向學，即治舉子業，膚受耳，何論古文辭？適承人乏，入中秘，領史局，始強為之。卒以不任，出為外吏，刑名、錢穀、版築、甲兵，與文事邈不相及，而人率謂史臣必能文，或取其銜登卷軸碑板為美，于是授簡代言，時所不免。流俗好諛，少涉忌諱，屬余再三更易不厭，性多可，鮮否人，無賢愚貴賤，事無大小，有求必應，無所受謝。或慢令致期，昏夜扣門，……竟都不省記為何語。間有遺草，每覽之，其言猶糞土也。〔註58〕

按照此文說法，李維楨將為人所作的代言文字視為糞土，絕不可能有自

〔註58〕〔明〕李維楨《小草三集自序》，《大泌山房集》卷首，《四庫全書存目叢書》150 冊，269 頁。

行修訂文章觀點的興致，而且，一個人所持有的詩學觀念是經長時期積纍，尤其在應酬性文字中，這種觀念的表達甚至是無意識的自然流露。通觀李維楨的其他文字，其復古的思維方式也沒有發生過根本性的轉變，因此《宋元詩序》中兩種立場鮮明的表述不可能都是李維楨本人的意見反映，而是傳達出潘是仁對宋元詩的態度和看法。即使第一種情況潘氏自行刪改序文沒有發生，那麼按李維楨所言自己應人要求再三更易而不厭的爲文風格，潘氏也極有可能請李維楨修改內容以符合自己的意願。爲便於論述這種文字差異所呈現出的潘是仁的詩學觀念，先引述相關文字，正文爲《宋元名家詩集》所載序文，括號內爲《大泌山房集》所載序文：

> ……友人潘訒叔善蒐葺世所不甚傳者百餘家（「數十家」，無「善」字，見《大泌山房集》卷九，下同），問序於余。……聞之詩家云，宋人調多舛，頗能縱橫，元人調差醇，覺傷局促。然而宋之蒼老；元之秀俊；宋之好創造；元之善模擬；兩者又何可廢也。（宋似蒼老而實粗鹵，元似秀俊而實淺俗，宋好創作而失之深，元善模擬而失之庸。宋專用意而廢調，元專務華而離實。）夫宋元人未嘗（何嘗）不學唐；或合之或倍之，（譬之捧心而顰，在西施則增妍，在他人則益醜；譬之相馬，在伯樂得其神，則不論驪黃牝牡，在其子按圖，則失之蟾蜍。差以毫釐，謬以千里。）安知今之學唐者不若宋元之學唐者哉？安知今之卑宋元者必真能勝宋元者哉？（李集中無）合可爲式，倍可爲鑒，精而擇之，慎而從之，如鑄金然，黑濁黃白青，白之氣竭而青氣次焉，栗氏以爲量聲中黃鍾之宮。則何宋元人之不必爲唐，雖以進於六朝漢魏三百篇可也。（設令小給之才，一曲之見，涉獵之學，喜其易與，曰：詩何難作。信口任腕，不煩勞力苦思而得，是編也，無乃作法於涼乎？知非訒叔意矣。）

潘是仁對李維楨序文主要有四點反駁：

第一，關於潘是仁所收集的詩集數量。李維楨序中稱「數十家」，潘是仁改爲「百餘家」。李維楨所稱「數十家」符合《宋元名家詩集》所刻之數，故而他可能只是依據所見之書寫了序文，與潘是仁並無更多往來，也不瞭解他的藏書情況。焦竑《宋元詩序》中稱「新安潘氏所收二代名家甚多，至是擇而梓之」雖沒有說明「甚多」是多少，但既然是擇而梓，說明《宋元名家詩集》刻成的諸家只是潘是仁所藏詩集的一部分。《宋元名家詩集》中的《唐眉

山詩集》與《陳後山詩集》都來自焦竑藏本，可見焦竑與潘是仁有較密切的學術往來，因此焦竑序中所言可能更接近眞實情況。潘氏將數十家改爲百餘家也許並非故意託大，只是這百餘家詩集的具體細節已無從考證。

第二，關於宋元詩特質的價值認知。李維楨所言「宋似蒼老而實粗鹵，元似秀俊而實淺俗，宋好創作而失之深，元善模擬而失之庸。宋專用意而廢調，元專務華而離實」立足點在於揭宋元詩之失，否認宋元詩的個性和創造性，這在復古派的詩論中已無異於老生常談，因此潘是仁將批駁宋元詩缺陷的語句悉數刪去，只強調宋元詩不可廢的原因。從風格特質而言，宋詩的蒼老之美與元詩的俊秀之美皆是詩學風格的重要組成部分；就時代特色而言，宋詩有別於唐詩的獨創性和元人對唐詩的專意追求都是詩學發展脈絡中不可忽視的環節。潘是仁所著重的在於宋元詩的正向價值和正面意義，所持立場和復古派是大相徑庭的。

第三，關於宋元詩與唐詩的關係問題。潘是仁與李維楨一樣，承認宋元詩對唐詩的繼承與學習，但是李維楨認爲宋元兩代的成就不足道，並進一步認爲明人對唐詩的繼承和學習才是值得肯定的，這顯然有爲復古派搖旗鼓勁之意。李維楨將宋元詩與唐詩的關係概括以兩個偏激的比喻，顯然激起了潘是仁的不滿，在此處，他增添了「安知今之卑宋元者必眞能勝宋元者哉」一句，很像是直接針對復古論者的質問。在潘是仁可能觸及的範圍內，除去公安派張揚宋元精神之外，鍾惺也曾與人討論過明詩無眞初、盛，只有眞中、晚，眞宋、元，可見潘氏的增補是有底氣的，對李維楨這樣的名宿也未必有不敬之嫌，因爲時代如此，復古派的言論早已日薄西山了。

第四，關於「作法於涼」。李維楨提出宋元詩對於學詩者而言並不是一個很好的入門途徑，所謂取法乎中，僅得其下，其實是有道理的。問題在於明代的復古論者一直以此爲理由，將宋元詩置於不足觀，不必觀的境地，也最終束縛了自身的創造力，走向了一味模擬，缺乏眞情的境地。潘氏將此處刪去，表明其書不是要爲學詩者有所樹立，而是要爲宋元詩有所樹立，正如焦竑所言，「回百年已廢之學」才是輯選宋元詩的意圖所在。

通過李維楨序文傳達出的不同意見，我們可以知道潘是仁詩學觀念的基本立場與公安派最爲接近，這與其所處的萬曆年間的詩學理論環境是相合的，也與其生平際遇的可能性相符。這篇序文的刪改更迭，實質上也反映了萬曆時期明代詩學主體觀念從復古派向公安派的過渡。

二、詩不在縉紳而在布衣

　　潘是仁在《眞山民詩集》序中說：「嘗稱詩不在縉紳而在布衣，蓋謂涉略有淺深臭味之雅俗也，此猶就詩而論也。眞子之稱山民，不寧惟是，於宋元之際，不屑仕進，甘心石隱，其節有足多者，況詩又眞得布衣之風乎！」潘是仁「詩在布衣」的詩學觀念很好地解釋了《宋元名家詩集》的選詩風格爲何以小家爲主，多隱逸、罷黜之士。而論詩之外，潘氏也指出絕仕進、甘隱逸，守氣節是詩歌有「布衣之風」的主要原因，此觀點的表露向我們揭示出《宋元名家詩集》的編纂與晚明山人文化之間的關聯。

　　山人的本意是隱士、「在野」之士，與仕途相對。但晚明時期，在朝的文人也用以自稱，如王世貞號「弇州山人」，這說明「山人」在明代的流行程度已使這個稱號成爲一種生活狀態或觀念性的泛指。而江湖藝人、術士、畫家、詩人等身份的涵蓋也使山人「野」的標識喪失了山林、世外的原意，增加了塵世日常的內蘊。但總體而言，與仕途相對的意義沒有改變，因此，「山人」一詞直接指涉的對象其實是布衣文士。明代嘉靖、萬曆以後，科舉制藝對文人的束縛逐漸顯現，藉以獲得功名的文人不斷積纍著對帖括之學的警惕與反思；而隨商業的繁榮興起的士紳階層以外的市民階層或商業階層，也對「仕途」的壟斷權威有所衝擊。萬曆時期山人文化興盛的背後，伴隨的是士大夫傳統的衰微，而山人文學的發達，也對主流文學觀念的更迭產生著影響。晚明山人群體規模龐大，李維楨稱「大江以南山人詩人如雲」〔註59〕，據研究者統計，晚明山人詩群有文集傳世者在 200 家以上〔註60〕，考慮到山人群體寂寂無名的特徵，實際數量應該更多。這一創作群體的存在，以及他們的審美追求所代表的正是布衣的、平民的文學觀念。潘是仁以及《宋元名家詩集》一半以上的參編者，都是新安當地的無名士子，因此，這部詩選的出現，本身正是對「詩不在縉紳而在布衣」的理論詮釋。

　　萬曆時期的新安一帶，以商業發達著稱，同時也因毗鄰黃山，成爲文化資源的優勢地區，文人往來密集。徽商亦商亦儒的經營特色，使他們重視子弟的文化教育，加以環境的薰陶，所以新安的地方士子有機會擁有廣闊的文

〔註59〕〔明〕李維楨《俞羨長集序》，《大泌山房集》卷十二，《四庫全書存目叢書》
　　　　150 冊，566 頁。
〔註60〕李聖華《晚明山人與山人詩》，《西北師大學報》2002 年 7 月第 39 卷第 4 期，
　　　　79 頁。

學視野與交遊經歷。以潘是仁的家族爲例，族中最著名的文人潘之恒，早年以詩歌創作受到文壇盟主王世貞、汪道昆的賞識，其後與袁宏道、袁中道兄弟相識，完成了詩學觀念由復古論到抒寫性靈的轉變，晚年廣邀名人來遊黃山，自爲東道主，所編刻著作大多受到揄揚。潘之恒終身不仕，卻聲名斐然，也正是他的文學成就，使「詩在布衣」這一說法在晚明得到了普遍認同。

「詩在布衣」的明確表述，最早見於屠隆爲潘之恒《涉江詩集》所作序文：

> 唐以前，士大夫岩居穴處，玩心千古，游目百家，其爲詩文也，仰而摹其古法，返而運其心靈，軌則極于謙收，而神采期於獨照。閉門研精，或一二十年，而後出以示人，是飛衛紀渚之技也，擅場名家，良是非偶耳……今之士大夫則不然，當其屈首授書，所凝神專精，止於貼括，置詩賦不講，一朝得志青紫，孳孳而程，薄書功令，偶一念及……於是略漁獵前人韻語一二，輒奮筆稱詩團，輒託之殺青，詫之都市，駭者卻步，攢者爭前，烏知熏蕕黑白耶？而布衣韋帶之士，進不得志於圭組，退而無所栖泊，乃始刻心畢力而從事此道，既無好景艷其前，又鮮他事分其念，用力也專，爲力也倍難。
> 雖才具不同，要必有所就而可觀者，故曰在布衣。〔註61〕

屠隆在論明詩時將詩人分爲士大夫與布衣兩個階層，他認爲士大夫階層終日埋首功名，只知帖括之學，對詩賦之藝所知甚少，不過是仕途得志之後，因交遊應酬之需才有所涉獵，所以詩作大多附和前人，少有特色，但卻由於身份地位而擁有贊譽者與追隨者。這正是李夢陽、何景明提倡復古的近百年來明代詩壇眞實寫照，也是科舉制度的規範與發達投射於文學領域的不利影響。正如屠隆所說，明代中期，士大夫階層的詩學經歷大多始於考取功名之後，如李蓘就稱自己是中進士後才留意詩文。但李蓘是少年得志，23歲即金榜題名，因此游於詩藝的時間尚且充裕，而對於那些困於場屋的士子來說，則不可能有精力鑽研詩賦，他們的詩學觀念也大多限於被動接受，這也是復古派的詩學立場得以屹立百年的原因之一。如果說復古派所秉持的詩學格調論所代表的是前、後七子相繼由科舉起家從而主盟文壇的評判權力，那麼萬曆以後不斷積纍的對復古派批判和反思的聲勢，則象徵著這種評判權力的消

〔註61〕 〔明〕屠隆《涉江詩序》，見潘之恒《涉江集選》，《四庫全書存目叢書》集部142冊，819頁。

解。這一時期詩論家對「眞詩」的探討，藏書家對歷代詩的關注，詩人受心學影響所重視的本心、眞我的抒發，無不消解著復古派的詩學觀念。而與復古詩學的衰微相伴隨的，正是市民布衣階層的日漸龐大。萬曆以後詩壇流行的觀點，無論是公安派的獨抒性靈，還是竟陵派的幽情單緒，都是以反復古的姿態出現的，就其身份背景而言，公安派的袁中道曾久困科場，竟陵派的譚元春更是終身沒有入仕，他們無論從生活環境、交遊結社還是思想傾向上，都與市民階層有著更廣泛的聯繫。已經有研究者指出：「（明代詩學）從臺閣體到前七子，既是文柄從朝廷權力核心的臺閣向中層官員的郎署轉移的過程，也是文學與政治合爲一體向文學審美化的獨立轉變的過程。從前七子到公安派、竟陵派的轉變，不僅體現了文學從朝廷到民間的權力下移，更從人生價值觀上實現了從重群體到重個體、從追求格調到追求情趣的轉變。」〔註62〕「詩在布衣」的文學觀念之所以在這時產生，其本身正是這一審美權力下移過程的標誌。

　　潘是仁作爲與「詩在布衣」的論調有直接淵源的人，對這一詩學觀念的接受主要來自身份的認同。這種認同表現在選詩的層面，就是傾向於關注歷史上那些聲名不隆卻富有創作個性的詩人或群體。從《宋元名家詩集》的序文中我們可以感受到潘是仁對詩人人生命運的關注，這其中自然也寄託了對自身命運的感慨。他或許認爲這類詩人得以傳於後世更爲不易，其文獻意義更值得珍視。如北宋諸家選文同詩是因爲潘氏認爲世人皆不識文同，感歎其詩雖在諸藝之上，然而沒有蘇軾的一層關聯，根本不會引起注意。南宋半壁江山，更遭末世離亂，潘氏對宋末詩人尤爲重視，那些以氣節自持，以清淡爲尚的詩人都在選列，這種末世情懷或許也夾雜了其對時代特有的敏感。潘是仁認爲布衣階層是氣節和文章的最終承載者，他在《元遺山先生引》說「宋末金興，吾夏土民遭變，衣冠什九，戎虜兵燹，歲無寧候，而宋之遺逸哲人，負氣節文章者，或逃諸山谷，或雜處流民，不譚文藝已久。」〔註63〕介紹這一背景的深層內蘊就是將布衣階層的文學創作所能擔負的最大歷史容量凸顯出來，在山河更改的情景之下，遺民隱士群體對傳承文脈起到了特殊的作用，因此他們的文章更具有傳播的價值，這也就爲《宋元名家詩集》的甄選標準

〔註62〕左東嶺《明代詩歌研究的幾個問題》，《明清詩文的文體記憶與文體選擇》研討會論文集，86～87頁。

〔註63〕〔明〕潘是仁《元遺山先生引》，《國立中央圖書館善本序跋集錄》（六），178頁。

找到了意義提升的途徑。

對「詩在布衣」的身份認同表現在選者層面，則是指對自身裁奪文藝的主體意識。潘是仁嘗言「作詩難，評詩尤難，務辭者則泛過，偏遯者則逸遺」〔註64〕表現出他對評詩者的主體權力有所認知。萬曆時期，隨著各種文學選本的出現，「選者之權」被越來越多地提及，鍾惺稱「選者之權力能使人歸，又能使古詩之名與實俱徇之，吾其敢易言選哉？特不敢以膚者、狹者、熟者塞之也。」〔註65〕表明他將選者的身份看得極重，通過強調自己不敢輕易言選強化其與譚元春「深覽古人，得其精神，選定古今詩」的價值。《詩歸》的編選背景是「作官五載，以閒冷爲固然，習成偷墮，每用讀書作詩文爲習苦銷閒之具」〔註66〕，是鍾惺仕途失意時的排遣與譚元春絕仕途而進文藝的理想寄託，很大程度上反映著布衣文士的審美體驗。《宋元名家詩集》不僅審美情調與之有所相似，巧合的是，鮑山在爲潘是仁續梓《宋元詩》時表示：「吾人若不能搴芳摛藻，上替古人之所欲成，下示後賢之所可繼，則爲虛此生耳。」〔註67〕也與《詩歸》的編選者一樣，展現出布衣文人對自身所屬身份立場的價值認可和學術自信。

三、雅韻清標，托以寫照

《宋元名家詩集》體現的詩學風格可概括爲「雅韻清標」四字，反映在詩歌內容和形式兩個層面的選取標準上，即是對詩歌「雅化」的追求。這種傾向與公安派、竟陵派的詩論都有一定關聯，以下就從這兩個方面分別加以論述。

（一）內容論

潘是仁論詩首重「得情」，如其在《宋伯仁先生小引》中所稱：

> 詩貴得情，故有苦心雕琢，而讀之毫不令人興起，有矢口而出，而雋永之味反津津不竭者，在情不在學也。苕川宋伯仁之爲詩，天然

〔註64〕〔明〕潘是仁《戴石屏先生小序》，《宋元名家詩集》萬曆四十三年刻本，國家圖書館藏。

〔註65〕〔明〕鍾惺《詩歸序》，《隱秀軒集》卷十六，上海：上海古籍出版社，1992，236頁。

〔註66〕〔明〕鍾惺《與蔡敬夫》，《隱秀軒集》卷二十八，上海：上海古籍出版社，1992，468頁。

〔註67〕〔明〕鮑山《宋元詩序》，《宋元名家詩集》天啓二年重修本，國家圖書館藏。

流邁，不事錘鑿，自謂隨口應聲，如敗葉翻風，枯荷鬧雨，低昂疾徐，因勢而出。噫！去世之攢眉斷髯，吐韻如茶者遠矣。吾嘗於詩家深喜此種，不意先生遂獲我心。

潘是仁所說的「情」是指隨口而出的自然感情，與「苦心雕琢」相對照，也與「學」相對照。理論淵源上顯然與嚴羽「詩有別趣，非關書也」以及「詩者，吟詠情性」相關聯，是明代宗唐論者普遍認同的說法。但是宗唐者的眼中，宋詩是「學」與「理」的代表，「情」則是唐詩獨有的品質，在詩學語境中均已形成既定的表述方式，潘是仁能以個人喜好觀照詩歌，從而泯除唐宋界限，與萬曆年間詩論的多元取向是分不開的。隨著晚明詩壇反思精神的加劇，「情」成為對抗模擬之弊的標識，更多地與「真」相聯繫。如李贄「童心說」所強調的絕假純真，最初一念；徐渭「真我觀」所申發的「詩本乎情」〔註68〕；尤其是公安派宣稱「情至之語，自能感人，是謂真詩」〔註69〕，都將情的表露與真的傳達等同起來，其理論指涉都是要使人跳出復古派繁瑣的格調論，回歸詩歌樸質的傳情達意功能，這是潘是仁「得情說」所根植的詩學背景。

而從潘是仁的選詩標準來看，「情」的具體歸宿是「風人之致」與「高襟遠韻」。潘氏論及讀唐庚詩的觀感云「吾聞人大抵長於經術者必短於騷雅，既窮天人之際，疑其為詩必乏風人之致，及觀所作，有唐之音調而不拾其牙後慧，殆元白者流。」〔註70〕稱真山民詩有「高襟遠韻」而「絕不作江湖應酬語」〔註71〕。潘氏舉出「風人之致」清楚地表了他對詩歌內容的追求，傾向於那些用詩人的語言表達的景、事、情；而「高襟遠韻」又將詩情的表達限定在了文人雅致的範疇之內，換句話說，就是重視清曠高遠的文人生活，與世俗生活拉開距離，在晚明文人的生活現實當中，其內涵接近「趣」的概念。袁宏道曾說「趣得之自然者深，得之學問者淺」，正與潘是仁論詩「在情不在學」意義相近，但公安派所言之趣，兼顧雅俗兩個層面，潘是仁

〔註68〕 〔明〕徐渭《肖甫詩序》，《徐渭集》，北京：中華書局，1983，534頁。
〔註69〕 〔明〕袁宏道《敘小修詩》，《袁宏道集箋校》，上海：上海古籍出版社，2008，187頁。
〔註70〕 〔明〕潘是仁《唐子西先生小引》，《宋元名家詩集》萬曆四十三年刻本，國家圖書館藏。
〔註71〕 〔明〕潘是仁《真山民先生小引》，《國立中央圖書館善本序跋集錄》（六），178頁。

則有所取捨。袁宏道所言「山林之人，無拘無縛，得自在度日，故雖不求趣而趣近之」為潘氏所承接，從《宋名家詩集》對山林隱逸之人的偏好可以看出。而與山林相對的塵俗，潘氏只看重文人生活中閒賞雅致的一面，如他對朱淑真的際遇倍加遺憾，在詩集序中說道：「使爾雎鳩相叶，如徐淑秦嘉也者，互為愛慕，其唱和奚啻倍蓰？即不然，當時得遇善誘之吉士，臨邛卓氏，無俟新寡，斷腸詩化作銷魂句矣，如紅顏薄命何？吾於淑真不能無遺憾云。」〔註72〕可見他心中理想的生活情境是文人之佳遇、佳話、佳偶，聯繫趙孟頫詩集序中所言「夫人管氏能作朱粉竹，有此閨房之秀相為映帶，松雪那得不佳士也！」〔註73〕兩相印證，將潘氏所鍾情的生活表露無遺。

　　將《宋名家詩集》中潘是仁所作全部序跋分析一過就會發現，他對詩人生活經歷的關注甚於對詩歌創作風格的關注，他所追求的是生活的詩化，而非詩歌本身。如他為王十朋詩集所作序文：

> 新安江水接軔錢塘，來作半生游子，每潮生帆落，及富春、吳興、藥亭梅墅之間，名賢所在，風流可懷，無論時代，皆低回不忍遽去，則為永嘉。永嘉故謝康樂之棠陰，王春官之桑梓，人物清美，至今好作雅歌，余深愛慕之，可謂不負此名山水矣。公得高第於隆興間，後為縣官，被恩所黜，遂辟小園，日涉吟詠，悠悠自樂，其所詠詩名《自寬集》，因籌然校讎，知晉宋人不甚殊轍如此，而甌江半襟水，亦恍一再至云。〔註74〕

　　潘是仁對王十朋詩集的文獻介紹採用了一個燈下校讎的片段，涉及詩歌內容的文字則是自辟小園一段生活的記敘，通過這種生活情景的勾連，將古今日常融成一片。他著重強調的是人、地、時三個要素及其之間的有機聯繫，將三者視為一個詩意的統一體。具體來說，就是要詩人不負山水，山水借詩作流傳，從而構築一個詩化的環境，使之影響後世。在這裏，潘氏所關注的不是詩學的影響，文本的傳播，而是人文氣息的脈絡相傳。從另一角度來看，正是因為這種籠統的觀照，反過來得以促成詩學觀念的更新。在潘是仁看來，詩學觀念上的宗唐抑宋是不可思議的：「嘉隆諸公黜宋音於李唐……不第昧乎

〔註72〕〔明〕潘是仁《朱淑真引》，《國立中央圖書館善本序跋集錄》（六），178 頁。
〔註73〕〔明〕潘是仁《趙子昂先生引》，《國立中央圖書館善本序跋集錄》（六），179 頁。
〔註74〕〔明〕潘是仁《王龜齡先生小引》，《國立中央圖書館善本序跋集錄》（六），176 頁。

詩，抑且乖乎人情。」〔註75〕這種平實之論，得益於他超越詩學範疇的觀照方式。

（二）技法論

潘是仁雖對苦心雕琢的作詩方法持保留意見，追求不事錘鑿的天然效果，但實際上，他對字句推敲還是十分重視的。從他所作的元人詩序中可知，他最喜歡的唐代詩人是李賀，曾說過「余閱長吉詩，未嘗不捫卷歎曰：好書惟恐讀易盡，每吟一句，輒舒徐齒頰，不令疾過，如飲醇醪，未命遽咽也。」〔註76〕對李賀詩歌的喜愛達到了醉心痴迷的地步，以至於所選元詩常以口吻是否像李賀為標準，如稱虞集詩是「舊醅酩酊，復益新醅」〔註77〕，意謂其詩酷似李賀，又稱薩天錫「無長吉之異彩，有長吉之高格」〔註78〕，也是以李賀為參照。而李賀詩藝正是以字句推敲著稱的，這也從一個側面顯示出潘是仁所謂「唐之音調」與晚唐詩風的關聯。

在對《宋名家詩集》入選詩人的評論中，多以唐音、晚唐為參照。如林逋「評者謂其渾合，無自矜意，出姚合上，非虛擬也」〔註79〕；唐庚「有唐之音調而不拾其牙後慧」〔註80〕；戴復古「聲調不纖於唐」〔註81〕，五言近體「問之晚唐諸子，亦當讓戴一頭地」〔註82〕。這反映出晚唐詩風所代表的創作風格與潘是仁的詩學標準最為接近，落實到技法的層面，則是聲調的渾合、意境的新巧，而這兩者的實現則需要字句錘鍊。潘是仁在詩歌創作過程中強調「工苦推敲，沉心雅度」〔註83〕以求達到「己之所作，無短可攻，無暇可摘」〔註84〕的效果，從這一層面上看，潘氏所論與晚唐體詩人的創作實

〔註75〕〔明〕潘是仁《秦少游先生小序》，《國立中央圖書館善本序跋集錄》（六），175頁。

〔註76〕〔明〕潘是仁《虞伯生先生小引》，《國立中央圖書館善本序跋集錄》（六），180頁。

〔註77〕同上。

〔註78〕〔明〕潘是仁《薩天錫先生序》，《國立中央圖書館善本序跋集錄》（六），180頁。

〔註79〕〔明〕王應翼《林和靖先生集序》，《國立中央圖書館善本序跋集錄》（六），174頁。

〔註80〕〔明〕潘是仁《唐子西先生小引》，《宋元名家詩集》萬曆四十三年刻本，國家圖書館藏。

〔註81〕〔明〕潘是仁《戴石屏先生小序》，《宋元名家詩集》萬曆四十三年刻本，國家圖書館藏。

〔註82〕同上。

〔註83〕同上。

〔註84〕〔明〕潘是仁《嚴滄浪先生小引》，《宋元名家詩集》萬曆四十三年刻本，國

踐是緊密相關的。若進一步結合《宋名家詩集》的選詩情況分析，潘是仁的
「字句推敲」所重點指向的是詩句的雅化，具體來說就是要「肺腑有烟霞，
喉舌有冰雪」〔註85〕，也就是詩歌情感內容和表達方式的雅化，這也是由所
選詩歌的題材偏好決定的。《宋名家詩集》的題材大多集中在文人生活的雅賞
閒適一面，因此與之相應的形式也體現出「雅韻清標」的內涵。

　　潘是仁及其編纂者們所追求的「幽尋雅賞」的詩學審美情調，所著眼處
在於構築自我的精神空間。晚明士人習慣於將自我安置在各自獨特的園地
中，以至於出現了類似《園冶》那樣的專門書籍，教人構築現實中的園林。
觀潘是仁所論及的宋代詩人，其顯著特徵之一，是曾經有過自適其懷的人生
經驗，如稱唐庚「意其人為偃息衡門，栖心流水，取一丘一壑以自足者也」
〔註86〕；王十朋「被懟所黜，遂擘小園，日涉吟詠，悠悠自樂。」〔註87〕可
見這些詩人的某個生活片段與編者所尋求的情調恰好發生了共鳴。從詩學審
美的角度，這種偏好部分地源自公安派，也與竟陵派有一定關聯。雖然潘是
仁的詩學觀念更多受公安派影響，但他所追求的詩歌的雅化標準與公安派是
有所牴牾的。袁宏道在《敘小修詩》中宣稱：「情至之語，自能感人，是謂
真詩，可傳也。而或者猶以太露病之……但恐不達，何露之有？」認為露可
以達，能感人即是真詩，由此觀點出發，性靈詩說包容了詩歌俗、露、淺、
滑的創作傾向，這種傾向被後來興起的竟陵派所糾正。鍾惺說「真詩者，精
神所為也。察其幽情單緒，孤行靜寄於喧雜之中；而乃以其虛懷定力，獨往
冥游於寥廓之外。」〔註88〕以此為標準，他輯刻了《詩歸》，其中所蘊涵的
幽情孤寂的情調，正屬於公安詩論中「雅趣」一面的延伸。潘是仁「幽尋雅
賞」的審美追求應與這一時期的詩論變化相關。

　　總體而言，晚明文人共通的審美情調，其特點是閒賞自適，其內涵則是

家圖書館藏。
〔註85〕〔明〕潘是仁《萵白叟先生序》，《國立中央圖書館善本序跋集錄》（六），176
　　　　頁。
〔註86〕〔明〕潘是仁《唐子西先生小引》，《宋元名家詩集》萬曆四十三年刻本，國
　　　　家圖書館藏。
〔註87〕〔明〕潘是仁《王龜齡先生小引》，《宋元名家詩集》萬曆四十三年刻本，國
　　　　家圖書館藏。
〔註88〕〔明〕鍾惺《詩歸序》，《隱秀軒集》卷十六，上海：上海古籍出版社，1992，
　　　　236頁。

士大夫階層獨善其身的傳統理想。潘是仁對秦觀詩「多江湖節烈之風，無夜雨牢騷之氣」〔註89〕的讚美，對陸游「處逆境不爲所顛倒，反藉詩文爲鼓吹，其襟趣自足千古」〔註90〕的欽佩，對陳師道「絕口不言仕事，人不堪其貧，居僧舍，四壁富於圖書，與揚子雲作太玄同志，自謂以詩文名後世也」〔註91〕的認同感，都反映了其獨善其身的精神追求。而標舉眞山民「高襟遠韻，具見是帙，自幽尋雅賞之外，絕不作江湖酬應語」〔註92〕，從某種程度上看，也是自身應對世事的理想標準。可以說，《宋元名家詩集》所反映的審美情趣，是由晚明繁華而狂亂、喧囂而浮泛的社會環境激發出來的，是晚明文人內心世界的某種眞實寫照。

〔註89〕〔明〕潘是仁《秦少先生小序》，《國立中央圖書館善本序跋集錄》（六），175頁。

〔註90〕〔明〕潘是仁《陸放翁先生小引》，《宋元名家詩集》，萬曆四十三年刻本，國家圖書館藏。

〔註91〕〔明〕潘是仁《陳後山先生詩引》，《國立中央圖書館善本序跋集錄》（六），177頁。

〔註92〕〔明〕潘是仁《眞山民先生小引》，《國立中央圖書館善本序跋集錄》（六），178頁。

第五章　曹學佺與《石倉宋詩選》

　　曹學佺（1574～1646），字能始，號石倉，別號雁澤居士、西峰居士，福建侯官人。曹學佺在後世以詩聞名，清代王士禎稱「明萬曆中年以後，迄啓、禎間，無詩。惟侯官曹能始宗伯學佺詩，得六朝、初唐之格。」〔註1〕評價甚高。其實，曹學佺的詩名更多地來自於他對閩中詩風的承繼與發揚。閩中詩風自明初發軔，祖尚唐音，綿延有序，朱彝尊稱：「明三百年詩凡屢變……獨閩、粵風氣，始終不易，閩自十才子後，惟少谷小變，而高、傅之外，寥寥寡和。若曹能始、謝在杭、徐惟和輩，猶然十才子調也……能始與公安、竟陵往還唱和，而能嶻然不淬，尤人所難。」〔註2〕指出了曹學佺及其交遊圈接續閩中詩風，另立於公安、竟陵而自成一派的成就。曹學佺本人也非常自豪於有明一代閩中詩風的淵源流傳，曾說：「予尤怪終元之世百十年間，而吾郡三山無一詩人，豈皆爲採芝之隱、桃源之避耶？惟詘於閩，必伸於正，故明興，十子之外，又有數十家，他郡國不敢望焉，而非偶然也。」〔註3〕正是基於這種詩學傳承的意識，他十分注意搜採明人詩集作品，而奠定他選詩之名的正是《石倉歷代詩選》，其中明詩部分占選詩總量的一半以上，是今人研究明詩的主要資料。該書包括《古詩選》13 卷、《唐詩選》110 卷、《宋詩選》107 卷、《元詩選》50 卷、《明詩選》642 卷，因《古詩選》含有漢、魏、晉、宋、齊、梁、陳、隋八個朝代，因此又稱《石倉十二代詩選》。

　　作爲明代體量最大的詩歌總集，《石倉歷代詩選》除明詩部分外，可挖掘

〔註 1〕　〔清〕王士禎《池北偶談》卷十七，北京：中華書局，1982，402 頁。
〔註 2〕　〔清〕朱彝尊《靜志居詩話》卷二十一，北京：人民文學出版社，1990，636 頁。
〔註 3〕　〔明〕曹學佺《元詩選序》，《國立中央圖書館善本序跋集錄》（六），511 頁。

處還有很多。首先，選詩者以「歷代」的觀念通覽古今詩歌，已經反映出明末詩學觀念的動向，「一代有一代之文學」觀念的興起，使得歷朝詩歌都有足資選取的價值；其次，宋詩選在卷數上與唐詩選非常接近，也反映出明人對宋詩的重視程度逐漸增強，詩分唐宋的觀念不再牢固。這些特徵如果用以比照明代詩學發展來進行研究，是非常有意義的。《四庫全書總目》謂此書「所選雖卷帙浩博，不免傷於糅雜。然上下二千年間，作者皆略存梗概。又學佺本自工詩，故所去取，亦大都不乖風雅之旨，固猶勝貪多務得，細大不捐者。」實際上指出了《石倉歷代詩選》作為詩歌選本的優質性，去取的精當是以詩壇大家的身份為前提的。但與前兩章所涉及的《宋藝圃集》和《宋元名家詩集》相比，此書既為歷代詩選，則選者對詩歌的觀照範圍似乎並不統一。然而，從曹學佺為《石倉歷代詩選》所作序文（僅存古詩序和元詩序）可以看出，他並非以統一的詩學標準編纂此書，古詩部分的標準是「昔人之編樂府也以樂，予之選古詩也以詩」〔註4〕；元詩部分專注遺民作品；據吳之振引述的《宋詩序》則稱宋人「取材廣而命意新，不剽襲前人一字」〔註5〕，每一時代皆有側重。曹學佺曾說「蓋有一代，必有一代之才具而能為言；有一時，必有一時之政俗而可以言。」〔註6〕他以不同的評判標準審視各時代的詩歌，最終是要通過選歷代詩而「知乎代與體之變。」〔註7〕因此，該書的宋詩部分可以視為一個獨立的選本進行研究。

第一節　曹學佺的文學活動

　　曹學佺生活的萬曆末年直至明朝覆亡的七十餘年中，從政治走向來看，是一段衰頹、混亂、黑暗的時期。神宗皇帝不理政事，在位期間「郊廟、朝講、召對、面議俱廢」〔註8〕，更導致了「梃擊」、「紅丸」、「移宮」三大宮廷案件的發生，將宦官之危害、黨爭之殘酷發揮至極，以致後世稱「明亡之徵

〔註4〕〔明〕曹學佺《石倉歷代詩選序》，《國立中央圖書館善本序跋集錄》（六），185頁。

〔註5〕〔清〕吳之振《宋詩鈔序》，《宋詩鈔》，北京：中華書局，1986，3頁。

〔註6〕〔明〕曹學佺《秋旻集序》，《國立中央圖書館善本序跋集錄》（五），56頁。

〔註7〕〔明〕曹學佺《石倉歷代詩選序》，《國立中央圖書館善本序跋集錄》（六），185頁。

〔註8〕〔清〕張廷玉等，《明史·馬孟禎傳》卷二百三十，北京：中華書局，1974，6024頁。

兆，至萬曆而定。」〔註9〕從社會局勢看，繁榮的經濟背後是賦稅的壓迫以及不斷聚集的反抗力量，「民心如實砲，拈一點而烈焰震天；國勢如潰瓜，手一動而流液滿地。」〔註10〕內則吏治敗壞，外則異族覬覦，明王朝病相交雜、危象叢生。面對亂萌久蘊、世變日滋的晚明社會，很大一部分士子放棄官場的爭鬥和內耗，或縱情享樂，或逃禪歸隱，或寄身於藏書著述、或流連於詩書曲畫，而曹學佺，卻在這樣的時代，依然積極入仕，希望有所作為。他早年成名，22 歲就考取進士，一生中兩任地方大員，均敢做敢為，政績卓著。由於個性正直，他不斷忤逆閹黨，屢被貶官放廢，賦閒二十餘年，居家時仍上書建言，憂思政事。清順治二年（1645 年），他以 72 歲高齡，參與了南明隆武政權，當朱聿鍵親征時，他捐銀兩萬助餉，兵敗後，決意殉國。

在曹學佺的一生中，文學交遊不得已占據了大半時光，當中有應酬的成分，也有性情的表露，如他為友人姚孟長《秋旻集》所作序中說的那樣：

> 有臬大夫過予，道其性情，亟知嚮往乎風雅，但在都下，苦於應酬，而在地方，則又未免簿書之為累也。予曰：詩可以觀，志得失也，簿書政事，非得失乎？詩可以群，志離合也，應酬交錯，非離合乎？且我觀人，亦可自觀，得失之中，感慨繫焉；我之擇人，人亦擇我，應酬之中，性情見焉，此詩所以為作也。詩無感慨、無性情，一陳言耳，固不如無作，然而捨政事應酬而外，亦安所觸其發嘅而抒其性情者哉！〔註11〕

一個在政治上躊躇滿懷的士大夫卻贊同通過應酬交往來表現性情與感慨，這說明曹學佺從來就不是制度的反思者，他雖不屑在仕途中翻雲覆雨操縱權力，但卻時常期待能在這個混亂無望的局面中成就功業，他的態度是積極有為的。當他不得不將大量的時間精力投入到著述中時，這種態度也自然會表現出來。本節要討論的是曹學佺文學活動中幾個有代表性的事例，它們將曹學佺的文學立場呈現出來，同時，將《石倉歷代詩選》的編纂放在一個歷時的背景中加以說明。

〔註9〕　孟森《明清史講義》，北京：中華書局，1981，246 頁。

〔註10〕　〔明〕呂坤《答孫月峰》，《去偽齋集》卷五，《呂坤全集》，北京：中華書局，2008，215 頁。

〔註11〕　〔明〕曹學佺《秋旻集序》，《國立中央圖書館善本序跋集錄》（五），56 頁。

一、文學交遊

曹學佺科名早成卻仕途蹭蹬，只做過三年京官和兩任為期四年的地方官。萬曆二十七年（1600 年）至萬曆三十六年（1609 年），在南京任一閒職長達九年。當他終於出任四川右參政，有機會實現人生抱負時，已經 36 歲。在四川任上，他「除殘去貪，機事不密，反為所螫。」〔註12〕最終削官三級，獲罪返閩。動輒十年的閒散生涯，使他只能通過詩文著述排遣心情，也有大量時間結交友人，談詩論文。

早在萬曆二十二年（1594 年）冬，21 歲的曹學佺第二次赴京準備參加會試時，就與湯顯祖、董其昌、袁宏道等人相識，還參加了他們為科考組織的文社。第二年春天，曹學佺考中進士，授戶部主事。在京三年，備受排斥，轉而自遣，「妄意鉛槧之役，印《十三經注疏》於國子學中，購《二十一史》、《漢魏六朝詩紀》於長安市。」〔註13〕其後在南京的九年中，又與李贄、焦竑、謝肇淛、徐𤊹、董應舉、屠龍、王思任等人過從密切。萬曆三十四年（1606 年），在為葉向高《蒼霞草》所作序中，曹學佺談到當世文章之弊：

> 我明崇重文教，二百餘年間，作者彬彬稱盛矣，要而論之，何以不
> 古若也？其弊有四：夫殷鑒不遠，在夏后之世，漢人上封事，必借
> 秦為喻所從來矣，今謂非左史兩漢不可用，至唐宋勝國不一寓目焉，
> 一也；且敘事與議論歧而為兩，不能反復交互，二也；好以古人之
> 事傅會今人，使讀之難辨，三也；非溢美之言則多隱譏之語，為誅
> 為詆，四也。前乎二者之弊，北地、崑陵不能免也，後乎二者之弊，
> 濟南、弇州不能免也，而況其凡者乎！〔註14〕

他從觀念和文法兩方面質疑復古的合理性。曹丕《典論·論文》已經談到貴遠賤近是常人所為，明人卻長期以復古為標榜，本欲跳出前代框架而有所樹立，實則從復古走向泥古，制約了文學的發展。針對前、後七子的批評顯示出曹學佺對萬曆時期文學動向的把握。受公安派的影響，當時詩壇流行關於「真詩」、「真文」的討論，曹學佺也有自己的意見，他認為「養其才以有用，而不亟亟於輕試，顧時有所致慨而發之為詩文，每出一篇，輒新穎湛

〔註12〕〔明〕曹學佺《祭徐鳴卿文》，《曹學佺集》（二），南京：江蘇古籍出版社，2003，709 頁。
〔註13〕同上。
〔註14〕〔明〕曹學佺《蒼霞草序》，《國立中央圖書館善本序跋集錄》（四），372 頁。

秀，而寫其胸中之所欲言⋯⋯可謂眞詩眞文也已。」〔註15〕雖也如公安派一般講眞情發而爲文，抒寫胸中所欲言，但前提是懷有用之才以待其時，實際上是以其用世兼濟的理想抱負爲基礎的。本質上來看，曹學佺將詩文創作視爲不得志時抒發感慨的手段，而詩文因爲有了深沉的理想重量而變得眞實感人。他之所以持此觀點論詩，是其有志而不遇的人生處境造成的。他序友人詩文時說「留都至冷，而農部尤冷，印文生綠，米薪不繼，人所攢眉，雪匡獨喜曰：是可以率性而安拙也。」〔註16〕吳國琦在農部任一不能再冷的職位，與曹學佺在金陵時的處境極像，他在讚賞友人處事態度的同時也剖白了自己的心志。

　　曹學佺在南京期間以一種用世之餘的心態留心詩文，以至於常在紙醉金迷的日常中感受到虛空之味，從而逐步向禪宗靠攏。他與僧人交遊密切，常能從與他們的交往中獲得共鳴，如其爲釋如愚所作詩序稱「日與客談詩，值太平時耳。夫以士馬倥偬、成敗俄頃之際而從容談笑自若，此予與愚公日徘徊於荒墩野草間，而未嘗不三歎興起於斯人也。」〔註17〕又說：「人而苟眞好詩，則何害於禪？禪所以資詩耳，猶乎冠冕揖讓、鉦鼓號令、烟霞水石、樵採傭作之間，無一而非詩也。」〔註18〕他習慣於以禪論詩直接影響到後來的詩學趣味，也體現在《石倉宋詩選》中。

　　萬曆三十六年（1608 年），曹學佺離開南京，赴四川任按察使，三年後的春天，鍾惺任職於行人司，奉使四川，大約在這時，二人相識。曹學佺與鍾惺之間的交往，在詩學批評史上有重要價值。曹、鍾二人同年出生，但鍾惺久困科場，曹學佺已在南京賦閒十年，他才剛中進士，本來心情狀態應有差別，但他們性格接近，一見如故。王士禎《池北偶談》載：「能始官四川參政，與監司謁撫按，必於館中別設一幾，隸人置書几上，對眾一揖，即就幾批閱，不交一言，其孤兀如此。」〔註19〕鍾惺則被人稱爲：「冷人也，不可近。」〔註20〕有意思的是，兩個不善結交的冷淡之人趣味相投，將彼此引

〔註15〕　〔明〕曹學佺《懷茲堂集序》，《國立中央圖書館善本序跋集錄》（五），195 頁。
〔註16〕　同上。
〔註17〕　〔明〕曹學佺《石頭庵集序》，《石倉文稿》卷一，《續修四庫全書》1367 冊，843 頁。
〔註18〕　同上。
〔註19〕　〔清〕王士禎《池北偶談》卷十七，北京：中華書局，1982，402 頁。
〔註20〕　〔明〕鍾惺《潘無隱集序》，《隱秀軒集》卷十七，上海：上海古籍出版社，

為知音。曹學佺在四川作《寄答鍾伯敬》:「蜀道難行久,鍾期復見今。相思能命駕,獨恨失知音。」感慨友人相處時間的短暫。曹學佺離任四川後,鍾惺也曾作《訪曹能始潯陽所住卻寄》:「興來興止去留身,買宅潯陽卻反閭。……未必君平今可得,賞文析義不無因。」〔註21〕可見二人交誼甚好,且經常談論詩文。

　　或許因為性格所致,曹學佺與鍾惺的文字往來應酬極少,但鍾惺奠定竟陵詩風的幾個著名論點都是在與曹學佺有關的文字中復現出來的。鍾惺在一封寫給譚元春的信中說:「曹能始,清深之才也。惜其居心稍雜,根不甚剛淨,是以近日詩文有淺率之病。亦是名成後,不交勝己之友,不聞逆耳之言所致。……其言我輩詩,清新而未免有痕,卻是極深中微至之言,從此公慧根中出。有痕非他,覺其清新者是也。」〔註22〕鍾惺對曹學佺的批評非常在意也非常信服,而且也不客氣地指出曹學佺為文直露的缺點。《詩歸》成書後,曹學佺也有批評,同樣為鍾惺虛心接受:「曹能始謂弟與譚友夏詩,清新而未免於痕,又言《詩歸》一書,和盤托出,未免有好盡之累。夫所謂有痕與好盡,正不厚之說也,弟心服其言。」〔註23〕正是在這篇著名的《與高孩之觀察》中,鍾惺吸收友人的批評,結合自己的創作和選詩實踐,提出了「厚」的理論:

> 詩至於厚,而無餘事矣。然從古未有無靈心而能為詩者。厚出於靈,而靈者不能即厚。……有如元氣大化,聲臭已絕,此以平而厚者也。……有如高岩濬壑,岸壁無階,此以險而厚者也。……非不靈也,厚之極,靈不足以言之也。然必保此靈心,方可讀書養氣以求其厚者。〔註24〕

　　曹學佺對竟陵詩風的批評在於其有意標榜姿態,清新的風格雖好卻露出做作的痕迹;對《詩歸》的意見也相似,覺得過於有意為之。曹學佺其實很

　　　1992,265頁。

〔註21〕〔明〕鍾惺《隱秀軒集》卷十一,上海:上海古籍出版社,1992,176頁。

〔註22〕〔明〕鍾惺《與譚友夏》,《隱秀軒集》卷二八,上海:上海古籍出版社,1992,473頁。

〔註23〕〔明〕鍾惺《與高孩之觀察》,《隱秀軒集》卷二八,上海:上海古籍出版社,1992,474頁。

〔註24〕同上。

欣賞「結撰幽渺、鉤致深奇，近而復遠，險而自然」〔註25〕的詩歌趣味，但他認爲「文不可以有意爲，……有心而去之遠，無心而去之近。」〔註26〕曹學佺的批評雖只見於鍾惺單方面的轉述，但足可見二人在談詩時能直陳心意，無所忌諱，使彼此有所精進。

除詩學觀點的切磋外，二人在編纂著述的體會方面也有交流，如在《蜀中名勝記序》中，鍾惺談到了自己有關選者的心得：

> 吾友曹能始，仕蜀頗久。所著有《蜀中廣記》，問其目，爲通釋、爲
> 風俗、爲方物、爲著作、爲仙釋、爲詩話、爲畫苑、爲宦遊、爲邊
> 防、爲名勝諸種，予獨愛其名勝記體例之奇。其書借郡邑爲規，而
> 內山水其中；借山水爲規，而內事與詩文其中。擇其柔嘉，擷其深
> 秀，成一家言。林茂之，貧士也。好其書，刻之白門，予序焉。譬
> 之弈，郡邑，其局也；山水，局中之道也；事與詩文，道上子也；
> 能使縱橫取予，極穿插出沒之變，則下子之人也。古今以文字爲山
> 水名勝者，非作則述。取能始之慧心，不難於作，其博識，亦不難
> 於述。唯是以作者之才，爲述者之事，以述者之迹，寄作者之心。
> 使古人事辭從吾心手，而事辭之出自古人者，其面目又不失焉。於
> 是乎古人若有所不敢盡出其面目，以讓能始爲述者地。能始有所不
> 敢盡出其心手，以讓古人爲作者地。理者相生，權實相馭，是爲難
> 耳。要以吾與古人之精神，俱化爲山水之精神。使山水文字不作兩
> 事，好之者不作兩人，入無所不取，取無所不得，則經緯開闔，其
> 中一往深心，眞有出乎述作之外者矣。〔註27〕

鍾惺將選者的身份看得極重，所選《詩歸》非常強調選者之權，序中稱能使所選名與實俱發生變動，以致自己不敢輕易言選。這裏的權實相馭，也是在說選家之權與古人之實的關係。如曹學佺這樣有詩才的選詩家，博識的著述家，所面對的問題是如何將古人的面目完整展現，以及將自己對詩歌的精微識趣通過選古人詩體現出來。在前提設定的情況下，可能發生的是，古人不能盡出其面目，能始不敢盡出其心手，因爲二者都要服從主旨，以至於

〔註25〕〔明〕曹學佺《霜鏡集序》，《國立中央圖書館善本序跋集錄》（五），84頁。
〔註26〕〔明〕曹學佺《謝兆申文集序》，《國立中央圖書館善本序跋集錄》（五），67頁。
〔註27〕〔明〕鍾惺《蜀中名勝記序》，《隱秀軒集》卷十六，上海：上海古籍出版社，1992，243頁。

互制約的。但實際上,古人不可能盡出其面目,至多盡出選者之心,而選者則可以盡出其心手,這便是選者之權。但盡出心手未必合理,因此要在二者之間找到一種平衡,文中所指即與古人之精神化為山水之精神,推而論之,則是切合著作的本義,使讀者能「入無所不取,取無所不得」,而後者正是超乎述作之外的「一往深心」。能使人有所得,則作者的識趣才能被承認,古人的精神才能被承接。所以合理的選者之心,不是盡出心手的心,而是一往深心的心。但是盡出心手又是實現一往深心的途徑,它們是選者之心的兩個方面。選者之心的兩重意義:古人之實其實是以選者之心來衡鑒古人之心,這個心是盡出心手的心。選者之權通過古人之實體現,實現途徑是盡出選者之心。選者之權又要通過心來制衡,以一往深心求諸古人,使來者有所取,有所得。

二、石倉園與歷代詩

天啓三年(1623 年),在家鄉蹉跎十年的曹學佺被起任廣西右參議,雖已年屆五十,仍不畏蠻荒,舉家赴任。但四年後,又因閹黨報復,以私纂國史罪被削籍。崇禎元年(1628 年),朱由儉繼位,面對朝廷的再次徵用,曹學佺終於意識到狂瀾難挽,辭而不就。《明史·曹學佺傳》稱:「家居二十年,著書所居石倉園中,為石倉十二代詩選,盛行於世。」〔註 28〕所指涉的時間正是曹學佺人生的最後二十年。

錢謙益稱曹學佺「家有石倉園,水木佳盛,賓友翕集,聲伎雜進,享詩酒談宴之樂,近世所罕有也。著述頗富,如《海內名勝志》、《十二代詩選》,皆盛行於世。嘗謂二氏有藏,吾儒無藏,欲修儒藏與之鼎立。探擷四庫之書,十有餘年,而未能卒業也。」〔註 29〕曹學佺以「石倉」為號,應是以自家園林命名,而《十二代詩選》冠名「石倉」,應該也是成書於園中。關於石倉園的建成時間,今人陳超《曹學佺研究》中有詳細考證,時間約在萬曆二十七年(1599 年),陳衍《閩侯縣志·曹學佺傳》:「萬曆三十九年……歸構石倉園,賓朋翕集。」所指是石倉園的擴建時間〔註 30〕。無論建園時間為何,《十二代詩選》成書於其中是確定無疑的。石倉園是晚明園林文化的產

〔註28〕〔清〕張廷玉等,《明史》卷二八八,北京:中華書局,1974,7401 頁。
〔註29〕〔清〕錢謙益《列朝詩集小傳》丁集下,上海:上海古籍出版社,1983,607 頁。
〔註30〕陳超《曹學佺研究》,福建師範大學博士學位論文,2007。

物，而其中獨立的空間意蘊也凝聚著歷代文人窮則獨善其身的理想，瞭解了這個事實，對理解詩選中流露出的園林趣味十分有幫助，曹學佺特別留心記錄前代被貶黜而流連小園的官員，某種程度上是在為自己的失意情懷尋找寄託與支撐。

今存《石倉歷代詩選》崇禎四年原刊本中，有兩篇序文，一篇冠於卷首，稱《石倉歷代詩選序》，但全篇談論古詩，所以應當是為《古詩選》部分而作；另一篇則稱《元詩選序》，主要談元初及元末的節義之事。吳之振《宋詩鈔》序中所稱「曹學佺序宋詩」的文字未見，但由此可推斷，此書每一部分都有單獨的序文。曹學佺陳述自己選古詩的策略是：「昔人之編樂府也以樂，予之選古詩也以詩。」這是因為古詩內容與音樂性的分離而不得不如此。但後文又說：「賜之論詩也以學也，商之論詩也以禮也，又非以詩論詩者也，以詩而論詩，風斯下矣。故予之以詩選詩也，或者謂予為風雅之功臣，而予實自知為宮墻之外望也。」〔註31〕卻十分具有總括意味，作為一部規模龐大的歷代詩選，曹學佺不希望自己只是詩論家和選詩者，他所寄託於其中的，遠遠超出詩學的內涵。

第二節　石倉宋詩選：遺民之思

本節通過《石倉宋詩選》與《宋藝圃集》的對比來說明曹學佺對宋詩的選擇和接受傾向。曹學佺與李蓘早年際遇相似，弱冠之年即中進士，步入仕途後，都因拒絕依附權臣受到排擠。但李蓘於仕途十分冷淡，40 歲即要求致仕，歸鄉以著述為業，自願「放廢半生」；而曹學佺始終想要參與政治，有所作為，直至人生的最後一刻。二人在後世均享有很高的聲名，藏書著述以博洽著稱，詩歌創作以唐為範而有所自創。值得一提的是，曹學佺與李蓘後人還有交往，曾為李氏家集《六李集》作序，序中稱：「不肖從海內談詩已知有宛李蓘，漢晉唐宋以至我明，上下古今作者至嚴核矣。今觀其家集，益信也。眸子可以貌萬物，而貌己於鏡，然貌鏡日久，則想像而知之，作詩者必尚論古之人，而友天下之士，古人猶今日也，天下猶堂上也，今李氏之詩，體習而安，氣沖而適，集不愧古而篇不愧集矣。」可見對李蓘十分追慕。此外，

〔註31〕〔明〕曹學佺《石倉歷代詩選序》，《國立中央圖書館善本序跋集錄》（六），185 頁。

清初吳之振在《宋詩鈔序》中，言及明代選宋詩者，只提到李蓘與曹學佺二人，說明二人所選宋詩的影響力。且兩書都被清代論者視為以唐範宋的宋詩選本類型，在詩學理論的鏈條中屬於同一體系，因此，將李蓘與曹學佺的選詩特徵進行對比研究是十分必要的。

本節所展開的研究以對比兩書所選詩人及詩數的變動為主，詩歌內容很少涉及，因為兩個選本忽略掉文獻差異之後，對各家的選詩眼光是非常相似的。雖然詩歌內容及其風格是選本研究非常重要的層面，但如果只憑選詩風格來認定選本的價值無疑是非常片面的，而且，兩部宋詩選的作者都沒有表現出竟陵派選《詩歸》那樣明確的風格意味，因此只討論選詩風格以及由此得出「近唐調」的結論似乎有點捨本逐末。通過所選人數及選詩數目的消長情況，可以直觀地看出選者所關注的宋詩類型和分佈時期，進而分析其中的意義，有助於全面認識兩部宋詩選的特徵。

一、文獻來源比較

《宋藝圃集》的詩作採錄方式分為兩種，一為從別集中輯錄，二是從前人論詩材料中輯錄。李蓘所處的嘉靖年間，能接觸到宋詩別集非常不易，因而他特別強調了後一種方法，這種帶有考證與補遺性質的輯錄方式，主要是在選者的閱讀過程中完成的，體現出文獻來源的有限。今存四庫全書本《石倉宋詩選》保留了幾處對文獻的交代，可以看出其來源非常考究，多採自宋本和家藏本，與李蓘的親力搜採相比，曹學佺有現成的刊本或鈔本可以採納，反映了萬曆以來宋詩文獻的豐富。

四庫本《石倉宋詩選》留有版本序跋的詩人包括張維、謝薖、李綱、汪藻、范成大、胡銓、朱熹、韓信同、呂聲之、林景熙十家。從版本來看，分為三種，即手抄本、宋刻本、明刻本。其中，謝薖詩來自手鈔本，是曹學佺的同鄉友人謝肇淛萬曆中從秘閣抄錄。曹學佺保留了謝氏序文：「幼槃詩文不傳於世，此本從內府借出，時方互寒，京師傭書甚貴，需銓旅邸資用不贍，乃自為鈔寫，每清晨呵凍，十指如槌，幾二十日始克竣，袟藏之於家，亦足託一段奇事也。萬曆己酉十二月十四日辛酉晉安謝肇淛題。」〔註32〕這篇序文非常有名，反映出萬曆年間因藏書家重視宋本而興起的進士抄書秘閣的風氣。

〔註32〕〔明〕曹學佺《石倉宋詩選》，《景印文淵閣四庫全書》1389 冊，399 頁。

范成大詩選後附有其後人范萃嘉泰三年序文，內中說道，范成大詩文百有三十卷，求序於楊誠齋，求校於龔芥隱，刊於家〔註 33〕，可見此本爲宋代家刊本。呂聲之詩來自明代家藏本，呂氏後人呂繼梗跋曰「右沃洲雁山雜詠，此呂氏五世列祖節度公遺稿也。公諱聲之，字大亨，爲宋寧宗時人，博學篤行，名重一時，所著詩歌百篇，宋儒龍泉水心葉適爲之序，大略云，新昌呂大亨師陳君舉，友蔡行之，同升太學，壁記名在陳下蔡上，二先生既貴，公獨遺落不偶，或戲曰：此所謂厄於陳，蔡之間也。恩受平陽丞，再轉節度推官，詩篇博雅沖曠，邑人至小胥皆能誦之。葉又作呂丞行，深以公官卑爲慨，陳君舉先生，爲公父修職郎撰墓誌，爲諸昆弟作字說，又與考亭朱先生講學，筆札相往還，呂氏文獻賴之。公詩既出，當時名人徐宏應鏞洎，勝國許汝霖，國初王節、王霖、陳東之皆有序。贊謂其自出一家機軸，與文學政事相表裏。云刻本傳自宋，迄今寶藏於家，余携至松溪，公暇展玩，命副墨子錄，授之梓人，俾與龍虎上將軍詩並傳不朽云。」〔註 34〕記載了呂聲之的簡要生平、聲名地位，以及文稿由宋傳至明代的經過。其中龍虎上將軍指呂定，曹學佺選其詩 25 首，兩詩集應都得自呂氏後人。

其他未標明來源的版本含有曹學佺整理的痕迹，可能屬於自藏書。如汪藻詩後跋：「右浮溪文粹若干篇，宋顯謨閣學士汪彥章所作。彥章，婺源人，卜居陽羨，仍以故居浮溪爲號。平生著述甚富，尤長於四六，行世有浮溪集六十卷，此特選其膾炙人口者耳。」〔註 35〕可見是從《浮溪文粹》中選出的詩作。又如韓信同後跋「先生生於宋末，入元不仕，建安劉文簡孫菊磵、隨齋二公以幣招長雲莊書院，先生一以四書六經爲課試法，其重經術而末文藝也如此。先生伯循其字，別號古遺，與石堂先生同里而及其門，因得以詩附焉。」〔註 36〕石堂先生指陳普，南宋理學家，與韓信同均爲福建寧德人，曹學佺應該藏有陳普著作，並從中選出二人詩作。

通過四庫本有限的記載不難看出，《石倉宋詩選》對版本的選取情況是萬曆以來藏書家彙集文獻成果的體現，而該書本身也體現著曹學佺作爲當時著名的藏書家之一，對鄉邦文獻的重視程度。如下表所示：

〔註33〕〔明〕曹學佺《石倉宋詩選》，《景印文淵閣四庫全書》1389 冊，474 頁。
〔註34〕〔明〕曹學佺《石倉宋詩選》，《景印文淵閣四庫全書》1389 冊，816 頁。
〔註35〕〔明〕曹學佺《石倉宋詩選》，《景印文淵閣四庫全書》1389 冊，453 頁。
〔註36〕〔明〕曹學佺《石倉宋詩選》，《景印文淵閣四庫全書》1389 冊，769 頁。

福建籍詩人

詩 人	曹 選 詩 數	李 選 詩 數	籍 貫
劉克莊	121	無	莆田
李綱	106	無	邵武
蔡襄	62	1	莆田
黃裳	61	無	南平
楊時	50	5	將樂
林希逸	41	無	
嚴羽	39	56	邵武
楊億	38	4	浦城
韓琦	38	13	泉州
黃公度	37	無	莆田
陳襄	37	無	侯官
黃希旦	30	8	邵武
林亦之	30	無	福清
熊鉌	29	無	建陽
陳藻	25	無	福清
林光朝	21	無	莆田
鄭俠	15	無	福清
眞德秀	15	無	浦城
高登	15	無	漳浦
黃幹	14	無	福州
許將	12	無	閩清
鄧肅	10	無	
章楶	10	無	浦城
羅從彥	8	無	沙縣
方信儒	8	無	莆田
劉爚	8	無	
胡宏	7	無	崇安
游九言	5	無	建陽
韓信同	5	無	寧德

　　表中的 29 位福建籍詩人，所佔《石倉宋詩選》的比重中達 15%，而見錄

於《宋藝圃集》的只有六家。在這重複的六家中，除嚴羽外其他詩人的選詩數都極大地增加了。楊億詩從李選中的 4 首增加爲曹選中的 38 首，顯然不是出於西崑體詩學接受處境的變化，而是出於留存鄉邦文獻的考慮。與《宋藝圃集》地域意識的缺失相比，曹氏全新選錄的閩地名臣、遺民與理學詩人作品，反映了他對閩地士風、詩風、學風的承繼意識，而明代福建地區出版業的發達，文獻的豐富，也是詩選得以輯錄的客觀原因。僅以成於萬曆四十四年的《世善堂藏書目錄》爲例，作者陳第（1541～1617），字季立，號一齋，福建連江人。陳第之父陳應奎，已有藏書。陳第晚年曾抄書於焦竑、沈士莊家。書目中宋元別成一類，稱宋元諸名賢集，與唐諸賢集相分別，共著錄 63 家著作 62 部，又有歷代大臣將相文集 25 家 25 部。該書目也非常注重閩籍文人文集的藏錄。可見明代閩中文風綿遠流長，與閩籍文人不懈的文化傳承有很大的關聯。

二、總體選詩情況

《石倉宋詩選》共 107 卷，略少於唐詩選（110 卷），選錄宋代詩人 191 位，詩 2192 首。總體規模雖不及《宋藝圃集》（301 人，3010 首詩），但《石倉宋詩選》選詩超過 50 首的共 50 人，30～50 首之間的 35 人，10～30 首之間 49 人；而《宋藝圃集》中超過 50 首的只有 15 人，且僅前三位蘇軾、朱熹、王安石選詩數已近 700 首，30～50 首之間 8 人，10～30 首之間 22 人。相比《宋藝圃集》被名下僅一首詩的詩人占去三分之一的篇幅來看，《石倉宋詩選》的選詩數量更合理，甄別擇選的餘地更大，不存在以詩存人的現象，選本特色更爲突出。《石倉宋詩選》選詩數在 50 首以上的名單見下表：

《石倉宋詩選》總表

詩　人	曹選詩數	李選詩數	李選排名
釋惠洪	258	1	
梅堯臣	182	85	8
范成大	167	8	50
蘇軾	150	332	1
張耒	136	38	22
王安石	136	227	3

朱熹	132	294	2
歐陽修	123	134	4
劉克莊	121	無	無
司馬光	118	45	18
賀鑄	108	8	44
趙抃	107	8	44
李綱	106	無	無
陸游	105	100	7
王珪	102	39	19
沈與求	92	無	無
林景熙	84	40	20
文同	79	2	
劉宰	76	16	34
劉子翬	76	56	13
陳傅良	74	5	72
蘇轍	70	76	9
陳師道	70	77	8
李彌遜	67	無	無
彭汝礪	66	無	無
文天祥	66	38	23
曾鞏	63	21	29
戴復古	63	51	15
袞萬頃	62	無	無
蔡襄	62	1	
王庭珪	61	無	無
黃裳	61	無	無
張栻	59	33	22
張九成	58	無	無
白玉蟾	58	2	
林逋	57	25	25
朱松	57	無	無
黃庭堅	56	61	11

呂定	56	無	無
宋祁	56	21	27
邵雍	55	13	37
余靖	55	12	39
陳普	54	無	無
歐陽澈	53	無	無
王禹偁	53	5	68
唐庚	52	2	
宋伯仁	52	無	無
杜範	51	無	無
范仲淹	50	27	24
楊時	50	5	68
陳普	50	無	無

　　《石倉宋詩選》選詩最多的是德洪，其實就是我們所知的惠洪，宋代著名的詩僧，與江西詩派交遊密切，所著《冷齋夜話》提供了許多蘇、黃論詩之語。惠洪初名德洪，《寂音自序》中稱自己冒用了惠洪的法名，可見，曹學佺的處理還是比較嚴謹審慎的。但書中另有惠洪詩 2 首，不知是否別有其人。將惠洪列為第一，恐怕也不能歸因於曹氏的佛學淵源。因惠洪不是典型的詩僧，《四庫提要》謂其「好為綺語」，又謂「其詩邊幅雖狹而清新有致，出入於蘇黃之間」。而且，除惠洪之外，曹學佺對其他宋代僧人，無論九僧詩或是其他有名僧侶選詩都不多，可見他所偏好的是惠洪個人的風格，而非僧人群體。曹學佺本人信佛，對佛經有很深的鑽研，與佛教中人往來密切，經常參與佛事活動，對佛教與文學的關係也把握得比較到位。他熟讀歷代高僧傳記，喜好《文心雕龍》的論詩技巧，也能將禪意很好地融入詩論，但若論及詩歌創作，他卻反對禪語入詩，曾明確表示「僧家詩苦入禪語，是猶縉紳家有富貴氣，秀才有舉業氣也。」〔註37〕他所欣賞的僧人詩作也以不入禪語為標準，如稱友人愚公詩「古體有氣力，五言律奇而險，顧多慷慨悲憤之句，不作禪語，所以為佳。」〔註38〕惠洪在宋代僧人中，正是一位典型的作綺語、紅塵

〔註37〕〔明〕曹學佺《石頭庵集序》，《石倉文稿》卷一，《續修四庫全書》1367 冊，843 頁。
〔註38〕同上。

語的詩人，因此符合曹學佺的審美觀念。

曹學佺爲《宋詩選》所作序文今或不存，但據吳之振《宋詩鈔》中引述有兩點。一是「選始萊公，以其近唐調也」；二是說宋詩「取材廣而命意新，不剿襲前人一字。」吳之振以此來推斷曹學佺以唐範宋的選詩思路多半是要標榜《宋詩鈔》的開創性，其實並不完全符合曹氏選宋詩的事實。據兩處引文來看，曹學佺顯然重視宋詩在題材方面的開拓和表達手法上的創新，這種意見也必然會反映在選詩中，而所謂「以近唐調」只不過是交代以寇準開篇的原因，將之作爲宋初晚唐體的代表，如果再結合曹學佺對名臣與事功的重視程度，就更好理解爲什麼晚唐體以寇準開端而不是以僧人或隱士冠首。

落實到每個詩人的具體情況，《石倉宋詩選》比《宋藝圃集》在選詩量上有顯著的增加。個別呈下降趨勢，其中蘇軾、王安石、朱熹分別下降了 100 餘首，歐陽修、蘇轍、陳師道，黃庭堅下降數在 10 首以內。而這幾家都是文獻留存豐富的宋代名家，削減數目後排名變動也不大，顯然只是因規模限制對選詩進行了量化調整。再以詩歌流派來看，以宋詩最具代表性的西崑體、晚唐體、江西詩派爲例，統計見下表：

西崑體

詩　人	李 選 排 名	李 選 詩 數	曹 選 詩 數	曹 選 排 名
楊億	74	4	38	65
錢惟演	89	3	無	無
劉筠		1	無	無

晚唐體

詩　人	李 選 排 名	李 選 詩 數	曹 選 詩 數	曹 選 排 名
王珪	20	39	102	16
林逋	26	25	57	36
胡宿	27	24	無	無
宋祁	28	21	56	38
寇準	41	10	46	56
趙抃	44	8	107	14
僧希晝	59	6	無	無

潘閬	74	4	6	155
僧惟鳳		4	3	169
僧行肇	89	3	3	169
僧簡長		3	3	169
僧惠崇		3	2	173
僧保暹	117	2	4	163
僧文兆		2	2	173
僧宇昭		2	9	138
僧懷古		1	2	173
魏野		2	14	123
宋郊		2	56	38

江西詩派

詩　人	李 選 排 名	李 選 詩 數	曹 選 詩 數	曹 選 排 名
晁沖之	29	20	32	80
謝逸	42	10	7	148
謝薖	無	無	36	73
楊萬里	59	6	21	105
曾幾	74	4	24	104
韓駒	89	3	無	無
洪朋		2	無	無
僧善權		2	1	
徐俯		1	無	無
林敏功		1	無	無
僧惠洪		1	258	1

　　可以看出《石倉宋詩選》對西崑體完全忽略，增補楊億詩歌更多地傾向地域而非流派的意義。對晚唐體的主要詩人，增補最多的是趙抃，增量近百首，其次是寇準和宋祁，增量30餘首，這些人雖然在詩歌創作上被後世列為晚唐體，但在北宋也都有政治聲望，寇準官至丞相，趙抃被稱為鐵面御史，宋祁是翰林學士，曹學佺對他們作品的留意，還不能簡單地以詩歌流派來限定。至於江西詩派，曹學佺顯然也沒有比李蓘表現出更多的好感，對晁沖之、楊萬里、曾幾之外的其他詩人無心搜探。比起《宋藝圃集》，《石倉宋詩選》

似乎不適宜從宋詩流派的角度來進行分析。此外，從詩歌內容來看，曹學佺與李蓘眼光整體上很接近。以寇準爲例，曹選 46 首，其中七絕與五律各 19 首。《宋藝圃集》選 10 首，其中 6 首與曹選重合，以五律爲主。因此總體來說，曹學佺與李蓘在對宋詩的認識和評價上並無分歧，《石倉宋詩選》最大的優勝在於補充與完善。

三、《石倉宋詩選》的特色

《石倉宋詩選》最鮮明的特色是，相比詩歌流派而言，更關注詩人群體，尤其以生活在南北宋之交和南宋末的詩人爲重。這正突顯了此書的末世情結，身處帝國傾覆之際，曹學佺對這類宋代詩人的遭遇顯然能夠感同身受，而他們通過詩歌作品所傳達出的情緒也更能引起曹學佺的共鳴。以遺民詩人爲例：

遺 民

詩 人	李 選 排 名	李 選 詩 數	曹 選 詩 數	曹 選 排 名
謝翺	17	49	47	55
林景熙	21	40	84	17
文天祥	24	38	66	25
謝枋得	117	2	9	138
王鎡	無	無	45	56
眞山民	無	無	29	87
劉迎		1	35	74
劉麟瑞	無	無	20	108
彭秋宇	無	無	4	163

所增補之人：王鎡，宋末官金溪尉，宋亡後遁爲道士，隱居湖山，人稱月洞先生。眞山民，《宋季忠義錄》中的人物，潘是仁《宋元名家詩集》稱其詩有節義，得布衣之風。劉迎，生活在金朝，元好問《中州集》選錄其詩 76 首。劉麟瑞，生活在元朝，但曾搜討宋末死節之士，賦五十律，名曰《昭忠逸詠》。彭秋宇，宋末入元的詩人，《忠義集》中錄其詩。曹學佺與李蓘都輯有元詩選，但對於這些兩朝之交的詩人，沒有完全按照他們的活動年代斷定歸屬，雖然在清代受到不少爭議，但曹、李二人選擇相同。

　　曹學佺增選遺民詩，首先得益於萬曆以後宋詩文獻的增加。以別集來看，汲古閣刊刻過王鎡的《月洞詩》，潘是仁輯刻過《真山民詩集》，這些刻本的流傳有機會給曹學佺帶來選詩的便利。而前人編刻的此類總集也從著錄思想和體例方面影響著曹學佺。如金人元好問《中州集》的分類有諸相、狀元、異人、隱德、知己、南冠幾門，體例上每人各為小傳，詳具始末，兼評其詩。元代杜本所輯《谷音》，收錄宋末逸民 23 人，詩 100 首，所選皆仗義守節之士，古直悲涼之語。兩書在明代影響不小，毛晉汲古閣均有刻本。其實這種以人事為綱，因人及詩的輯刻體例，一直是總集編纂者最常採用的方式，而遺民詩人作為一個命運經歷和人生選擇相似的整體，其文學作品的特質自然會呈現出統一的風格。

　　遺民詩人的作品在明末受到關注和追捧，主要是因為他們所秉持的忠節大義觀念與潔身自好的情操，在晚明社會中越來越具有現實的意義，以致文人對其產生了追慕之思。在林景熙詩歌後，曹學佺保留了一篇作於嘉靖十年（1531 年）的跋語：「古今扶綱常立人極者，忠義而已。昔伯夷叔齊，恥食周粟，孔子賢之，賢其義也，張巡許遠，致身於國，百世祀之，祀其忠也。余觀霽山斯集，慷慨激烈；闊步遠視，多青樹事為所難為，於戲！宋亡久矣，此人此心果何為哉？忠義激之也。觀斯集，厥有感於斯與？厥有取於斯與？」〔註39〕文字的作者是當時的浙江按察司副使丁瓚，身處末世之思全無蹤迹的異時異代，仍然能通過作品真實感受到忠義激憤之下生發出的強烈情感，或許也說出了曹學佺的心意，無怪他會留下這篇毫無版本交代的題跋。

　　除此之外，《石倉宋詩選》與李蓘詩選相比最顯著的增量反應在理學與名臣兩個群體中，如下表所示：

理　學

詩　人	李選排名	李選詩數	曹選詩數	曹選排名
朱熹	2	294	132	7
劉子翬	14	56	76	19
張栻	22	33	59	33
邵雍	37	13	55	41
程顥	89	3	28	90

〔註39〕〔明〕曹學佺《石倉宋詩選》，《景印文淵閣四庫全書》1389 冊，827 頁。

陳普	無	無	50	48
楊時	67	5	50	48
張九成	無	無	58	34
陳淵	無	無	45	56
陳襄	無	無	37	70
呂祖謙	無	無	35	74
呂本中	53	7	31	81
周敦頤	無	無	23	104
張載	無	無	19	112
黃幹	無	無	14	122
羅從彥	無	無	8	142
劉熵	無	無	8	142
游酢	無	無	6	154
游九言	無	無	5	157

　　總體來看，理學家們在《石倉宋詩選》的排名並不高，但與李蓘明確表示理學詩無甚可採不同，曹學佺對重要理學家的詩歌作品都保持在 50 上下的數量，所選不僅將濂、洛、關、閩四大學派的創始人都囊括其中，還延伸到他們的師承關聯。北宋理學家有邵雍、濂溪先生周敦頤、洛學的開山二程、關中學派的張載。程門中又包括游酢，「程學正宗」楊時，楊時的學生羅從彥、陳淵、張九成。南宋則有呂本中、呂祖謙、張栻、朱熹。張栻的學生游九言，朱熹的老師劉子翬，朱熹的學生劉熵、陳普、黃幹。從中還可以看到，曹學佺最注重的是閩學脈絡，閩籍的楊時和以閩地為講學之所的朱熹，涉及到的弟子六人，也都是閩籍，他們代表閩學的沿革與承續。

　　曹學佺在經學方面用力很勤，著作包括《易經通論》十二卷，《周易可說》七卷，《詩經剖疑》二十四卷，《詩經質疑》十四卷，《書傳會衷》十卷，《春秋闡義》十二卷，《春秋義略》三卷，《春秋傳刪》十卷，《禮記明訓》二十七卷，合稱《五經困學》。清人對這些著作價值的評論，稱易學方面能為一家之說，有前人未發之義，其他則多沿習舊說。可見曹學佺對宋代理學不僅有精當研究，且能化為己用。如果他沒有在理學大家的著作中花費功夫，並且理解和認同他們的理論體系，也不可能有興致從他們的文集中輯錄出詩歌作品來。此外，他們中不少人既是學問家也有政治作為，如北宋理學家陳襄，曾

舉薦過程顥和張載。南宋張栻是中興名相張浚的長子，躬行實踐，主持嶽麓書院，開創湖湘學派。朱熹不僅是宋代理學的集大成者，也一直關注宋金戰事，上書反對議和。格致之學與用世之心的結合正是曹學佺的理想。

　　由此也可看出《石倉宋詩選》與《宋藝圃集》的一點重要差異。李蓘不僅對性理詩無興趣，在哲學觀點上也比較傾向他的時代中正在流行的王陽明心學，因此，他的詩選中對北宋理學家關注極少，而對南宋理學家平淡沖和一類詩作的認同，顯然是從詩學風格的角度出發的，因為朱熹、劉子翬、張栻是公認的理學家中的詩人，李蓘是從選詩者的立場去對待他們的作品。而曹學佺所處的明代晚期，王學左派的「離經叛道」之論已成舊說，以東林黨人為代表的知識分子開始倡導經世致用，曹學佺從思想和行動上都與後者更接近。尤其在政治行動上，與閹黨抗爭的士人很容易被對手視為一類加以排擊，曹學佺的同鄉友人葉向高就被目為「東林黨魁」，他其實不屬於東林學派，但在內閣首輔任期內忤逆魏忠賢，保護東林黨人，因此被劃為同類。雖然沒有人把曹學佺與東林黨聯繫在一起，但他在政治上的遭遇，也無法繞開黨爭的因素。從思想觀念來看，由心性之學向經世之學的轉變實際上也不是東林學派內部的觀點，而是晚明的有識之士基於對心學導致的士風墮落的不滿表現出的共同趨向。因此，曹學佺對理學家表現出的一視同仁，不是單純的選詩，因為《歷代詩選》的編纂不可能一蹴而就，作為讀書治學的額外環節，它也體現著選詩者向傳統問學路徑回歸的過程。由此可以證實，詩歌的審美方式和審美趣味會受到當時社會思潮和社會環境的影響，這同樣可以解釋《宋藝圃集》與《石倉宋詩選》在名臣詩選上的差別：

名　臣

詩　人	李選排名	李選詩數	曹選詩數	曹選排名
司馬光	18	45	118	10
范仲淹	25	27	50	49
范純仁	43	8	33	78
韓琦	37	13	38	66
文彥博	45	8	25	98
趙抃	43	8	107	12
汪藻	32	17	26	95
李綱	無	無	106	13

沈與求	無	無	92	16
李彌遜	無	無	67	24
岳飛	無	無	4	163
杜範	無	無	51	47
周必大		1	38	65
胡銓	無	無	14	122
崔與之	無	無	10	132

　　從表中可以看到，曹學佺增補的全部是南宋名臣，全部是力主抗金，忠而見斥，壯志難酬的政治家。在選詩之餘，曹學佺多加注按語，述其生平。如汪藻詩後云：「特選其膾炙人口者耳。南渡中興，軍國多難，彥章初拜掖垣，掌內制，大典冊多出其手，當時德音所被，讀者凄憤興感，以比陸敬輿，後生言者指爲京黻黨，一斥不復起，惜哉！續言行錄列之名臣，良有見云。」〔註40〕胡銓詩後：「按，公力關和議，上書乞斬秦檜，坐竄嶺海二十餘年，檜死乃移衡州，張宣公謂秦檜之柄國如此其久，只成就得胡澹庵一人，孝宗始召用至從官。」〔註41〕這些簡短的評語向我們展示了選詩者寄託其中的感慨。具體到選詩內容層面，曹學佺比較欣賞那些在自然風物中抒發的個人體會，這類作品看似清淡自然，卻往往因爲創作背景的特殊性顯示出厚重複雜的情感。如以所選李綱詩作爲例。李綱字伯紀，別號梁溪先生，祖籍福建，生於無錫。宣和年間因上書治理水患，整修軍備，被貶到福建沙縣做鹽稅官，曹學佺選錄了李綱這一時期的作品，如《泛碧齋詩並序》：

> 閩溪類多湍瀨，小舟詰屈行亂石間，稍大則膠，獨沙陽不然，溪平緩無灘聲者，幾十餘里。縣故有舫，焚於雷火，因不復置，迨今八年，清流如席，可泛可濯，坐視莫爲，非闕典耶？余謫官來此，暇日爲邑中同僚道其故，不旬月而舫具，華麗宏壯，有浙舸之風，名之曰「泛碧齋」。相與置酒以落成，移舟中流，沿泝輕駛，四顧溪山，邑屋之美，欣然忘歸，而去國流落之感，得暫釋焉。因賦詩四韻，以紀其實，序而刻之，使後人知是舟之設，自吾徒始，尚勿毀云，時宣和二年孟夏，武陽李綱序。〔註42〕

〔註40〕〔明〕曹學佺《石倉宋詩選》，《景印文淵閣四庫全書》1389 冊，453 頁。
〔註41〕〔明〕曹學佺《石倉宋詩選》，《景印文淵閣四庫全書》1389 冊，516 頁。
〔註42〕〔明〕曹學佺《石倉宋詩選》，《景印文淵閣四庫全書》1389 冊，435 頁。

賦詩四韻，只選一韻，卻將序文全錄，可見選者看重的不是詩，而是詩後的本事。李綱與曹學佺都是閩人，都身逢末世而有兼濟天下之志，卻都貶官回鄉，以流連景物消遣光陰，人生際遇何其相似。錄此序文，不僅是爲鄉邦古迹資考古之一助，也將自己與前人的命運身世之契合表述殆盡了。再如所錄《春詞》一篇的小序：「余謫沙陽，寓居興國佛祠，寢西小軒春至，梨花盛開，玉雪可憐，修篁嘉木，幽禽百囀，每晨坐讀書，午睡初醒，把酒寓目，慨然感懷，因成春詞，以紀景物，可以興可以怨，庶幾乎詩人之旨，覽者無誚焉。」〔註43〕《春詞》只是一首七絕，選者一定認爲序文比詩本身更能直接地展現作者的情懷，採錄這些雋永如小品的序文，是選者與作者之間的一場對話和交流。雖然曹學佺也採錄了詠史類作品，如《垓下》，李綱自注「讀項羽傳垓下事三復而悲之，因作歌以附樂府。」〔註44〕但此類作品不多，還是以有思致的小詩爲主，這些作品都與謫官有關。如以下兩首：

> 邑犬驚行客，林鳥啼曉霜。山林雲舟舟，澤國水茫茫。移櫂輕舟穩，
> 鈎廉野興長。誰知因謫官，得到水雲鄉。(《雜興》〔註45〕)

> 周家柱史本吾祖，唐室謫仙尤所許。垂世空餘道德經，傲時且以詩
> 酒名。我今去作龍津客，學道吟詩眞自適。也騰騎馬聽朝雞，晴壓
> 塵埃雨壓泥。(《短歌》〔註46〕)

曹學佺偏好這類詩歌，與其長時間的貶謫賦閒經歷是分不開的，相比李蓘而言，曹學佺顯然對諸名臣的作品投注了複雜而深厚的情緒。李蓘從初入官場到40歲致仕，一直表現出對政治、仕途以及人事應酬的厭倦，他對賞識他才華的權相嚴嵩反映冷淡，與同僚之間也極少往來，偶爾有人請他作序，他也會很直接地寫上「中間絕不相聞者三十有餘年。」〔註47〕據說在李蓘晚年，已成爲文壇領袖的王世貞向他示好，但他也同樣不買賬。他似乎是一個天生的逆反派，他拒絕與時人爲伍，在著述上也一定要標新立異。所以李蓘眼中的宋詩，是新、是變、是奇，他熱情地讚美北宋開創新風格的詩人群體，他喜歡宋人那些鋪排奧衍的古體詩，那正是宋人驅駕才學、文字、議論的空

〔註43〕〔明〕曹學佺《石倉宋詩選》，《景印文淵閣四庫全書》1389 冊，439 頁。
〔註44〕〔明〕曹學佺《石倉宋詩選》，《景印文淵閣四庫全書》1389 冊，431 頁。
〔註45〕〔明〕曹學佺《石倉宋詩選》，《景印文淵閣四庫全書》1389 冊，428 頁。
〔註46〕〔明〕曹學佺《石倉宋詩選》，《景印文淵閣四庫全書》1389 冊，435 頁。
〔註47〕〔明〕李蓘《九愚山房集序》，《國立中央圖書館善本序跋集錄》（三），557
　　　　頁。

間，古詩占據了《宋藝圃集》一半的篇幅，這在看重律詩，看重詩歌交際應酬功能的明人中是富有個性主張的。

李蓘心甘情願地把精力投入到著述當中，而曹學佺卻像宋代那些使命感沉重的文人，身在草澤心憂朝政。曹學佺在苦悶、矛盾、失意的心境中不得已面對他人正瘋狂漁獵享樂的日常，他營造出閒適幽美、林泉勝意的石倉園，他知道獨善其身時應該具有的達觀與豁朗，但他居家時也看到了福建沿海被倭寇騷擾的現狀，多次上書提出整頓軍務，在地方事務中發揮著餘力。他雖然謙虛地稱自己配不上友人立德立功立言的讚美〔註48〕，但實際上他在以此爲準則要求自己，立言著述是他事功不成之後的退路。在曹學佺所縱覽的歷代詩中，如果要挑選一個時代背景和他所處的時空最相似的，那無疑是南宋，只圖安於現狀的政府被強大的外族窺伺和挑釁，政治家的滿腔熱忱被不可逆轉的歷史大勢沖散潰毀，曹學佺對南宋名臣的理解是有切膚之痛，切實之思的。

其實不僅是在名臣詩這一個維度，對整個南宋詩歌的定位，曹選與李選相比都有進一步的延展。像今天已成定論的尤、楊、范、陸四大家，除陸游外，餘者皆不受李蓘肯定。范成大選詩僅 8 首，楊萬里 6 首，尤袤則沒有出現。李蓘序中對南宋諸家的詩風概括僅言及四人：「陸游之流便，嚴羽之婉腴，紫陽之沖容，謝翶之詭誕。」李蓘眼中的南宋四大家是朱熹、陸游、嚴羽、謝翶。而在《石倉宋詩選》中，范成大詩多達 167 首，在全書中列第三位，楊萬里詩 21 首，尤袤詩 28 首，陸游詩 105 首，也比《宋藝圃集》有所增加。其中以范成大爲例，選取的絕句數量在半數以上，顯示出曹學佺對詩人田園風格的準確把握。

《石倉宋詩選》中，曹學佺對南宋詩人的重視超過北宋，這對宋詩特色認識的深化有重要意義。南宋詩人在江西詩派定型了宋詩的特質後，又以其慷慨激憤的愛國情懷、活潑淡泊的田園情懷、清高孤亢的遺民情懷爲宋詩增添了新的內涵。《宋詩史》的作者許總認爲：「從整個宋詩史的宏觀角度看，這一時期的突出成就幾已超邁於北宋中葉以歐、梅等人爲代表的詩歌革新運動之上……這種以對江西末流僵化模式的超脫爲契機而表現出的強烈的趨變性，固然與前此宋詩逐漸形成的特徵有著明顯的不同，但也正因此而顯示了

〔註48〕〔明〕曹學佺《鄭少谷先生集序》，見鄭善夫《少谷集》卷二十四附錄中，《景印文淵閣四庫全書》1269 冊，310 頁。

特立於唐詩之外的自成面目的宋詩的總體構成的豐富性，成爲典範的宋詩的又一重要標誌。」〔註 49〕明人對南宋詩歌的認識晚於北宋，如清人楊大鶴所說「自李滄溟不讀唐以下，王弇州騭其說，後遂無敢談宋詩者；南渡以後，又勿論矣。」〔註 50〕而南宋詩人的風格特質得以被開掘是在晚明，其標誌是陸游詩歌的風行。萬曆時陶望齡寫信給袁宏道稱「南宋有陸放翁者，山陰人，其詩在高、岑之間，雖不及蘇、歐，自餘宋人，舉無其敵，平生作萬首詩，今所傳《渭南集》不過十一。雋永遒拔，七言尤爲勝絕。」〔註 51〕他們之間的交流預示著公安派繼標舉蘇軾之後新的趣味點，這使得陸游詩歌藉由公安派在詩壇的影響力成爲晚明學詩者新的楷式，以至於清人賀裳稱「天啓、崇禎中，忽崇尚宋詩，迄今未已。究未知宋人三百年間本末也，僅見陸務觀一人耳！」〔註 52〕雖然對陸游詩歌的接受也可能造成一定的偏差，如清初人所認爲的「近日家弦戶誦，不能得其深厚悲壯，但得其率易而已」〔註 53〕，但實際上並非完全如此。《石倉宋詩選》對南宋諸家的選詩傾向，從某種程度上也爲我們刻畫出明末清初士人偏愛陸游詩歌的心路軌跡。以陸游爲代表的南宋詩人作品中那些愛國理想與閒適情懷的彼此交雜，那種屢遭貶黜時融通達觀下掩蓋的深沉無奈，以及情趣盎然的自然景致中越來越蒼涼的時代背景和現實遭遇，不斷觸發並影響著明末士人。從對陸游詩歌的擊節賞識中，明末士子也正在經歷著社會變革與個人命運的交戰，並最終完成了精神氣質從閒適縱情到重節守義的轉變。

　　清人最終將宋詩的特質定型在學問的層面，詩歌中學問的顯現是經由讀書治學不經意流露的，而宋詩特質的樹立過程，其實也發端於學問，是明人由不學到問學，由不讀唐以後書到遍讀宋元以來書的轉變過程。從李蓘和曹學佺的兩部宋詩選中，可以發現很重的「學」的痕跡：第一，選者的身份是藏書家和著述家，不斷爲自身創造遍覽群書的條件；第二，詩選中的序跋反映著他們讀書的過程和思考的脈絡。可以說，他們是通過讀宋人書發現了宋

〔註 49〕許總《宋詩史》，重慶：重慶出版社，1992，781 頁。

〔註 50〕〔清〕楊大鶴《劍南詩鈔序》，見《陸游資料彙編》，北京：中華書局，1962，189 頁。

〔註 51〕〔明〕陶望齡《與袁六休書》之二，《歇庵集》卷十一，《續修四庫全書》1365 冊，408 頁。

〔註 52〕〔清〕賀裳《載酒園詩話》卷五，《清詩話續編》，上海：上海古籍出版社，1983，453 頁。

〔註 53〕〔清〕費經虞《雅倫》卷二，《續修四庫全書》1697 冊，44 頁。

人詩。尤其是曹學佺這樣的明末知識分子，面對天崩地解的現實處境，讀什麼書，影響和塑造著他們的文學創作和文學觀念。對名臣和理學詩人的增補，正反映著曹學佺讀書的重點。他在晚明心學導致的人心浮動中重新回歸程朱理學格物致知的思維體系，抓住了處於末世的知識分子最重要的道德資源，並由此從以詩論詩的聲調格套中超脫，從淺率泛濫的詩情詩趣中昇華，通過讀詩來知人、知政、知史、知世。所謂忠節大義，在太平盛世中聽起來乏味無力，而在國破家亡時又顯得震撼人心。

　　曹學佺的人生經歷，在明末頗具典型意味，他雖積極有為，但朝政的廢弛和無休止的爭執使像他一樣的官員不得不飽受冷遇，動輒十年的賦閒使他們不得不從事著述。曹學佺生平所著見於書目者竟達 1500 餘卷，涉及經學、詩文、歷史、天文、地理、文獻、文字、書法、宗教等方面。如此繁多的著作中，一部《歷代詩選》簡直可以說是一葉之微，其中一百餘卷的《宋詩選》似乎就更加微不足道。但恰恰是這部詩選，以其凝重深沉的遺民情結，在選人與選詩的比重中體現出與以往的宋詩選鮮明的差異。論者稱晚明「風俗自淳而趨於薄也，猶江河之走下而不可返也……嘉隆以來，豪門貴室導奢導淫，博帶儒冠長奸長傲，日有奇聞迭出，歲多新事百端。」〔註 54〕在晚明風俗大壞，人心思變的背景下，像曹學佺一樣的殉國者們，究竟如何從中掙脫，有所樹立，從他們留下的詩文著作中，可以窺見一二。從這一角度來看，《石倉宋詩選》所折射出的曹學佺本人的末世關懷以及整個晚明的末世氣氛，也為明清之際文人志士的慷慨悲沉作出一個深刻的注腳，同時顯示出明末清初文風變革和轉向的途徑。

〔註 54〕　〔明〕范濂《記風俗》，《雲間據目抄》卷二，《叢書集成三編》83 冊，393 頁。

第六章　明代的宋詩編纂與宋詩觀念的嬗變

　　清初詩論家賀裳稱：「天啓、崇禎中，忽崇尚宋詩，迄今未已。」〔註1〕一個忽字，微妙地傳達出明清之際宋詩觀念的嬗變。唐宋詩相持的局面，所以能在明末獲得逆轉的契機，是以明代不斷涌現的宋詩編選者和不斷累積的宋詩文本爲基礎的。晚明時期一定規模和數量的宋人別集和宋詩總集的刊行，不僅反映著士人對宋詩的選取範圍和評價態度，也爲宋詩更廣泛地傳播起到了推動作用，反過來影響和塑造士人的詩學觀念，爲更多人接受宋詩提供了前提條件，從而產生了清初那種向宋詩學習的新局面。宋詩的刊行者和編選者涵蓋了不同身份與階層，既有藏書家、詩論家、書畫家，也有地方官吏、普通生員，不僅包括詩壇名宿，也包括相當數量的地方士子，他們對宋詩的關注方式與關注角度，向我們展現出宋詩的傳播軌迹與宋詩觀念變化的可能路徑；而他們所編行的宋詩總集也由此彰顯出各自的詩學價值與理論意義。

第一節　明代宋詩總集的特徵與價值

　　毋庸諱言，明代宋詩總集在數量上和質量上都不如唐詩總集，尤其是還不具備豐富的理論層次，這是因爲宋詩的編纂在明代經歷了一個由冷到熱的

〔註1〕　〔清〕賀裳《載酒園詩話》卷五，《清詩話續編》，上海：上海古籍出版社，1983，453 頁。

過程。人們對宋詩的認識和接受，需要先完成其在詩學史層面上地位的確立，才談得上理論價值的相關問題。對詩學史上由唐至宋的轉變歷程的認識，自宋代嚴羽以來，一直是揚唐抑宋的聲音占據主流，明人通過對前代理論成就的繼承與突破，最終完成了對宋詩的定性與定位，這本身就具有不可磨滅的價值。而明代宋詩總集的編選者，更是在舉世宗唐的詩學環境中表現出了相當的理論膽識。從宋詩總集的編纂，我們可以看到明人宋詩觀念的若干變化，爲我們研究明代的詩學進程提供了又一個參照點。

一、明代宋詩總集的編纂特徵

本書的研究重點雖然是明人編選的宋詩總集，但不容忽視的一個問題是，宋詩總集的編選者往往還編刻了其他時代的詩集。例如李蓘在《宋藝圃集》成書後又編刻了《元藝圃集》，潘是仁《宋元名家詩集》欲擴充元代詩選部分而未成，曹學佺則以一人之力編行了十二代詩選。如果說古詩編選者與唐詩編選者的身份重合尚能夠在復古派「古體宗漢魏，近體宗盛唐」的詩學觀念中得到解說，那麼宋詩總集的編選特徵則無法僅從詩學理論的角度考量，而是要注意到其文學史與接受史層面的內涵。

明代宋詩總集的編纂伴隨著文學史觀念的深化，卻尚未體現出明確的詩學理論傳達意圖。在宋詩總集的編纂過程中，編者對文獻的版本來源非常重視，相對忽略了詩歌本身的評點。李蓘對詩作的輯錄方式詳加說明，潘是仁在引言中交代詩集的來歷，曹學佺則將重要別集版本的序跋全文引錄，這都反映了宋詩編纂者明確的版本意識。但是，他們對所選詩歌卻很少做出評判，遠遠沒有形成唐詩選本那樣豐富的理論層次。三部宋詩總集中，只有李蓘作了一篇宋詩總序，具有較爲清晰的理論意識。潘是仁在《宋元名家詩集》各家詩集前題寫的序跋，較多地專注於個人審美感受，雖然具有初步的評點風格，但是評論集中於所選詩人的生平際遇，較少詩作本身的探究。曹學佺的宋詩選則沒有留下任何直接線索，只能通過所選詩人與選詩數量判斷編者的詩學傾向。

因此可以說，明代宋詩總集尚未體現出獨立的、有鮮明理論價值的詩學思想，其意義或許在於通過考察明人編纂的宋詩總集，來觀察明人對宋詩的潛在意識和看法。大量的研究證據表明，晚明時期復古派的詩學觀念得到了全面的反思，伴隨著復古思潮的衰歇，唐宋詩之爭已不具有理論吸引力，宋

詩在接受史的層面獲得了廣泛的認同。從潘是仁《宋元名家詩集》的編刻過程中聚集起來的序跋者和與編者身份與詩學立場的多樣性可以看出，萬曆中期，後七子、公安派以及其他詩論家在論詩時顯現出一種整體貫通的文學史意識，爲唐宋詩之爭提供了一條折衷的途徑。如萬曆間館閣重臣于愼行曾說：

> 近世名家輩出，非先秦西京，口不得談，筆不得下，至土苴趙宋之
> 言，目爲卑淺，而眉山氏家法亦若，曰姑舍是云，鄙人少而操縵，
> 亦謂爲然。久而思之，不也。蓋先秦西京之文，化而後爲眉山氏，
> 眉山氏之文，化而後爲弇州氏。眉山氏發秦漢之精蘊，化其體而爲
> 虛，弇州氏攬眉山之杼軸，化其材而爲古，其變一也。世人不知，
> 一以爲趙宋，一以爲先秦西京，徒皮相爾。〔註2〕

所言是對復古派文必秦漢的反思，包含了作者本人對宋文的看法。于愼行認爲秦漢之文、蘇軾之文與王世貞之文是前後承接的有機整體，復古論者雖意圖以古爲新，跨越宋人，實則難以隔斷自身與宋人的聯繫。名義上的背反與事實上的取法，將限隔時代與界分宋人的思維定勢置於變革的關頭，從而爲合理吸收宋代文學成果創造了理論條件，客觀上也爲拓寬宋詩接受的理論渠道產生了作用。

萬曆後期，東林黨領袖顧憲成曾提議當時聲望甚隆的詩論家胡應麟編輯一部宋元詩。二人就宋元詩風及詩歌名家都進行過比較充分的交流，爲此專門的書信來往有 16 封之多，但胡應麟始終沒有接受顧憲成的提議，他在信中兩次聲稱自己想編輯一部古今詩選：「承欲類集古今諸詩，自蕭氏之選，馮氏之紀，以及高氏之彙，李氏之刪，悉加訂定，而旁擷兩宋勝朝，都爲一集，誠不刊之盛典。茅時代邈綿，篇章總雜，即未易歲月訖工。」〔註3〕可見胡應麟與顧憲成在宋元詩的話題上得以溝通的契合點在於，胡應麟的這部「古今詩選」是包括宋元在內的。這正是他對同屬復古陣營的李攀龍選《古今詩刪》獨不取宋元二代的修正。

在胡應麟龐大的選詩計劃中，包括了對《文選》以及明代三部極有影響的詩歌選本的參考和訂正。而除高棅《唐詩品彙》以外，李攀龍選《古今詩刪》以及馮維訥刊行《古詩紀》，都是胡應麟有機會耳聞親見的當代作品，他

〔註2〕 〔明〕于愼行《宗伯馮先生文集序》，《穀城山館文集》卷十二，《四庫全書存目叢書》集部 147 冊，433 頁。

〔註3〕 〔明〕胡應麟《與顧叔時論宋元二代詩十六通》之一，《少室山房集》卷一百十八，《景印文淵閣四庫全書》1290 冊，864 頁。

有意訂定二書，也反映他們之間詩學觀念的差異。胡應麟曾在信中透露自己
的選詩構想：

> 僕嘗欲竊取明公之意，仿高氏所輯爲《古今詩彙》一編。以漢郊廟、
> 鐃歌自諸樂府爲<u>始音</u>；十九首自蘇李、河梁、兩京、雜詩爲<u>正始</u>；
> 陳思、李、杜，及明王元美爲<u>大家</u>；曹、劉、阮、左、潘、陸、陶、
> 謝、沈、宋、王、孟，及明高、李、何、徐輩爲<u>正宗</u>；顏、鮑、庾、
> 江、錢、劉、韋、柳，及宋梅、陳、明薛、王、吳、張輩爲<u>羽翼</u>；
> 陰、何、徐、庾，及南渡范、陸、勝國虞、揚、明皇甫昆季輩爲<u>接</u>
> <u>武</u>；王、蘇、黃、陳、北宋諸人爲<u>正變</u>；陳、隋、晚唐、宋季、元
> 末諸人爲<u>遺響</u>；而旁流閨秀，代錄其人，似亦足備詩家一公案。第
> 其工當以歷歲計，卷當以近千計，帙當以近百計，恐非一舉所能就，
> 一人所能任，徒付之一胡盧耳。以明公之度甚遠，思甚公也，姑錄
> 梗概，以俟異世之同茲志者。〔註4〕

從中可以看出，胡應麟的這部詩選，體例完全仿照《唐詩品彙》，因不局
限於唐代，而是概覽古今，故將此書定名爲《古今詩彙》。這部有待後人完成
的詩選由於一直存在於胡應麟的構想當中，因此可爭議處不少。但是，胡應
麟對歷代詩價值序列的定位與它們在《詩藪》中獲得的評價卻是吻合的。此
處主要想說的是，胡應麟作爲復古派末期的代表詩人。以及一個已形成完整
理論體系的詩論家，不可能對宋元二代有特別的偏好，在他看來，宋元詩始
終是處於詩學發展鏈條末期的詩歌型態，因此，他這部千卷百帙的古今詩選
縱使無力完成，也不會費力去單獨編行一本宋元詩。相反，胡應麟稱顧憲成
「獨注念於宋元諸作者……且竊窺公之用意，片長必探，眾善畢羅，大小各
因其才，盛衰不沒其世。」〔註5〕說明顧憲成對宋元詩的推崇是不遺餘力的，
這種詩學價值取向則與他本人作爲東林書院的開創者繼承宋儒經世思想，有
用於社會、有功於世道的人生實踐息息相關。

正是因爲萬曆時期詩論家文學史觀的強化，對宋元詩的關注和考量才會
引起各個文學群體的興趣，在這個意義上，不少提及唐宋之爭的文字也就成
爲了無根之論，例如萬曆時何喬遠曾說「今世稱詩者云唐詩，唐詩云爾，余

〔註4〕 〔明〕胡應麟《與顧叔時論宋元二代詩十六通》之七，《少室山房集》卷一百
十八，《景印文淵閣四庫全書》1290冊，867頁。

〔註5〕 〔明〕胡應麟《與顧叔時論宋元二代詩十六通》之一，《少室山房集》卷一百
十八，《景印文淵閣四庫全書》1290冊，864頁。

恨不宋，又烏唐也。且夫一唐矣，自分初盛中晚，而何獨宇宙之間，不容有一宋也。」〔註6〕這只能看作激憤之言。李蓘在《宋藝圃集》中已對宋詩史進行過有意識的劃分，胡應麟在《詩藪》中也將宋詩分為宋初、盛宋、晚宋〔註7〕，雖以唐詩為參照，但反映出當時詩論家對宋詩的認識和研究已經有了初步的辨體意識。

以晚明時期實際產生的宋詩選本數量而言，雖不能等論唐詩，但幾乎可以與古詩選比肩。這一時期的唐詩選本多達百餘種〔註8〕，但僅就古詩選本而論，萬曆朝有梅鼎祚《漢魏詩乘》、《古樂苑》，張之象《古詩類苑》，臧懋循《古詩所》，劉一相《詩宿》，唐汝諤《古詩解》，鍾惺、譚元春《古詩歸》，邵一儒《六朝聲偶刪補》，崇禎朝則有曹學佺《石倉古詩選》，陸時雍《古詩鏡》，韓錫《古樂苑》和麻三衡《古逸詩載》〔註9〕，共計12部。而這一時期宋詩選本共10部：甯世魁《宋元詩集注》，淩濛初《宋元詩選》，周詩雅《宋元詩》，潘是仁《宋元名家詩集》，陳光述《宋元詩選》，朱華國《宋元詩選》，許學夷《宋三十家集》，曹學佺《石倉宋詩選》，張可仕《宋元詩選》和周侯《宋元詩歸》。遺憾的是，由於宋元詩並不像漢魏古詩那樣具有深厚的理論積澱，造成了宋元詩選較少評點本，因此難以發揮理論層面的影響力。此外，宋元詩集散佚情況比較突出，這也阻礙了它以選本的形式影響詩學進程的功能。清初《宋詩鈔》的刊行以及編選者對宋詩的評判和相關理論的增強，應該是對晚明以來宋詩刊行者的補充和發展。如吳之振在《宋詩鈔序》中對李蓘和曹學佺兩部宋詩總集的評價，正反映了他對明代宋詩總集的借鑒和承接。

二、明代宋詩總集的理論價值

明代宋詩總集的理論價值體現在三個層面，即編纂行為本身、文本與編選者所帶有的理論意義。

第一，明代宋詩總集的編纂使宋詩的傳播途徑實現了由評論形態到文本形態的轉化。宋詩總集出現以前，明人對宋詩的意見主要反映在詩文評論中，而宋詩別集的刊刻也更多體現著鄉邦文獻與宗族後裔的傳承性，宋詩總集的

〔註6〕　〔明〕何喬遠《鄭道圭詩序》，《明文授讀》卷三十七，《四庫全書存目叢書》集部401冊，207頁。
〔註7〕　〔明〕胡應麟《詩藪》外編卷五，上海：上海古籍出版社，1979，220頁。
〔註8〕　據孫琴安《明代唐詩選本考》，《唐代文學研究》第四輯，1993。
〔註9〕　據解國旺《明代古詩選本研究》，河南大學博士學位論文，2007。

編纂使明刊宋詩別集和前代遺存的宋詩文獻得到了有效的利用，使明人對宋詩的意見表達由泛化的議論過渡到主動性的梳理，成為明代詩學進程的鏈條中不可或缺的環節。例如李蓘在論述宋詩發展史時，所採用的氣運論與觀風望世論，在明末已經演化為一種相當普遍的觀點，如崇禎時人汪砢玉稱：

> 文章關氣運，自是千古定論，方在氣運中，人自不覺，及異代觀之，毫髮不能掩……宋人未嘗不學漢魏詩法，李杜遂欲憑陵陶謝，今其詩置之漢魏間有不可辨者乎？惟宋諸名人於古法多不甚句字摹擬，縱其才具，各成一家……獨我朝號為復古，文師左國兩漢，詩必唐人，銖銖而求，寸寸而度，今以為駕唐宋矣，不知異代觀之竟作何狀？豈唐人之不能及漢，宋詩之不能及唐，其才識然，探古人之理窟，用古人之法律，縱吾心匠以合一代之氣運，而無徒銖銖寸寸，若優孟之為叔敖，其將有俟於命世之杰者乎？〔註10〕

作者以盡量客觀的立場，試圖用「異代」的眼光審視明代文學，得到的結論是復古不足以成就當下。作者對本朝復古的成就不能自信，反而欣賞宋人能縱其天才自成一家。在他看來，唐文不及漢文，宋詩不如唐詩，都不是因為才識的不足，而是因為取法古人難以超脫自立，尤其是明人陷於衣冠優孟式的復古，更難以出現天才縱意的豪杰之士。晚明詩論家對復古派的反思是多維度的，他們一方面認為復古派所重視的詩歌的體制和格調不能荒廢，另一方面又表現出對當時詩壇爭唐爭宋的困惑，潛意識中隱含著對超越時代論詩格局的理論期待，如王煒的詩論觀：

> 然則論詩今日，必本言志而又不失其體與格，豈易言者哉。姑就今日為詩者言之，以限字成其體，格則竟置於不問，體有五七言律絕、歌行，而無謠諺、風雅、樂府、古選。一二好古之士力求其孰為風，孰為雅，孰為古歌謠，孰為郊祀、鐃歌、雜舞、橫吹、相和、清商琴曲，孰為黃初、建安、正始、太康、元嘉、南北朝，已不免無用之譏，而其為用，不過充筐篚、弋聲利，非能知其感發懲創、有繫於人心風俗之用也。故其所尚，有取晚唐浮艷者；有謂盛唐決不能及而取劉文房以立骨者；有以蘇髯翁、陸放翁、元遺山為才情正宗者；其最下則以宋人論理為真性情，一倡百和，醉行夢囈，思以移

〔註10〕〔明〕汪砢玉《法書題跋》，《珊瑚網》卷十七，《叢書集成續編》98 冊，71頁。

易乎斯世，嗚呼！詩至今日尚猶可言哉？〔註11〕

　　王煒，字無悶，號不庵，安徽歙縣人，生活於明末清初，與顧炎武交好。他的詩論主張是本於言志而不失體格，內容與形式兼重。詩言志本是詩論中最傳統的觀念之一，李蓘在《宋藝圃集原序》中已經表現出向傳統詩論回歸的趨向，但在形式論充分發達的明代中期詩壇，這種觀念難以產生影響。晚明士人相繼回歸傳統的言志論或性情論，一方面是對根植人心的復古派聲調論的反撥，如黃宗羲稱「夫詩以道性情，自高廷禮以來，主張聲調，而人之性情亡矣。」〔註12〕認為明代詩人在漫長的時期中追求詩歌聲調的正宗，不自覺地忽視了本有的性情。而另一方面，則是針對詩壇現實的問題。王煒對明末清初詩壇的看法是，存其體而失其格，無補於詩教。在他看來，當時的詩論紛繁卻無當，人們對詩的認識看似全面實則淺薄。俗學僅能以字數的多少判定詩歌的體裁，至於格調的內涵已經無人問津。即使有好古之士花費力氣辨析詩體，也終陷於形式的考證，無從感知詩歌之於風俗人心的塑造作用。在王煒看來，明末以來形形色色的詩學宗尚都如醉行夢囈，標舉晚唐浮艷也好，取法中唐骨格也罷，以至學蘇軾、陸游、元好問之才情，宋人理學之性情，凡此種種，都是試圖以一個簡單方便的法門招攬人心，使初學者以為專學某代某家之詩便能速成。

　　由此看來，王煒的批評不僅針對學詩者，也指向了詩歌選本的編行者。晚明時期名目繁多的詩歌選本，是各詩學流派樹立理論主張的載體。其中一些選本因鮮明的風格取向和明確的理論主張，極大地影響了當時的詩風，如鍾惺、譚元春所選《唐詩歸》、《古詩歸》。而竟陵派之幽深孤峭在清初被視為亡國之音，選本更成為坐實這一名聲的證據，王煒所言的一唱百和、移風易世的效果於明末選本中確有體現，但是具體落實到宋詩選本的層面，則僅限於理論的召喚與回應。

　　第二，明代宋詩總集雖未體現出完備的宋詩觀和詩學思想，但也蘊涵著一定的詩學傾向，它括充和深化了宋詩的內涵。宋詩總集中詩歌選取範圍的變化，為認識宋詩的多向度特質提供了很好的參照。萬曆時期，以焦竑為代表的詩論家，以變為詩學的主流，與歷來伸正黜變的詩論相違背，這正是萬

〔註11〕　〔明〕王煒《惲叔子詩序》，《鴻逸堂稿》卷四，《四庫全書存目叢書》集部233
　　　　　冊，359頁。
〔註12〕　〔清〕黃宗羲《景州詩集序》，《黃梨洲文集》，北京：中華書局，1959，338頁。

曆間朝政昏瞶，國事將季的社會現狀投射於文學觀念的反映。焦竑稱「吾觀尼父所刪，非無顯融臘厚者厝乎其間，而諷之令人低徊而不能去，必於變風變雅歸焉，則詩道可知也。」〔註13〕將變風變雅中蘊含的諷喻特質看作詩歌的重要價值，並在此基礎上肯定杜甫「力挽其衰，閔事憂時，動觀國體」的作品和白居易的諷喻諸篇〔註14〕，重新強調詩歌與社會現實的聯繫。這種趨向在曹學佺的《石倉宋詩選》中也有明確體現。正變觀意義的深化，得以觸發傳統詩學觀念中詩歌價值序列的更新，故而使得這一時期的詩論家對宋詩的風格特質有了更加明晰準確的判斷。最有代表性的，如許學夷稱宋詩「主變不主正」，雖是就詩體本身的變革而言，但他大力肯定宋詩新變的價值，其論述思路正顯現了正變觀的轉化對宋詩認識過程所產生的積極意義。從晚明的兩部詩選《宋名家詩集》和《石倉宋詩選》來看，書畫家、隱士、遺民三種身份類型的詩人最受關注，這是晚明閒適文化氣候下的產物。有意味的是，遺民兼有前兩者的身份，而兩部宋詩總集體現出的對遺民詩接受角度的差異，即由書畫隱逸向氣節忠義層面的過渡，反映了明代持續醞釀的士風變革和經世思潮下對宋詩認識的深化。

第三，明代宋詩總集的編選者各自的詩學背景體現出宋詩文本與明代詩學的有機聯繫與相互作用。李蓘處於宗唐詩學主導的文壇邊緣，其詩選顯現出的是對後七子詩學理論的對抗意識；潘是仁生活於布衣文士勃興、閒賞文化發達的萬曆中期，詩選中更多反映個人化的清雅幽隱的審美趣味；曹學佺身逢明末變局，受士大夫傳統觀念的感發，詩選承載了經世致用的人生情懷。晚明時期，由於經世致用思潮的興起，詩論家因此重新強調詩歌的現實干預功能，對「詩史」加以肯定，使得復古派的格調論及公安派的性靈說同時遭到駁難。簡單回顧這一詩論進程，可以看出宋詩總集編選者的詩學背景與詩學傾向之間的關聯。

與前七子同時的楊慎對宋人提出的「詩史」之說非常不屑：

> 宋人以杜子美能以韻語紀時事，謂之「詩史」。鄙哉宋人之見，不足以論詩也。夫六經各有體，《易》以道陰陽，《書》以道政事，《詩》

〔註13〕〔明〕焦竑《雅娛閣集序》，《焦氏澹園集》卷十五，《續修四庫全書》1364冊，143頁。

〔註14〕〔明〕焦竑《題寄心集》，《焦氏澹園續集》卷九，《續修四庫全書》1364冊，646頁。

以道性情,《春秋》以道名分。後世之所謂史者,左記言,右記事,
古之《尚書》、春秋》也。若詩者,其體其旨,與《易》、《書》、《春
秋》判然矣。《三百篇》皆約情合性而歸之道德也,然未嘗有道德字
也,未嘗有道德性情句也……皆意在言外,使人自悟。至於變風變
雅,尤其含蓄,言之者無罪,聞之者足以戒……杜詩之含蓄蘊藉者,
蓋亦多矣,宋人不能學之。至於直陳時事,類於訕訐,乃其下乘末
腳,而宋人拾以爲己寶,又撰出「詩史」二字以誤後人。〔註15〕

在楊愼看來,宋人提出「詩史」是不知詩的表現,他認爲直陳時事不符
合詩的體制,道德性情等句也不應直接出現在詩句中,至於變風變雅則要講
求含蓄蘊藉,總之,強調詩歌意在言外的風格特質,與詩歌的社會功能是兩
個層面的問題。而晚明時期對詩歌體制風調的言說已成舊論,心學影響下性
靈的泛濫也使得時代詩風具有粗率膚淺的弊病,因此詩論家從經世致用的角
度強調詩歌的價值,如焦竑所言「因詩以論世之義日晦,余嘗歎之。」〔註16〕
正是意在標舉以詩論世的詩學觀。焦竑的詩論與復古派及公安派都有明顯的
差異性,同樣是論杜詩,七子學其風格體制,焦竑則重詩史價值;論白居易
詩,公安派重其閒適趣味,焦竑則重諷喻功用。焦竑的詩學主張啓發了明末
士人的詩學觀念,如黃宗羲也贊同詩史觀,其《萬履安先生詩序》稱:「注杜
者但見以史證詩,未聞以詩補史之闕,非《指南》、《集杜》……非白石、晞
髮……可不謂之詩史乎?」〔註17〕由此可以看出,「詩史」觀背後所蘊含的詩
人的社會關懷和歷史使命感,與晚明士人的價值觀產生了相當程度的契合,
楊愼所非議的「宋人之見」成了晚明詩人最爲看重的精神資源,這也是宋代
的忠臣詩與遺民詩在明末宋詩總集中最受關注的主要原因。

清人葉燮稱:「有明之季,凡稱詩者咸尊盛唐,及國初而一變詘唐而尊宋,
旋又酌盛唐與宋之間而推晚唐,且又有推中州以逮元者,又有詘宋而復尊唐
者。紛紜反覆,入主出奴,五十年來,各樹一幟。」〔註18〕清初五十年中,

〔註15〕〔明〕楊愼《升菴詩話》卷十一,《歷代詩話續編》(中),北京:中華書局,
　　　　1983,868 頁。
〔註16〕〔明〕焦竑《青溪山人詩集序》,《焦氏澹園集》卷十六,《續修四庫全書》1364
　　　　冊,156 頁。
〔註17〕〔清〕黃宗羲《萬履安先生詩序》,《黃梨洲文集》,北京:中華書局,1959,
　　　　346 頁。
〔註18〕〔清〕葉燮《三徑草序》,《己畦集》卷九,《四庫全書存目叢書》集部 244 冊,
　　　　104 頁。

論詩有宗宋者，有推晚唐者，有推元詩者，之所以能由明末宗唐詩學觀徹底
衰落後分散出如此多樣的詩歌接受取向，皆離不開詩歌選本的刊行產生的影
響。

第二節　明代宋詩編纂的意義與影響

在泛論唐宋詩時，對宗唐風氣有所不滿的明人往往是率意表達，批評學
詩者不讀宋詩、不知宋詩的狹隘，但涉及到宋詩和自身的關聯時，卻往往諱
莫如深，即便有所言說，也相當謹慎。例如文徵明說「我少年學詩，從陸放
翁入門，故格調卑弱，不若諸君皆唐聲也。」〔註 19〕黃宗羲說「縉紳先生間
謂余主張宋詩，噫！亦冤矣。」〔註 20〕其中緣由很好理解，所謂「取法乎上」，
在舉世公認唐詩為最上的詩學環境中，一個詩人很難自信地宣稱自己更心儀
宋詩。由此可見，在這種詩學環境中，宋詩編纂者所具有的理論膽識。

事實表明，無論從理論層面還是從創作層面，明人對宋詩的學習和取法
一直沒有停止過，以至於萬曆年間，鍾惺與人討論明詩，稱「明詩無真初、
盛而有真中、晚，真宋、元。」〔註 21〕這種詩學標準與創作實踐之間的落差，
使標準的多樣化成為可能。於是明代那些零星的對他人詩作風格類似宋人的
評價以及明確表示出取法宋人的創作自白，使學宋脈絡得以初步顯現出來。
雖然對宋詩的取法真正具有淵源譜系的意味，要到清代中期宋詩派形成規模
之後，但我們不應忽視明代宋詩傳承的脈絡、路徑與意義。

一、宋詩接受與明代宗宋脈絡的延續

雖然明人很少直接宣稱自己對宋詩有所借鑒或取法，但還是可以勾連出
一條脈絡，證明宋詩對明人創作實踐發生的影響。錢鍾書《談藝錄》有「明
清人師法宋詩」〔註 22〕一條，其中提到孫作、陳獻章、唐順之、莊昶、薛蕙、
鄭繼之、孫一元，他們都直接表達過對宋詩的喜好，取法的對象主要是邵雍
和江西派中人。孫作，字大雅，江陰人，自號「東家子」，受宋濂推重。錢

〔註 19〕　〔明〕何良俊《四友齋叢說》，北京：中華書局，1959，237 頁。
〔註 20〕　〔清〕黃宗羲《張心友詩序》，《黃梨洲文集》，北京：中華書局，1959，347
　　　　頁。
〔註 21〕　〔明〕鍾惺《魏太易墓誌銘》，《隱秀軒集》，上海：上海古籍出版社，1992，
　　　　522 頁。
〔註 22〕　錢鍾書《談藝錄》，北京：三聯書店，2007，360～368 頁。

鍾書稱其詩苦硬，頗得山谷皮毛，論蘇黃詩，推黃出蘇上。陳獻章不僅取法
邵雍，而且「泛學宋人，詩作常遙襲宋人成聯，自稱愛子美、後山之雅健」
〔註23〕。唐順之屢稱《擊壤集》，莊孔暘、孫一元則稱賞陳與義詩。薛蕙雖
與何景明同時，也稱「古來詩人惟一陳簡齋」〔註24〕。鄭繼之則是因為受到
王陽明理學的影響，捐棄詩文，復於江西三宗有所師承。可見明代前期對宋
詩有興趣的主要是理學家及其追隨者，究其原因，錢鍾書說「明人言性理者，
即不主宋儒之說，亦必讀其書，耳目濡染，遂於宋詩有所知解，因道而傍及
於文。」是受問學之必讀書目薰陶所致，因此對江西派的取法也是因為江西
之學：「學既近江西之學，詩復有取於江西之詩。」〔註25〕可見，由學問而
及詩歌是明前期詩人作詩取法宋人的主要路徑。

　　除自述性質的稱引宋詩外，也屢見明人評價他人詩作與宋詩的關聯。如
胡維霖所作《明詩評》稱「賀克恭，宋詩也，誠哉醫閭山人。蕭文明，小說
也，邈矣海釣遺風。」〔註26〕所論二人都是陳獻章的學生，直稱宋詩或小說，
反映了此二人詩風的獨特性。與此相比更普遍的是稱引宋人，如李維楨評價
後進「郭生少年工詩，所謂兼眾體成一家者，即歐陽永叔、王介甫、黃魯直、
陳無己諸先正尚姑捨是，壯年奮棟，專心致志，殆難測其所止也。」〔註27〕
李維楨是復古派後期的詩論家，因此評論本身帶有批評意味，希望郭生能從
宋詩諸家中超脫，專攻一體，但這無法掩蓋萬曆時期公安派興起後宋詩對學
詩者的吸引力。更著名的例證如陶望齡評價徐渭：「其為詩若文，往往深於法
而略於貌。文類宋唐，詩雜入於唐中晚。自負甚高，於世所稱主文柄者不能
俯出游其間，而時方高談秦漢盛唐，其體格弗合也。居又僻在越，以故知之
者少。然其文實有矩尺，詩尤奧古之窮士，如盧同、孟郊、梅堯臣、陳師道
之徒所為，或未能遠過也。」〔註28〕錢謙益評價沈周：「晚出入於少陵、香山、

〔註23〕錢鍾書《談藝錄》，北京：三聯書店，2007，361頁。
〔註24〕〔明〕李開先《李中麓閒居集自序》，《李中麓閒居集》卷首，《四庫全書存目
　　　　叢書》集部92冊，329頁。
〔註25〕錢鍾書《談藝錄》，北京：三聯書店，2007，362頁。
〔註26〕〔明〕胡維霖《墨池浪語‧明詩評四》，《胡維霖集》，《四庫禁燬書叢刊》集
　　　　部164冊，571頁。
〔註27〕〔明〕李維楨《郭生詩題辭》，《大泌山房集》卷一百二十七，《四庫全書存目
　　　　叢書》153冊，583頁。
〔註28〕〔明〕陶望齡《徐文長三集序》，《歇庵集》卷四，《續修四庫全書》1365冊，
　　　　239頁。

眉山、劍南之間，踔厲頓挫，沉鬱蒼老，文章之老境盡，而作者之能事畢。」
〔註 29〕瞿式耜評價錢謙益：「先生之詩，以杜、韓為宗，而出入香山、樊川、
松陵、以迨東坡、放翁、遺山諸家。」〔註 30〕這些評論都產生於晚明時期，
所評詩人的創作表現出鮮明的兼採唐宋的特徵，而這些詩人本身，如徐渭、
沈周、錢謙益，都是復古派詩論有力的反對者，可見詩學觀念變化引發的學
宋風氣是晚明詩人心游宋詩的主要原因。

　　從明人所作的一些論及早年讀書經驗的文字可以看出，在構築學問根基
的初始時期，明人對歷代詩並無偏見偏差。如明初貝瓊稱「余少時讀書，泛
取古人之斷碑朽楮，窮日夜而摹之。六書之法非不通也，而卒不能工，遂輟
而中止。及嘗學為詩，復取三百篇集漢魏唐宋詩窮日夜而讀之。」〔註 31〕弘、
正時期楊廉自稱「早年泛看唐宋詩而已義之，頗好明道遊山詩，晦翁感興詩，
而已至於三百篇，亦苦其深奧，不得其門而入。」〔註 32〕明末朱之瑜稱「生
六歲初讀《大學》、唐宋詩若干首，皆成誦。」〔註 33〕這一情況顯示出，無論
明代盛行的詩學觀念如何抑制宋詩，在認同此種觀念之前，對宋詩的接受是
不受限制的。另一方面，明人對宋詩的閱讀和選擇，有時也表現出非詩學觀
影響的個人化傾向，如黃宗羲《後葦碧軒詩序》稱：「余舅氏翁祖石先生所作」，
「慕四靈之詩而與卷同姓。」〔註 34〕對四靈晚唐風格的愛好很大程度上因為
與翁卷同姓，詩集名也與翁卷「葦碧軒詩集」雷同，這顯然是私人化的閱讀
趣味，與時代風格關聯不大。

　　清人宋犖所稱「明自嘉、隆以後，稱詩家皆諱言宋，至舉以相訾謷，故
宋人詩集，庋閣不行。近二十年來，乃專尚宋詩。」〔註 35〕其中忽略掉的線

〔註 29〕〔清〕錢謙益《石田先生詩鈔序》，《初學集》卷四十，上海：上海古籍出版
　　　　社，1985，1076 頁。
〔註 30〕〔清〕瞿式耜《牧齋先生初學集目錄後序》，見《初學集》，上海：上海古籍
　　　　出版社，1985，54 頁。
〔註 31〕〔明〕貝瓊《穀齋記》，《清江文集》卷十四，《景印文淵閣四庫全書》1228
　　　　冊，376 頁。
〔註 32〕〔明〕楊廉《答劉潤之僉事》，《楊文恪公文集》卷四十八，《續修四庫全書》
　　　　1333 冊，111 頁。
〔註 33〕〔明〕朱之瑜《勉亭林春信碑》，《舜水先生文集》卷十八，《續修四庫全書》
　　　　1385 冊，46 頁。
〔註 34〕〔清〕黃宗羲《後葦碧軒詩序》，《黃梨洲文集》，北京：中華書局，1959，335
　　　　頁。
〔註 35〕〔清〕宋犖《漫堂說詩》，《清詩話》，上海：上海古籍出版社，1978，416 頁。

索正是：在復古派產生以前，明人對宋詩的取法已自成一脈；復古派衰歇後的隆慶、萬曆以後，宋詩更是一度成為詩人爭相閱讀和效法的對象；即便在復古派影響最大的時期內，士人也在學詩之初葆有泛讀歷代詩的習慣。這些線索表明在宗唐抑宋的主流詩學觀念影響下，宋詩傳播過程的持續性，正是這一未嘗中斷的脈絡，經歷了明代的晦暗潛動，在清初得以聚變，激發出宗宋的詩學潮流。

二、唐宋之辨與明末宋調萌生的路徑

　　宋詩所指稱的藝術風貌，今人已有共識，是指瘦硬盤結一類的風格。相對於唐詩的雍容典雅，如錢鍾書所稱：非僅朝代之殊，亦乃性情之別。認為宋人之異於唐，是性情差異所導致。在明代，宋詩還遠遠不是一個詩學標準的代名詞，僅葆有最基本的時代性意義，所以宋詩的內涵指向就是宋代人所作的詩歌。宋詩的時代風格在明代沒有定型，明人論說宋詩的焦點在時代，而非風格，所以明人對宋詩風格的體認，多以詩人群體分類，如理學家、江西詩派、遺民等等。這說明他們對宋詩的認識還處於初始期，因為只有當一個時代中的群體風格被充分認知後，才有可能出現超越時代意義的審美範式。

　　復古派早期嚴分唐宋的理論著眼點是詩歌的聲調，宋詩被認為是主理不主調，所以被七子排擊。而與復古派所論聲調不合的宋詩，多限於理學家所作，因此，復古派的反對者喜歡舉出宋人「合調」的詩句，證明宋詩的可讀性。這種論詩思路，實際上使唐、宋二字所具有的時代界定意義開始變得模糊不清，以致在復古派衰落的萬曆時期，唐、宋二字定義時代風格的合理性完全喪失。以一段萬曆時期詩人間的論爭為例：

> 宋與唐奚辨？曰：「宋人率而唐人練，宋人淺而唐人深也。吾以是為斷。」徐子曰：「如以是為斷，則夫『寬心須是酒，遣興莫過詩』，此杜少陵語也。子以為深乎練乎？宋人之詩乎？唐人之詩乎？」猶曰此非少陵佳句。「李白『問余何事栖碧山，笑而不答心自閒』；『兩人對酌山花開，一杯一杯復一杯。』諸什佳矣，試雜之邵康節、白玉蟾集中，子以為有以異乎？無以異乎？……吾讀高岑諸集，其淺率平衍者甚多，驅而納之王介甫諸公卷中，宋人猶不受也。」其人無以應。〔註36〕

〔註36〕〔明〕曾異《徐叔亨山居次韻詩序》，《紡授堂文集》卷一，《四庫禁燬書叢刊》

此論與明代類似的拈句論詩最大的不同在於，是將唐詩雜入宋詩，而非將宋句雜入唐集，這說明論詩的主體產生了變化，由將宋詩混入唐詩而不辨，到舉唐詩例證證明界劃唐宋的局限性，宋詩顯然具有了更多的主體意味。之前為宋詩爭勝者力在表現它與唐詩的無差異，這是在宗唐框架內尋求宋詩的認識價值，此時直接質疑宗唐抑宋的合理性，說明復古派論詩體系的衰落。

明末以黃宗羲和錢謙益為代表的詩論家，也指出過不少唐宋詩說的理論缺陷，如黃宗羲稱：

> 唐詩之論亦不能歸一。宋之長鋪廣引，盤摺生語，有若天設，號為豫章宋派者，皆原於少陵，其時不以為唐也。其所謂唐者，浮聲切響，以單字隻句計巧拙，然後謂之唐詩，故永嘉言「唐詩廢久，近世學者已復稍趨於唐」。滄浪論唐，雖歸宗李杜，乃其禪喻謂「詩有別材，非關書也，詩有別趣，非關理也」，亦是王、孟家數，於李、杜之海涵地負無與。至有明北地摹擬少陵之鋪寫縱放，以是為唐，而永嘉之所謂唐亡者也。是故永嘉之清圓，謂之非唐不可，然必如是而後為唐，則專固狹陋甚矣。〔註37〕

黃宗羲以杜詩為例，說明其鋪陳、盤折之風格下啓宋人，且在唐時不被認為是唐音；而宋末四靈詩人認為自己的創作不是宋調而是步隨唐風，這等於在說宋詩中有唐音，唐音中有宋調。唐與宋的涵義是交相疊加的，並非涇渭分明的風格指向，因此，既使是唐詩這一被理論家充分討論過的風格類型，也不可能包含它的時代中所有的風格特質。如同嚴羽所稱之唐是王維、孟浩然一路，明代七子所稱之唐是杜甫一格，不同的詩論家所標舉的唐詩的蘊義不僅可能全然不同，還有可能互相牴牾。以上所言是詩論層面，就創作實踐而言，唐詩作為後人詩歌創作的具體參照標準，具有千姿百態的可參照性，黃宗羲曾說最善學唐者是宋人，但「江西以汗漫廣莫為唐，永嘉以脰鳴吻呋為唐；即同一晚唐也，有謂其纖巧釀亡國之音，有謂其聲宏還正始之響。」〔註38〕不僅各家各派取法風格不一，即便對同一風格也有截然相反的看法。

歸根結底，後世對唐詩的評價是由當時的詩學風尚決定的。每一個在自

集部 163 冊，505 頁。

〔註37〕〔清〕黃宗羲《張心友詩序》，《黃梨洲文集》，北京：中華書局，1959，347頁。

〔註38〕〔清〕黃宗羲《錢退山詩文序》，《黃梨洲文集》，北京：中華書局，1959，354頁。

己的時代產生過一定影響力的詩歌群體或流派，都試圖樹立自己的理論主張
以求主導詩壇，他們往往以師古爲名，爲契合自身創作成就的審美標準尋求
理論支點。而這一自我樹立的過程往往伴隨著對當時主流觀念的激烈反對，
這在復古思潮籠罩的明代詩壇反映得最爲明顯，每一次新變都幾乎是在復古
的框架內進行，以糾正既成詩弊爲目標，卻未免矯枉過正，爲後來者留下口
實。黃宗羲身處明末，將這種變革的途徑看得十分清楚，稱「百年之中，詩
凡三變。有北地、歷下之唐，以聲調爲鼓吹；有公安、竟陵之唐，以淺率幽
深爲秘笈；有虞山之唐，以排比爲波瀾。雖各有所得，而欲使天下之精神，
聚之於一塗，是使作僞百出，止留其膚受耳。」〔註39〕可見，模擬聲調、膚
華淺率、幽深孤峭、鋪張排比，既是七子、公安、竟陵、虞山各派著眼於唐
詩處，也是其自身的創作風格，如欲以一家之說限格天下，則無異於畫地爲
牢。

　　既然唐詩的內涵如此眾說紛紜，那麼不加辨別地遵循宗唐者的腳步排斥
宋詩也是值得檢討的。黃宗羲批評「今之爲詩者日必爲唐，必爲宋，規規爲
俛首縮步，至不敢易一辭，出一語。」〔註40〕正是指出宗唐思維留給學詩者
的慣性，基於對這種論詩模式的批評，黃宗羲提出「詩不當以年代而論，宋
元各有優長，豈宜溝而出諸於外……徒以聲調之似而優之而劣之，揚子雲所
言伏其几襲其裳而稱仲尼者也。」〔註41〕泯除聲調論拘束下的唐宋界限，將
宋元詩列爲與唐詩等同的地位，從新的角度考慮學詩的標準。黃宗羲所稱「詩
自齊、楚分途以後，學詩者以此爲先河，不能究宋元諸大家之論，纔曉斷章，
爭唐爭宋，特以一時爲輕重高下，未嘗毫髮出於性情。」〔註42〕重新標舉詩
歌中性情的表達，正是源於對唐宋詩之爭的批評與反思。同樣，錢謙益也有
類似的看法，他在評價後七子時曾說「僻學爲師，封己自是，限隔人代，揣
摩聲調。論古則判唐、選爲鴻溝；言今則別中、盛爲河漢，謬種流傳，俗學
沈錮。」〔註43〕認爲以聲調爲標準判別詩歌時代，乃至古詩、近體詩各有嚴

〔註39〕〔清〕黃宗羲《靳熊封詩序》，《黃梨洲文集》，北京：中華書局，1959，353頁。

〔註40〕〔清〕黃宗羲《曹實庵先生詩序》，《黃梨洲文集》，北京：中華書局，1959，
　　　　358頁。

〔註41〕〔清〕黃宗羲《張心友詩序》，《黃梨洲文集》，北京：中華書局，1959，347頁。

〔註42〕〔清〕黃宗羲《天嶽禪師詩集序》，《黃梨洲文集》，北京：中華書局，1959，
　　　　371頁。

〔註43〕〔清〕錢謙益《列朝詩集小傳》丁集上「李攀龍」條，上海：上海古籍出版
　　　　社，1983，429頁。

格的參照時期，這種狹隘的學詩方式限制了學詩者的眼界，所以他也極力反對以時代論詩。

　　與萬曆時期「一代有一代之詩」的詩學觀念相比，黃宗羲和錢謙益的詩論將宋詩的接受路徑更拓寬一步。「一代有一代之詩」的理論意義更多體現在詩史觀層面，使唐詩之外歷代詩歌的價值有機會顯現出來，而不以時代論詩則意味著不辨時代之別，這就使詩歌風格的延續性得以突顯。二人雖未明確主張宋詩，但入清後黃宗羲參與編訂了《宋詩鈔》，錢謙益的詩論也在清初宗宋詩人中產生了深遠影響。清人喬億稱「明詩屢變，咸宗六代、三唐，固多僞體，亦有正聲。自錢受之力詆弘、正諸公，始續宋人餘緒，諸詩老繼之，皆名唐而實宋，此風氣一大變也。」〔註44〕正是指出清初宋詩之興，培植於晚明以來對復古聲調的揚棄，從這一角度來看，對唐詩之名的辨析，在理論層面契合了宋調萌生的事實。而因爲有了晚明以來宋詩觀念的變化，才得以產生一定數量的宋詩總集和選本，從而給清初《宋詩鈔》的刊行提供了文獻與理論的參照物。

三、身世認同與清初宗宋詩學的興起

　　如果沒有明清易代的歷史變革，那麼也許明末詩論變化折射出的對宋詩接受的可能性不會演變爲後來對理解明清之際士人心態如此重要的詩學問題。清初宗宋詩學觀念的興起，以至於之後宗宋詩人群體綿延清代兩百餘年，其詩學趣尚的定型，緣起於明清之際宋詩對士人接受和閱讀心理的感召。縱觀整個明代，雖然宋詩所涵蓋的各種風格都對明人產生過一定的影響，但無論是明初理學家喜好的江西詩派，還是被奉爲善學唐者的宋代晚唐體詩人，抑或晚明大放異彩的歐蘇黃陳；無論是出於宗經尊聖的理由推崇朱熹詩，還是源於幽隱禪意的嚮往激賞林逋詩，抑或因爲日常閒適的趣味取法陸游詩，明人對宋詩的愛好雖一直被不同的理由所調動，卻從未有其中的哪一家哪一派積纍到數量足以抗衡唐詩地位的擁薵，充其量不過是群體內部的交流互通，例證可以參見理學家們的孤芳自賞，或者公安諸公的往來書牘。明亡清興的歷史演進，帶給明末士人的心理觸動在於亡國與亡天下的雙重挫折，面對異族入主中原的現實，他們在歷史中最近的參照就只有兩宋之交和南宋之

〔註44〕〔清〕喬億《劍谿說詩》卷下，《清詩話續編》，上海：上海古籍出版社，1983，1104頁。

末的忠臣與遺民。感其事，知其人，讀其詩，這種接受傾向，在明末宋詩總集——曹學佺的《石倉宋詩選》中反映得非常明顯。然而對遺民詩的認同，並非個人的取向，而是那個時代群體的選擇。

崇禎三年（1630 年），在為《石倉歷代詩選》的元詩部分所作序文中，曹學佺用主要篇幅討論了忠臣與遺民這兩個相關聯的群體：

> 元世祖雖以胡人主中國，然亦知尚節義，如文文山不忍遽殺，輒困
> 而誘之，俾為己用，及需以歲月之久，知其必不可回，而後闕之，
> 以成其從容就義之志……若謝文節之被徵而不食，韓古遺之逍遙而
> 不仕，要皆隨其所欲為，而未嘗迫強之……故其末運，城社遷毀，
> 而殉難則有余廷心，死節則有王用文，而顧阿瑛、楊鐵崖、王叔明、
> 王山農諸君，尚得為有元之遺叟，聖代之逸民也。

曹學佺認為遺民是每個朝代消亡後都會產生的群體，他們的忠節氣質反映著那個朝代的氣運。他對以胡人主中國的元朝並無偏見，明滅元后也一樣有殉難死節之士，從這個意義上來看，曹學佺所認同的殉國是一種個人的選擇，需要理解的同情與成全。甲申之變後，曹學佺欲殉國被家人攔阻救下，後來他參與了短暫的隆武政權，兵敗後，再次從容赴死。與此同時，明末的士大夫們經歷著極其相似的命運，也做出驚人一致的選擇。

崇禎十一年（1638 年），一部名為《心史》的書，以一種奇特的方式出現在蘇州：「鐵函重匱，外署大宋鐵函經五字，內題大宋孤臣鄭思肖百拜封十字，沉於吳門承天寺井中。今崇禎十一年歲戊寅冬十一月八日，為寺僧達始浚井所得，啓之，紙墨完好。」〔註45〕此書幾乎是立刻引起了士人的關注，並以迅疾的速度刊行出來。《心史》在明代有兩個版本，一為張國維捐資所刻，崇禎十三年（1640 年）閏正月刻成，序跋者十九人：張國維、馮維位、張世偉、文從簡、陸嘉穎、陳宗之、陸坦、楊廷樞、陳弘緒、許元溥、朱衰、華渚、丘民瞻、淩一槐、姚宗典、姚宗昌、朱鎰、張邵、鄭敷教，他們中多數為復社成員。另一版本為汪駿聲刻，同年秋刻成，有林古度、曹學佺、汪駿聲三人序。

鄭所南，宋亡後隱居吳下，改名「思肖」，意謂「思趙」，其人在後世一直以書畫聞名，著作代有刊刻，並非只有《心史》。現存元刻《所南翁集》

〔註45〕〔明〕汪駿聲《書心史後》，《鄭思肖集》附錄，上海：上海古籍出版社，1991，
　　　　317 頁。

中還留有鄭思肖自序，他對詩歌的看法是：「天地之靈氣為人，人之靈氣為心，心之靈氣為文，文之靈氣為詩。蓋詩者，古今天地間之靈物也。」與竟陵派「詩為清物」的觀念非常神似。又自言創作體會是「絕交遊，絕著作，絕倡和，漸絕諸絕以了卻殘妄」，反襯著遺民獨有的耿介與高潔。然而這些內容都不是積極捐資刊行其書的士人所重視的，他們讀過鄭思肖的詩文後，思考了更多其他的內容：有人從中看到了立身處節的標準：「鄭所南先生不仕元，義也，然在宋時，先生亦未嘗仕，乃所以成其義也。倘已仕宋，曷論官之崇卑顯晦，皆當殉職以死難。而明人臣之義，非僅僅不仕元三字所能塞責矣！」〔註46〕有人看到綱常倫理與華夷之防：「史者文也，所以扶綱常、辨統系、佐征伐之窮者也。心者精也，所以植天經、立人極、代命討之大者也。」〔註47〕「自蒙古篡統，乃胥左衽，每讀元史，恨未有秉春秋法黜之者。不謂宋鄭所南心史先獲我心也。……斤斤乎正名辨分，於華夏之防獨三致意。」〔註48〕有人看到遺民處世的孤亢艱難：「德祐止二年，至至元癸未二十餘年矣。是二十年間，與不共戴天之仇讎比屋而居、聯突而爨，而中心所存，必欲滅此朝食。每一憤發，聲嘶氣噎，而不可號於人。此二十餘年間心事何如哉！」〔註49〕有人則看到國家危亡時個人價值蘊涵的潛力：「公之身存當日，以徵宋不可謂亡，元不可謂興；公之史出今日，以徵元徒擾宋，末頁之運不得繼宋正代之統。嗚呼！匹夫而為社稷重如此哉！」〔註50〕

在福建，有人將《心史》與謝翱《晞髮集》合刊，藉以寄託今昔之感：「空山大哭，猿木為栖。吾豈敢謂世無其人哉，然何寥寥不一見也！夜靜鬼語，天涼夢秋，往往與洪子後先取所南、皋羽二先生若詩若文，詠之歌之。悲風若酸，山月皆苦。感今昔之同時，际乾坤為有恨。」〔註51〕也有人從中振作，寄希望於偏安的隆武政權：「二先生皆閩產也，今聖明南御閩邦，文武奮起，掃腥膻而恢區夏，先生之神，實式臨之。」〔註52〕

〔註46〕〔明〕曹學佺跋，《鄭思肖集》附錄，上海：上海古籍出版社，1991，317頁。

〔註47〕〔明〕張國維跋，《鄭思肖集》附錄，上海：上海古籍出版社，1991，297頁。

〔註48〕同上。

〔註49〕〔明〕張世偉跋，《鄭思肖集》附錄，上海：上海古籍出版社，1991，301頁。

〔註50〕〔明〕凌一槐跋，《鄭思肖集》附錄，上海：上海古籍出版社，1991，311頁。

〔註51〕〔明〕方潤《合刻鐵函心史晞髮集序》，《鄭思肖集》附錄，上海：上海古籍出版社，1991，320頁。

〔註52〕〔明〕洪士恭《合刻鄭所南謝皋羽二先生鐵函經晞髮集跋》，《鄭思肖集》附錄，上海：上海古籍出版社，1991，322頁。

　　《心史》在此後的流傳過程中一直沒有擺脫僞書的尷尬境地〔註53〕，而從明人諸口稱奇的口吻中似乎也透露這種迹象，顯然，當時的文人也許存有一絲懷疑的態度：「至於今三百五十六年，護持之若有意，而暴出之又似有待乎其時」，但都寧願相信此書的出現是一種忠義的昭示，因爲明代也到了失國的關頭，士人需要的正是這樣的人和書：「今人或因其隱見之奇，而尋其立言之志，微歆其君父之思，稍挽其滅裂之俗，則冥漠之術也。嗚呼！三代而下，失國之際，忠烈之氣未有若宋之盛者也。」〔註54〕由此看來，無論此書是眞是僞，它的出現都有不可磨滅的現實意味，它是應和了明末士人特殊的心態而產生的，爲這部書集資、刊刻的二十多位文人，他們的輯刻行爲本身反映出對忠節觀念的認同。此書的題跋者中，除曹學佺殉國外，還有張國維（1595～1646），於清順治二年（1645年）擁魯王朱以海，事敗後殉國。復社領袖楊廷樞，入清後拒絕剃髮，後被清兵殺害。從某種意義上來看，《心史》這部曠世奇書，應和著明末士人所經歷的曠世之變。

　　清初，賀貽孫在《詩筏》中曾說「詩人佳處，多是忠孝至性之語。」〔註55〕又說「忠孝之詩，不必問工拙。」在認同詩歌忠孝節義特質的層面上，置聲調體制於不顧，可見這種詩學觀念是在特殊的歷史語境下激發出來的：

　　　　忠孝之詩，不必問工拙也。如陸放翁晚年作詩與兒云：「死去元知萬
　　　　事空，但悲不見九州同。王師北定中原日，家祭無忘告乃翁。」蓋
　　　　傷南宋不能復汴也。及宋亡後，林景熙等收宋帝遺骨埋之，樹以冬
　　　　青。景熙乃題一絕於放翁詩後云：「青山一髮愁濛濛，干戈況滿天南
　　　　東。來孫卻見九州同，家祭如何告乃翁？」二詩率意直書，悲壯沉
　　　　痛，孤忠至性，可泣鬼神，何得以宋、元減價耶？以此推之，宋人
　　　　學問精妙，才情秀逸，不讓三唐，自歐、蘇、黃、梅、秦、陳諸公
　　　　外，作者林立，即無名之人，亦有一二佳詩，散見他集。倘有明眼
　　　　選手，爲之存其精華，汰其繁冗，使彼精神長存人間，何至後人詆
　　　　訶之甚耶！明代弘、正、嘉、隆間諸詩人，非無佳詩可傳，但其議

<hr>

〔註53〕學界曾對《心史》的眞僞問題有過爭論，參見《南京師範大學學報》（社會科
　　　　學版）1996年第2期的兩篇文章《就心史眞僞問題答陳福康先生》和《心史
　　　　決不是僞書——與魯同群先生商榷》。

〔註54〕〔明〕汪駿聲《書心史後》，《鄭思肖集》附錄，上海：上海古籍出版社，1991，
　　　　317頁。

〔註55〕〔清〕賀貽孫《詩筏》，《清詩話續編》，上海：上海古籍出版社，1983，195
　　　　頁。

論太刻，謂後人目中不可有宋人一字。不思唐人詩集，汗牛充棟，今所稱不朽名篇，僅得爾許，不獨精靈之氣，神物護持，亦賴歷代明眼，棄瑕錄瑜，排沙簡金，得有今日，豈眞上天生才，唐、宋懸殊乎？果爾，則何以有今日也。宋詩惟談理談學者，當如禪家偈頌，另爲一書。彼原不欲以詩名家，不必選入詩中耳，亦勿以此遂貶宋詩也。〔註56〕

賀貽孫是明末清初富有名望的文學家，明亡後，削髮爲僧，隱居不出，曾作《忠義潭記》表彰宋末抗元義士，重視遺民的事迹和著作。與他同爲豫章社、以古文馳名的陳弘緒也曾採輯《宋遺民錄》。畫家陸坦「每慨有宋遺民，欲訪購其詩文，合編風世，乃僅得汪公元量、林公景熙、唐公珏、謝公翱、今河神金龍山謝公諱緒，或全集，或詩鈔，不無斷簡殘編之恨。」〔註57〕藏書家許元溥，自號「千卷生」，也稱「溥不揣，亦妄思揚抉，嘗增輯《宋遺民錄》。」〔註58〕可見宋代遺民詩作在明末清初文人中的流行。

忠孝節義之作，孤臣遺民之詩，是明清易代時宋元詩彰顯出的精神魅力所在。通過以上例證可以看出，對於遺民詩作的輯錄，不僅是曹學佺《石倉宋詩選》的選詩重心，也是《心史》、《晞髮集》等宋詩別集或合集的刊刻目的，更是不少詩論家、藏書家、乃至書畫家關注的焦點。這種普遍的群體行爲，昭示出明末士人對宋末遺民的身世認同感與明清之際宗宋詩風得以興起的密切關聯。正是在忠孝之詩的基礎上，賀貽孫提出了宋詩選本的編選問題。他認爲宋人學問才情不讓唐人，但之所以長期以來遭到後世貶斥，其原因正是因爲一直沒有出現好的選本。雖然只是懷著欲使宋詩名篇不朽的希望，但可以說，對宋詩所蘊涵的詩學價值的認識在經歷了整個明代的纏繞衝突後，已經自然而然地植成根柢，萌生端芽，有待於清初的繁茂了。

〔註56〕〔清〕賀貽孫《詩筏》，《清詩話續編》，上海：上海古籍出版社，1983，196 頁。
〔註57〕〔明〕陸坦跋，《鄭思肖集》附錄，上海：上海古籍出版社，1991，304 頁。
〔註58〕〔明〕許元溥跋，《鄭思肖集》附錄，上海：上海古籍出版社，1991，308 頁。

結　語

　　在明人編纂的詩歌總集中，宋詩所佔比重雖小，但卻在明代詩學進程中起著不可或缺的作用。針對長期形成的對宋詩的否定傾向，明代各時期的詩論家基於不同的立場，表達了對宗唐抑宋的不滿和質疑，爲後人重新估量宋詩創造了理論環境，這在歷來的研究中基本已被揭示清楚；然而，那些實際從事過宋詩編選輯錄的明人，因爲宋詩文獻荒疏、難睹全帙而遍訪書家、收藏考訂、輯錄重刊，以及在這一過程中留下的對宋詩的評判、認同或者其他意見，在過去的研究中則很少被詳加探究過。

　　明代哪些人熱衷宋詩，宋詩被選擇和接受的角度是什麼？本書試圖給出這個問題的答案。宋詩總集的編纂，直接反應出明人對宋詩的價值判斷。然而需要指出的是，就現存明代宋詩總集來看，並沒有哪部作品深刻地影響過當時的詩壇，宋詩輯刻無論作爲個人行爲還是群體行爲，對詩學觀念的反作用都只有很模糊的體現，相對應地，它們更多地表現爲被影響的一方。宋詩在明代由被排斥到被認識，其接受過程是一個從無到有的確認過程，因此宋詩總集所承擔的更多是展示、反應的功能，其詩學傾向性要在與主流詩學觀念的對抗中才能顯現出來，本身並不具備傳播詩學思想的獨立性。明代宋詩總集作爲接受的範本，提供給我們更多的信息是對宋詩認識過程的差異化和認識角度的多樣化。李蓘可以看作是上層文士的離心力量，主流詩學觀的反對者，《宋藝圃集》所詮釋的是宋詩區別於唐詩的詩學特徵和詩學價值。潘是仁及其邀請的眾多編刻者體現著布衣士子和文壇名宿的親密聯繫，透露出以新安爲代表的經濟富庶地區滋生的世俗文化因素，以及各種藝術型態共同繁榮的背景下宋詩接受方式的更多可能。《宋名家詩集》所重視的是宋詩內容層

參考文獻

1. 〔宋〕林逋，宋林和靖先生詩集〔M〕，明正德十二年韓士英、喻智刻本，國家圖書館。

2. 〔宋〕林逋，宋林和靖先生詩集四卷補遺一卷〔M〕，明萬曆四十一年何養純等刻本，國家圖書館。

3. 〔宋〕林逋，宋林和靖先生詩集四卷補遺一卷省心錄一卷附錄一卷〔M〕，明萬曆四十一年何養純、諸時寶等刻本，國家圖書館。

4. 〔宋〕寇準，忠愍公詩集三卷〔M〕，明嘉靖十四年蔣鏊刻本，國家圖書館。

5. 〔宋〕蔡襄，蔡忠惠詩集全編二卷〔M〕，明天啓二年丁啓浚、顏繼祖等刻本，國家圖書館。

6. 〔宋〕蘇軾撰，王十朋纂集，劉辰翁批點，增刊校正王狀元集注分類東坡先生詩二十五卷〔M〕，汪氏誠意齋集書堂刻本，國家圖書館。

7. 〔宋〕蘇軾撰，〔明〕譚元春選，東坡詩選十二卷〔M〕，中山大學圖書館。

8. 〔宋〕蘇軾撰，〔明〕劉弘集注，蘇詩摘律六卷〔M〕，明天順五年劉弘、王璽刻本，四庫全書存目叢書影印本。

9. 〔宋〕釋道潛，參寥子詩集十二卷〔M〕，明崇禎八年汪汝謙刻本，國家圖書館。

10. 〔宋〕黃庭堅，黃太史精華錄八卷〔M〕，四庫全書存目叢書影印本。

11. 〔宋〕黃庭堅，黃詩內篇十四卷〔M〕，嘉靖十二年蔣芝刻本，國家圖書館。

12. 〔宋〕朱淑眞，新注朱淑眞斷腸詩集前集十卷〔M〕，續修四庫全書影印本。

13. 〔宋〕陳師道，後山詩注十二卷〔M〕，明弘治刻本，國家圖書館。

14. 〔宋〕陳師道，後山詩注十二卷〔M〕，明嘉靖十年遼藩朱寵瀼梅南書屋刻本，國家圖書館。

15. 〔宋〕晁沖之，具茨晁先生詩集一卷〔M〕，明嘉靖三十三年晁氏寶文堂

刻本，四庫全書存目叢書影印本。

16. 〔宋〕戴復古，〔宋〕戴敏，石屏詩集十卷附東皋子詩一卷〔M〕，明弘治十一年宋鑒、馬金刻本，國家圖書館。

17. 〔宋〕陸游，劍南詩稿八十五卷〔M〕，毛氏汲古閣刻本，國家圖書館。

18. 〔宋〕陸游撰，羅椅輯，澗谷精選陸放翁詩集前集十卷〔M〕，明嘉靖十三年刻本，國家圖書館。

19. 〔元〕胡炳文撰，文公感興詩通〔M〕，明成化二十三年熊繡刻本，國家圖書館。

20. 〔宋〕徐僑，毅齋詩集別錄〔M〕，明正德六年刻本，國家圖書館。

21. 〔宋〕汪晫，〔宋〕汪夢斗，環谷杏山二先生詩稿〔M〕，明隆慶三年汪廷佐刻本，國家圖書館。

22. 〔宋〕岳珂，玉楮詩稿〔M〕，明岳元聲刻本，國家圖書館。

23. 〔宋〕嚴羽，滄浪嚴先生吟卷三卷〔M〕，明正德十二年胡重器刻本，國家圖書館。

24. 〔宋〕嚴羽，滄浪嚴先生吟卷二卷〔M〕，明正德十五年尹嗣忠刻本，國家圖書館。

25. 〔宋〕嚴羽，滄浪嚴先生吟卷二卷〔M〕，明嘉靖十年鄭炯刻本，國家圖書館。

26. 〔宋〕嚴羽，滄浪嚴先生吟卷二卷〔M〕，明抄本，國家圖書館。

27. 〔宋〕嚴羽，滄浪集四卷〔M〕，明刻本，國家圖書館。

28. 〔宋〕蕭立之，蕭冰崖詩集拾遺〔M〕，明弘治十八年蕭敏刻本，續修四庫全書本。

29. 〔宋〕文天祥，集杜句詩〔M〕，明天順文珊刻本，國家圖書館。

30. 〔宋〕謝翱，晞髮集六卷〔M〕，明嘉靖三十四年程煦刻本，國家圖書館。

31. 〔宋〕謝翱，晞髮集六卷〔M〕，明隆慶六年邵廉、凌琯刻本，國家圖書館。

32. 〔宋〕謝翱，晞髮集五卷外集一卷〔M〕，明萬曆四十年張時昇刻本，國家圖書館。

33. 〔宋〕謝翱，晞髮集十卷〔M〕，萬曆四十六年郭鳴琳刻本，國家圖書館。

34. 〔明〕方孝孺，遜志齋集〔M〕，景印文淵閣四庫全書〔Z〕，臺北：臺灣商務印書館，1983。

35. 〔明〕陳獻章，陳白沙集〔M〕，景印文淵閣四庫全書〔Z〕，臺北：臺灣商務印書館，1983。

36. 〔明〕張寧，方洲集〔M〕，景印文淵閣四庫全書〔Z〕，臺北：臺灣商務印書館，1983。

37. 〔明〕吳寬，鮑翁家藏集〔M〕，景印文淵閣四庫全書〔Z〕，臺北：臺灣商務印書館，1983。

38. 〔明〕婁堅，學古緒言〔M〕，景印文淵閣四庫全書〔Z〕，臺北：臺灣商務印書館，1983。

39. 〔明〕李流芳，檀園集〔M〕，景印文淵閣四庫全書〔Z〕，臺北：臺灣商務印書館，1983。

40. 〔明〕曹安，讕言長語〔M〕，景印文淵閣四庫全書〔Z〕，臺北：臺灣商務印書館，1983。

41. 〔明〕何宇度，益部談資〔M〕，景印文淵閣四庫全書〔Z〕，臺北：臺灣商務印書館，1983。

42. 〔明〕王世貞，弇州山人續稿〔M〕，景印文淵閣四庫全書〔Z〕，臺北：臺灣商務印書館，1983。

43. 〔明〕孫鑛，書畫跋跋〔M〕，景印文淵閣四庫全書〔Z〕，臺北：臺灣商務印書館，1983。

44. 〔明〕李夢陽，空同集〔M〕，景印文淵閣四庫全書〔Z〕，臺北：臺灣商務印書館，1983。

45. 〔明〕徐伯齡，蟫精雋〔M〕，景印文淵閣四庫全書〔Z〕，臺北：臺灣商務印書館，1983。

46. 〔明〕畢自嚴，石隱園藏稿〔M〕，景印文淵閣四庫全書〔Z〕，臺北：臺灣商務印書館，1983。

47. 〔明〕謝肇淛，小草齋集〔M〕，景印文淵閣四庫全書〔Z〕，臺北：臺灣商務印書館，1983。

48. 〔明〕謝肇淛，小草齋文集〔M〕，四庫全書存目叢書〔Z〕，濟南：齊魯書社，1995。

49. 〔明〕安世鳳，墨林快事〔M〕，四庫全書存目叢書〔Z〕，濟南：齊魯書社，1995。

50. 〔明〕陳師，禪寄筆談〔M〕，四庫全書存目叢書〔Z〕，濟南：齊魯書社，1995。

51. 〔明〕李蓘，黃谷剿談〔M〕，四庫全書存目叢書〔Z〕，濟南：齊魯書社，1995。

52. 〔明〕李維楨，李本寧先生小品〔M〕，皇明十六名家小品〔Z〕，四庫全書存目叢書〔Z〕，濟南：齊魯書社，1997。

53. 〔明〕胡纘宗，鳥鼠山人小集〔M〕，四庫全書存目叢書〔Z〕，濟南：齊魯書社，1997。

54. 〔明〕李維楨，大泌山房集〔M〕，四庫全書存目叢書〔Z〕，濟南：齊魯書社，1995。

55. 〔明〕顧起元，蟄庵日錄〔M〕，四庫全書存目叢書〔Z〕，濟南：齊魯書社，1995。

56. 〔明〕鄒迪光，鬱儀樓集〔M〕，四庫全書存目叢書〔Z〕，濟南：齊魯書社，1995。

57. 〔明〕鄒迪光，石語齋集〔M〕，四庫全書存目叢書〔Z〕，濟南：齊魯書社，1995。

58. 〔明〕董其昌，容臺文集〔M〕，四庫全書存目叢書〔Z〕，濟南：齊魯書社，1995。

59. 〔明〕潘之恒，涉江集選〔M〕，四庫全書存目叢書〔Z〕，濟南：齊魯書社，1995。

60. 〔明〕王世貞，弇州山人四部稿選〔M〕，四庫全書存目叢書〔Z〕，濟南：齊魯書社，1995。

61. 〔明〕王化醇輯，宋元名家梅花鼓吹〔Z〕，四庫全書存目叢書補編〔Z〕，濟南：齊魯書社，2002。

62. 〔明〕李宗木等撰，六李集〔M〕，四庫全書存目叢書補編〔Z〕，濟南：齊魯書社，2002。

63. 〔明〕顧起元，雪堂隨筆〔M〕，四庫禁燬書叢刊〔Z〕，北京：北京出版社，1997。

64. 〔明〕顧起元，遁園漫稿〔M〕，四庫禁燬書叢刊〔Z〕，北京：北京出版社，2000。

65. 〔明〕鮑應鰲，瑞芝山房集〔M〕，四庫禁燬書叢刊〔Z〕，北京：北京出版社，2000。

66. 〔明〕范允臨，輸寥館集〔M〕，四庫禁燬書叢刊〔Z〕，北京：北京出版社，2000。

67. 〔明〕鄒迪光，始青閣稿〔M〕，四庫禁燬書叢刊〔Z〕，北京：北京出版社，2000。

68. 〔明〕黃汝亨，寓林集〔M〕，四庫禁燬書叢刊〔Z〕，北京：北京出版社，2000。

69. 〔明〕湯賓尹，睡庵稿〔M〕，四庫禁燬書叢刊〔Z〕，北京：北京出版社，2000。

70. 〔明〕李日華，李太僕恬致堂集〔M〕，四庫禁燬書叢刊〔Z〕，北京：北京出版社，2000。

71. 〔明〕駱問禮，萬一樓集〔M〕，四庫禁燬書叢刊〔Z〕，北京：北京出版社，2000。

72. 〔明〕沈懋孝，長水先生文鈔〔M〕，四庫禁燬書叢刊〔Z〕，北京：北京出版社，2000。

73. 〔明〕沈守正，雪堂集〔M〕，四庫禁燬書叢刊〔Z〕，北京：北京出版社，2000。

74. 〔明〕孫鑛，月峰先生居業次編〔M〕，四庫禁燬書叢刊〔Z〕，北京：北京出版社，2000。

75. 〔明〕王世貞，弇州史料〔M〕，四庫禁燬書叢刊〔Z〕，北京：北京出版社，2000。

76. 〔明〕曹學佺，石倉詩稿〔M〕，四庫禁燬書叢刊〔Z〕，北京：北京出版社，2000。

77. 〔明〕曹學佺，石倉集〔M〕，四庫禁燬書叢刊補編〔Z〕，北京：北京出版社，2005。

78. 〔明〕何喬遠，何氏萬曆集〔M〕，四庫禁燬書叢刊補編〔Z〕，北京：北京出版社，2005。

79. 〔明〕何棟如，何太僕集〔M〕，四庫禁燬書叢刊補編〔Z〕，北京：北京出版社，2005。

80. 〔明〕程嘉燧，松園偈庵集〔M〕，四庫禁燬書叢刊補編〔Z〕，北京：北京出版社，2005。

81. 〔明〕顧起元，嬾眞草堂集〔M〕，四庫禁燬書叢刊補編〔Z〕，北京：北京出版社，2005。

82. 〔明〕馮時可，馮元成選集〔M〕，四庫禁燬書叢刊補編〔Z〕，北京：北京出版社，2005。

83. 〔明〕焦竑，焦氏澹園集〔M〕，續修四庫全書〔Z〕，上海：上海古籍出版社，2002。

84. 〔明〕董斯張，吹景集〔M〕，續修四庫全書〔Z〕，上海：上海古籍出版社，2002。

85. 〔明〕董斯張，吳興藝文補〔M〕，續修四庫全書〔Z〕，上海：上海古籍出版社，2002。

86. 〔明〕方弘靜，千一錄〔M〕，續修四庫全書〔Z〕，上海：上海古籍出版社，2002。

87. 〔明〕梅鼎祚，鹿裘石室集〔M〕，續修四庫全書〔Z〕，上海：上海古籍出版社，2002。

88. 〔明〕唐錦，龍江夢餘錄〔M〕，續修四庫全書〔Z〕，上海：上海古籍出版社，2002。

89. 〔明〕薛應旂，方山薛先生全集〔M〕，續修四庫全書〔Z〕，上海：上海古籍出版社，2002。

90. 〔明〕程嘉燧，耦耕堂集〔M〕，續修四庫全書〔Z〕，上海：上海古籍出版社，2002。

91. 〔明〕程嘉燧，松圓浪淘集〔M〕，續修四庫全書〔Z〕，上海：上海古籍出版社，2002。

92. 〔明〕曹學佺，曹大理集〔M〕，續修四庫全書〔Z〕，上海：上海古籍出版社，2002。

93. 〔明〕陶望齡，歇庵集〔M〕，續修四庫全書〔Z〕，上海：上海古籍出版社，2002。

94. 〔明〕劉績，霏雪錄〔M〕，叢書集成初編〔Z〕，北京：中華書局，1985。

95. 〔明〕汪砢玉，珊瑚網法書題跋〔M〕，叢書集成續編〔Z〕，臺北：新文豐出版公司，1989。

96. 〔明〕王廷陳，夢澤集〔M〕，叢書集成續編〔Z〕，臺北：新文豐出版公司，1989。

97. 〔明〕貝瓊，清江貝先生文集〔M〕，四部叢刊初編〔Z〕，上海：上海書店，1989。

98. 〔明〕何良俊，四友齋叢説〔M〕，北京：中華書局，1959。

99. 〔明〕李東陽，懷麓堂集〔M〕，上海：上海古籍出版社，1991。

100. 〔明〕陳全之，蓬窗日錄〔M〕，上海：上海書店，1985。

101. 〔明〕鄧伯羔，藝彀：外四種〔M〕，上海：上海古籍出版社，1992。

102. 〔明〕都穆，南濠詩話〔M〕，北京：中華書局，1991。

103. 〔明〕李詡，戒庵老人漫筆〔M〕，北京：中華書局，1982。

104. 〔明〕陸深，儼山外集：外三種〔M〕，上海：上海古籍出版社，1993。

105. 〔明〕沈德符，萬曆野獲編〔M〕，北京：中華書局，1959。

106. 〔明〕謝榛，四溟詩話〔M〕，北京：人民文學出版社，1961。

107. 〔明〕徐伯齡，筆精〔M〕，福州：福建人民出版社，1997。

108. 〔明〕姚旅著，劉彥捷點校，露書〔M〕，福州：福建人民出版社，2008。

109. 〔明〕葉盛著，魏中平校點，水東日記〔M〕，北京：中華書局，1980。

110. 〔明〕焦竑撰，李劍雄點校，澹園集〔M〕，北京：中華書局，1999。

111. 〔明〕焦竑撰，李劍雄點校，焦氏筆乘〔M〕，北京：中華書局，2008。

112. 〔明〕焦竑，玉堂叢語〔M〕，北京：中華書局，1981。

113. 〔明〕楊慎，升菴全集〔M〕，上海：商務印書館，民國26年。

114. 〔明〕楊慎，升菴詩話箋證〔M〕，上海：上海古籍出版社，1987。

115. 〔明〕楊慎著，王文才、張錫厚輯，升菴著述序跋〔M〕，昆明：雲南人民出版社，1985。

116. 〔明〕王世貞著，魏連科點校，弇山堂別集〔M〕，北京：中華書局，1985。

117. 〔明〕袁宏道著，錢伯城箋校，袁宏道集箋校〔M〕，上海：上海古籍出

版社，2008。

118. 〔明〕袁中道，珂雪齋集〔M〕，上海：上海古籍出版社，1989。

119. 〔明〕鍾惺著，李先耕、崔重慶標校，隱秀軒集〔M〕，上海：上海古籍出版社，1992。

120. 〔明〕曹學佺，蜀中廣記〔M〕，上海：上海古籍出版社，1993。

121. 〔明〕曹學佺，曹學佺集〔M〕，南京：江蘇古籍出版社，2003。

122. 〔明〕胡應麟，少室山房筆叢〔M〕，北京：中華書局，1958。

123. 〔明〕胡應麟，詩藪〔M〕，上海：上海古籍出版社，1979。

124. 〔明〕許學夷，詩源辯體〔M〕，北京：人民文學出版社，1987。

125. 〔清〕朱彝尊，靜志居詩話〔M〕，北京：人民文學出版社，1990。

126. 〔清〕王士禛，香祖筆記〔M〕，上海：上海古籍出版社，1982。

127. 〔清〕王士禛，池北偶談〔M〕，北京：中華書局，1982。

128. 〔清〕孫承澤，春明夢餘錄〔M〕，北京：北京古籍出版社，1992。

129. 〔清〕陳田，明詩紀事〔M〕，上海：上海古籍出版社，1993。

130. 〔清〕錢謙益，列朝詩集小傳〔M〕，上海：上海古籍出版社，1983。

131. 〔清〕錢謙益著，錢曾箋注，錢仲聯標校，錢牧齋全集〔M〕，上海：上海古籍出版社，2003。

132. 〔清〕黃宗羲著，陳乃乾編，黃梨洲文集〔M〕，北京：中華書局，1959。

133. 〔清〕黃宗羲，明文海〔Z〕，北京：中華書局，1987。

134. 〔清〕顧炎武著，黃汝成集釋，日知錄集釋〔M〕，上海：上海古籍出版社，2006。

135. 〔清〕吳之振，宋詩鈔〔Z〕，北京：中華書局，1986。

136. 〔清〕張廷玉等，明史〔Z〕，北京：中華書局，1974。

137. 〔清〕王夫之等，清詩話〔Z〕，上海：上海古籍出版社，1978。

138. 〔清〕裘璉等纂，康熙錢塘縣志〔Z〕，中國地方志集成·浙江府縣志輯〔Z〕，上海：上海書店，1993。

139. 〔清〕李圭修等纂，民國海寧州志稿〔Z〕，中國地方志集成·浙江府縣志輯〔Z〕，上海：上海書店，1993。

140. 〔清〕潘玉璿等纂，光緒烏程縣志〔Z〕，中國地方志集成·浙江府縣志輯〔Z〕，上海：上海書店，1993。

141. 〔清〕于琨修，陳玉璂纂，康熙常州府志〔Z〕，中國地方志集成·江蘇府縣志輯〔Z〕，南京：江蘇古籍出版社，1991。

142. 〔清〕李銘皖、譚均培修，馮桂芬纂，同治蘇州府志〔Z〕，中國地方志集成·江蘇府縣志輯〔Z〕，南京：江蘇古籍出版社，1991。

143. 石國柱、樓文劍、許承堯修纂，民國歙縣志〔Z〕，中國地方志集成・安徽府縣志輯〔Z〕，南京：江蘇古籍出版社，1998。

144. 曹允源、李根源纂，民國吳縣志〔Z〕，中國地方志集成・江蘇府縣志輯〔Z〕，南京：江蘇古籍出版社，1991。

145. 孫學雷主編，地方志書目文獻叢刊〔Z〕，北京：北京圖書館出版社，2004。

146. 國家圖書館編，中國古代地方人物傳記彙編〔Z〕，北京：北京燕山出版社，2008。

147. 國家圖書館編，國家圖書館藏古籍題跋叢刊〔Z〕，北京：北京圖書館出版社，2002。

148. 國立中央圖書館編，國立中央圖書館善本序跋集錄〔Z〕，臺北：中央圖書館，1994。

149. 北京圖書館出版社編，歷代書畫錄輯刊〔Z〕，北京：北京圖書館出版社，2007。

150. 上海圖書館編，中國叢書綜錄〔Z〕，上海：上海古籍出版社，2007。

151. 施廷鏞，中國叢書綜錄續編〔Z〕，北京：北京圖書館出版社，2003。

152. 沈津，中國珍稀古籍善本書錄〔Z〕，桂林：廣西師範大學出版社，2006。

153. 劉琳、沈治宏編著，現存宋人著述總錄〔Z〕，成都：巴蜀書社，1995。

154. 祝尚書，宋人別集敘錄〔M〕，北京：中華書局，1999。

155. 王嵐，宋人文集編刻流傳叢考〔M〕，南京：江蘇古籍出版社，2003。

156. 魏隱儒，中國古籍印刷史〔M〕，北京：印刷工業出版社，1984。

157. 陳登原，古今典籍聚散考〔M〕，上海：上海書店，1983。

158. 錢伯城等編，全明文〔Z〕，上海：上海古籍出版社，1992。

159. 吳文治主編，明詩話全編〔Z〕，南京：江蘇古籍出版社，1997。

160. 周維德集校，全明詩話〔Z〕，濟南：齊魯書社，2005。

161. 丁福保，歷代詩話續編〔Z〕，北京：中華書局，1983。

162. 周駿，明代傳記叢刊〔Z〕，臺北：明文書局，1991。

163. 郭紹虞編選，富壽蓀校點，清詩話續編〔Z〕，上海：上海古籍出版社，1983。

164. 葉樹聲，余敏輝，明清江南私人刻書史略〔Z〕，合肥：安徽大學出版社，2000。

165. 繆詠禾，明代出版史稿〔M〕，南京：江蘇人民出版社，2000。

166. 錢鍾書，宋詩選注〔M〕，北京：三聯書店，2002。

167. 錢鍾書，談藝錄〔M〕，北京：三聯書店，2007。

168. 齊治平，唐宋詩之爭概述〔M〕，長沙：嶽麓書社，1984。

169. 孔凡禮，齊治平，陸游資料彙編〔Z〕，北京：中華書局，1962。

170. 許總，宋詩史〔M〕，重慶：重慶出版社，1992。

171. 王運熙，顧易生，中國文學批評通史明代卷〔M〕，上海：上海古籍出版社，1996。

172. 張伯偉，中國古代文學批評方法研究〔M〕，北京：中華書局，2002。

173. 鄔云湖，中國選本批評〔M〕，上海：上海三聯書店，2002。

174. 金開誠、葛兆光，古詩文要集敘錄〔M〕，北京：中華書局，2005。

175. 陳文新主編，明代科舉與文學編年〔Z〕，武漢：武漢大學出版社，2009。

176. 張健，清代詩學研究〔M〕，北京：北京大學出版社，1999。

177. 張宏生，宋詩：融通與開拓〔M〕，上海：上海古籍出版社，2001。

178. 孫立，中國文學批評文獻學〔M〕，廣州：廣東人民出版社，2000。

179. 孫立，明末清初詩論研究〔M〕，廣州：廣東高等教育出版社，2003。

180. 陳國球，明代復古派唐詩論研究〔M〕，北京：北京大學出版社，2007。

181. 李聖華，晚明詩歌研究〔M〕，北京：人民文學出版社，2002。

182. 查清華，明代唐詩接受史〔M〕，上海：上海古籍出版社，2006。

183. 孫春青，明代唐詩學〔M〕，上海：上海古籍出版社，2006。

184. 鞏本棟，宋集傳播考論〔M〕，北京：中華書局，2009。

185. 中國宋代文學學會，宋代文學研究年鑒〔Z〕，武漢：武漢出版社，2001。

186. 陳友冰，20世紀大陸的宋詩總論研究回顧〔J〕，漢學研究通訊，民國94年，24：1。

187. 馮小祿，劉嵩「宋絕無詩」說考論〔J〕，中國韻文學刊，2006，20（1）：65。

188. 申屠青松，明代宋詩選本論略〔J〕，南京師範大學文學院學報，2007，4：75。

189. 李聖華，晚明山人與山人詩〔J〕，西北師大學報，2002，39（4）：77。

190. 左東嶺，明代詩歌研究的幾個問題〔A〕，明清詩文的文體記憶與文體選擇研討會論文集〔C〕，廣州，中國，12，2010。

191. 張仲謀，清代宋詩師承論〔D〕，博士論文，蘇州大學，1997。

192. 解國旺，明代古詩選本研究〔D〕，博士論文，河南大學，2007。

193. 陳超，曹學佺研究〔D〕，博士論文，福建師範大學，2007。

194. 楊軍，明代翻刻宋本研究〔D〕，博士論文，華東師範大學，2007。

致謝（代後記）

　　本書內容是我的博士論文，能夠獲得機會出版，要感謝我的導師、中山大學中文系孫立教授。2008 年，我南下廣州求學的第三個年頭，承蒙老師不棄，使我得以忝列門牆，繼續校園時光。在開學後的一次談話中，老師問及我的研究興趣，我說想做明清兩代的題畫詩研究。我覺得如果能從詩人文集中鉤沉書畫作品並加以研讀，是很有意思的事情。事實上，對於這樣一個已被藝術史研究者從多元的視角做出了精彩闡釋的研究領域，我當時是一竅不通，全憑感覺。老師深諳因材施教之道，循序漸進地教導我。他先是委婉否決了我那不成熟的想法，建議我去關注一下晚明時期的宋詩選本。這個論題，等於是我之前已有積累的清代宋詩學的「前傳」。我遵循若干線索，很快鎖定了研究對象，也就是本書的三章個案。然後，老師對我說，這是不夠的，我的論題應當涵蓋明人對宋詩的意見以及他們的選詩實踐，不僅要對明人輯刻宋詩的情況有整體把握，還要將這一問題納入到明代詩學發展、尤其是明清之際詩學動向的脈絡中去考慮。由此，論文的內在理路確定下來了。接下來的很長時間，我都用來搜集文獻。我將現存明刊宋人詩集的館藏地全部列出，恨不能一一訪查。老師見我做得有興趣，也就對我的寫作進度格外寬容。

　　這其中我最重要的發現就是國家圖書館《宋元詩》藏本，這部由明代新安地區一介布衣潘是仁編纂的詩集叢編，之前從未進入研究者的視野，因此除了去看館藏縮微膠片之外，沒有任何其他閱讀途徑，我利用寒暑假的一切機會，赴京閱覽這部書。由目錄到題跋，由版刻字體到手寫字體，在閱覽機器旋鈕轉動時的聲響中，在玻璃屏幕背後昏黃斑駁的影像里，我漸漸沉迷於文獻整理本身。那是一種奇妙的體驗，不像是傳說中的冷板凳，而是一種勾

連古今、隔絕當下、茫無涯涘的沉潛與安寧。老師敏銳地捕捉到我的偏好，不失時機地告訴我，文獻學可是又一回事，版本、校勘、目錄，不能只知皮毛，要學習那些規範，掌握一套實際的本領。那時臨近畢業，我通過了筆試，要去浙江圖書館善本部實習，老師不放心，幫我聯繫校圖書館的李福標老師，請他帶我去拜見圖書館文獻學界的前輩學者沈津先生，讓我這個徘徊在想像和現實之間的人學習些實在的東西。對於我寫就的論文，老師當時沒有太多苛責，但我知道老師期待著我的進步。老師曾說某位教授的論文極為精煉，沒有一句多餘的話，沒有一個多餘的字，值得揣摩，可見老師心中的標準多麼高。我的論文從初稿到最後提交答辯，老師雖然一直在鉅細靡遺地提出修改意見，但我那時能做到的，只有避免錯誤、合乎規範而已，更深的問題要留待時間和閱歷。畢業后，老師偶爾發信息來說看到某某的論文出版了，這對我既是鼓勵也是督促。曾經有一次，老師將湯用彤先生的治學之論一字一句輸入手機短信發送給我：「研究時代學術之不同，雖當注意其變遷之跡，而尤應識其所以變遷之理由。變遷之由，一則受之時風，二則謂其治學之眼光、之方法。」我看後沉思良久，心中生出無盡的感動。老師對我寄予希望，每念及此，我便不敢有所懈怠。

年內，通過台灣花木蘭文化出版社楊嘉樂女士、高小娟女士極富效率且極為細緻的工作，我得以改正了論文中的一些錯誤，訂補了相關文獻資料。在此感謝諸位編輯老師的辛勤付出。總體來說，本書經過了兩次校訂，但是沒有結構上的變動。現在來看，全書最欠缺的還是論證的筆力。增強論述的系統性和內在學理的連貫性，在結構和論證中體現更穩實的詩學史體系，這是論文評審人給我的修改建議，但由於眼界識力所限，目前我尚無力完成這方面的修改。

由衷感謝我論文的評審人：西南大學何宗美教授、復旦大學汪涌豪教授、南京大學許結教授，他們對論文的書面審讀意見使我受益匪淺。論文最終得以通過答辯，要感謝暨南大學鄧喬彬教授、華南師範大學左鵬軍教授。鄧教授上世紀九十年代即針對詩歌與繪畫之關係發表過系列著作，他注意到我論文第四章有關明代文人畫的詩學變因之論述，當時多有鼓勵之語。其實這部份內容也是我自己最感興趣的，雖然它們是不成熟的文字，但是我並未停止對這一問題的思考。

在論文開題、預答辯、答辯環節給我指導的還有中山大學吳承學教授、

張海鷗教授、彭玉平教授。三位老師在我求學期間亦給予至關重要的幫助。2006 年，剛入學的我不清楚要以何種方式研讀自己喜愛的作品才能將這種感悟式的心得轉化爲有價值的學術研究。吳老師在回郵中告訴我，應以文獻爲基礎，先嘗試個案分析，考察一個問題的淵源、流變和影響，並鼓勵我說：什麼樣的問題才有價值，所有的研究者都爲之嚮往，爲之折磨，通過不斷的努力，終會找到答案。這封郵件多年來一直激勵著我。在張老師的課堂上，我和同學們一起學習註釋宋人詩話，那是我最早的文獻整理實踐；老師有時興之所至，講起自己的論文如何寫就，從起意到構思，從靈感的生成到材料的獲得，每一步都清清楚楚，讓我從中學到很多。我在彭老師的指導下取得碩士學位，通過一個宋詩接受史脈絡中的個案，老師爲我指引了學術研究的路徑。我見識到老師從一本剛出版的王國維《人間詞話》手稿中發現諸多有價值的問題，幾年內即在一個本已熱門的研究領域開闢了全新的格局，研讀老師這一時期發表的每一篇論文，以及讀書、訪書箚記，我體會到老師的功力所在。五年里諸位師長的言傳身教，讓我受用不盡。

在論文寫作過程中，南京大學張伯偉教授高足申屠青松博士給我許多幫助。我在期刊上讀到他的《明代宋詩選本論略》一文，輾轉與他取得聯繫，他將自己的研究心得無私見告，並慷慨惠賜抄錄於上海圖書館的明代符觀《宋詩正體》序跋和詩目供我參考，我在此致以謝忱。在論文第三章初成時，我有幸到台灣參加學術交流，高雄中山大學簡錦松教授、劉昭明教授、故廖宏昌教授曾對我多有指教，他們的治學風範令我欽慕不已，感念至今。

經友人牛曉琰、師兄吳曉懿推薦，我在求學期間獲得兩次珍貴的實習機會，這對開闊我的眼界有很大幫助，我誠摯地感謝他們。同時，感謝廣東省博物館副館長肖海明研究員，他有謙謙學者之風，與他的交流增加了我對宗教文物的興趣，而他對於學術研究的理念也使我受益。感謝廣州美術學院美術館館長王見教授，王教授雅擅書畫，又是當代藝術的策展人，對於當下的藝術史研究有許多精彩看法。他曾對我說：正如你不能從今天的報紙上看到生活的全部真實，因此你也需要謹慎看待你所掌握的古代文獻。這番話對我啓示良多。

感謝沈津先生。2011 年夏天，畢業的節點，竟有西湖邊的卷帙冊葉召喚我去翻閱，而在行前，竟能得到一次向沈先生請教的機會。我當時的問題很有些臨時抱佛腳的意味：要做怎樣的準備才能應對這次考驗？而沈先生真指

給我一個方便法門。他教我去讀兩種古籍目錄，且只讀前言，並告訴我，只要做到心中有底，就容易立定腳跟，我一直記得他對我的指點和鼓勵。同時也要感謝浙江圖書館善本古籍部的曹海花博士，她在工作和生活上對我的熱情相助，使我那段「客路青山外」的日子從容了許多。

感謝我的博士後導師、國家圖書館副館長張志清研究館員。張老師從諸多的申請人表格中留意到我的課題，我因此得到繼續從事科研工作的機會。老師對版本目錄之學熟稔於心，對典籍流傳故事如數家珍，與老師的交談總能帶給我收穫、樂趣、靈感和啓發。在老師的指導下，我學習撰寫善本書志、鉤沉版本源流、辨識藏書印鑒，這些文獻整理的基本功豐富著我的研究方法和研究視角。現在再來審視本書第二章，其實遺憾甚多，很多材料未及梳理，如果今後重寫，我會從典籍遞嬗傳播的角度去看待明人選印宋詩的種種，增補更多的版本研究內容。我曾對是否要將同一詩集的不同版本進行逐字逐句的比照感到懷疑和困惑，是老師勉勵我下功夫去做，我用了數月時間對四卷本明刻《林和靖先生詩集》進行對勘，由此掌握到校勘的要領。又因有所心得，寫成《林逋詩集在明代的流傳》一文，儘管並不成熟，仍然得到老師的鼓勵，將文章推薦至一個文獻學國際會議，這爲我創造了在更廣闊的平台上發表成果並向專家請教的好機會。老師的教導、支持和幫助，讓我心無旁鶩地度過兩年的圖書館生活，我心裡充滿感激。

兩年中，我還對本書第四章的內容做了更符合文獻學規範的考證。在此感謝南開大學歷史學院王薇教授對「國家圖書館藏《宋元詩》版本初探」初稿的肯定。感謝國家圖書館《文獻》編輯部張燕嬰研究館員對文章提出的修改意見，同時感謝張廷銀研究館員對我的鼓勵並允予刊發此文。感謝國家圖書館研究院汪東波院長、申曉娟副院長准予我將《宋元詩》的研究計劃申報爲館內課題，並感謝館方對我的研究資助。感謝研究院梁葆莉博士、劉鵬博士與我討論並助我解決研究中遇到的問題。由於這一課題尚在進行，因此最新成果未能納入，在此予以說明。

感謝鄭偉章先生。鄭先生經年累月讀書於北海古籍館，考證歷代藏家之書，我在兩年間得以親炙，極有裨益。

感謝我的師兄高志忠博士、阮玉麟博士，同門扶助之情，須臾未忘。

感謝友人王娜、劉麗麗同學，她們畢業留校從事編輯工作，助我猶多。

感謝友人郭航，她在花家地的居室，長久以來都是我在北京的落腳處，

因爲這份安穩，我得以忽視那些「在路上」的艱辛。感謝友人李笑容、章武、楊昊鷗、張庚鑫、林以寧，歲月與情誼，此處俱難言表。

感謝我的丈夫馮鍇，他的付出我在心中銘記。

感謝我的母親，她的無私之愛，我尙未報答萬一！

我回憶既往，將此書完成過程與其間所受師長友人之教誨幫助一一寫出，爲了表達深深謝意，也爲了得到更多指正，以期今後整頓舊作、煥爲新編。是爲記。

張波於北京氣象局租處

2013 年 8 月 30 日